Yoga des Herzens

Alice Christensen

Yoga des Herzens

Die 10 unvergänglichen Prinzipien für
innere Freiheit, Gesundheit und Glück

Aus dem Englischen
von Susanne Kahn-Ackermann

O. W. Barth

Für meine beiden großen Lehrer:
Rama aus Haridwar und Kaschmir sowie
Lakshmanjoo aus Kaschmir

Die Originalausgabe erschien 1998 unter dem Titel «Yoga of the heart» bei
Daybreak Books, einem Imprint von Rodale Books, New York.

Erste Auflage 1999
Copyright © 1998 by the American Yoga Association and The Philip Lief
Group Inc.
Published by arrangement with Rodale Press, Inc., Emmaus, PA, U.S.A.
Alle deutschsprachigen Rechte beim Scherz Verlag, Bern, München, Wien,
für den O. W. Barth Verlag

Das Herz hat Gründe,
von denen der Verstand nichts weiß.

Blaise Pascal

Inhalt

∎

Vorwort

∎

Als ich im Sommer 1988 in Kaschmir ankam, um meinen Lehrer, den großen Lakshmanjoo, zu besuchen – eine Reise, die ich seit fast zwanzig Jahren jeden Sommer unternahm –, befand er sich in einem Zustand tiefer Verzweiflung. Kaschmir, der nördlichste Bundesstaat Indiens, war in Aufruhr und durch rivalisierende politische Fraktionen und aufständisches Militär gespalten. Zwar waren Lakshmanjoos Leben und Eigentum durch diesen Konflikt nicht direkt bedroht, doch war ein amerikanisches Ehepaar, das viele Jahre bei ihm gelebt und studiert hatte, fälschlicherweise des Schmuggels bezichtigt und des Landes verwiesen worden.

Der Verlust dieser und anderer wichtiger Beziehungen in seinen späten Jahren (Lakshmanjoo war zu diesem Zeitpunkt schon 83) im Verein mit den kriegsähnlichen Zuständen in seinem Heimatland brachten ihn dem Tode nahe. Als ich in diesem Sommer bei ihm ankam, hatte er sich den Kopf kahl geschoren (das traditionelle Zeichen des bevorstehenden Abschieds von dieser Welt), die Nahrung zu verweigern begonnen und zu sprechen aufgehört. In seiner Trauer hatte er allen Antrieb zum Weiterleben verloren.

Ich wollte nicht glauben, daß die Arbeit dieses großartigen Lehrers beendet sein sollte. Lakshmanjoo hatte sein gesamtes Leben der Verwirklichung des Yoga gewidmet und war in ganz Indien als Meister auf dem Gebiet der Philosophie des Kaschmir-Shivaismus und wegen seiner Übersetzungen der Werke Abhinava Guptas, eines im zehnten Jahrhundert lebenden großen Lehrers des Shivaismus, bekannt und geachtet. Zu den berühmtesten Personen seines Bekanntenkreises zählte die verstorbene Indira Gandhi, Indiens ehemalige Premierministerin, die oft nach Kaschmir gereist war, um sich mit ihm zu beraten.

Die Philosophie des Kaschmir-Shivaismus hatte mich schon seit den Anfängen meines Yoga-Studiums fasziniert. Dieser Lehre zufolge besitzt alles im Universum männliche und weibliche Eigenschaften. Obwohl sich diese Eigenschaften unmöglich präzise beschreiben lassen, können einige Begriffe wie zum Beispiel Bewußtsein, Energie, Geist und Potentialität mit dem männlichen Prinzip assoziiert werden. Das weibliche Prinzip hingegen läßt sich mit Begriffen wie Manifestation, Bewegung und Form beschreiben. Viele andere Yoga-Lehren, wie zum Beispiel die des Vedanta, erkennen nur das männliche Prinzip an und behaupten, daß der weibliche Aspekt – das heißt, die manifestierte Welt – keine Wirklichkeit besitzt; aus diesem Grund sieht man oft Darstellungen von Asketen, die durch Leiden und Selbstverleugnung ihren Körper zu negieren versuchen. Damit wollen sie sich selbst beweisen, daß die Welt, oder der weibliche Aspekt, keine Bedeutung hat.

Der Kaschmir-Shivaismus dagegen nimmt eine gleichberechtigte Partnerschaft des männlichen und weiblichen Prinzips an und lehrt, daß die beiden derart wechselseitig voneinander abhängig sind, daß sie nicht getrennt werden können. Sie sind faktisch eins. Die Anziehungskraft zwischen den beiden erschafft die immense Komplexität des Universums, an der wir uns erfreuen und die wir feiern.

Auch gründet sich der Kaschmir-Shivaismus im Gegensatz zu anderen Philosophien eher auf das Gefühl als auf den Intellekt. Tatsächlich lehrt der Shivaismus, daß uns das intellektuelle Verstehen für sich genommen nie zur «Verwirklichung» führen wird, dem Gipfelpunkt des Yoga, weil es die Fähigkeit, in uns die volle Kraft dieses männlichen/weiblichen Bewußtseins zu erfahren, blockiert.

Zur Darstellung dieses Grundgedankens von einem uns innewohnenden männlichen/weiblichen Bewußtsein bediene ich mich eines Phantasiebildes von einem zweiten Körper, den ich den spirituellen Körper nenne. Ich tue so, als seien die Gliedmaßen verschiedene Emotionen und Gefühle und die Stimme die Intuition. Wenn Sie diese Stimme sprechen hören wollen, müssen der Intellekt und das Ego schweigen.

In Texten der Yoga-Lehre wird dieser zweite, spirituelle Körper oft über das Bild eines Herzens heraufbeschworen. Auch wir sagen häufig, daß wir «aus dem Herzen» sprechen, wenn wir von einer tiefen emotionalen oder spirituellen Erfahrung berichten. Wenn sich der spirituelle Körper offenbart und mit dem physischen Bewußtsein verbindet, führt das zu einem machtvollen, erleuchteten Individuum, das nicht nur ein, sondern zwei Herzen hat, mit denen es sein spirituelles Gewahrsein feiern kann. Unsere Hände sind der aktive, schöpferische Ausdruck unseres Herzens, und deshalb habe ich für den Umschlag dieses Buches ein Foto von zwei Händen als Symbol des Zusammenkommens der zwei Herzen ausgewählt. Ebenso drückt sich im Titel des Buches, *Yoga des Herzens,* diese Verbindung von spirituellem und physischem Herzen aus.

Die Praxis der ethischen Prinzipien des Yoga ist der leichteste Weg zur Einladung an den spirituellen Körper, sich zu offenbaren. Wir verbinden mit dem Begriff Ethik oft moralische oder religiöse Vorschriften. Der Kaschmir-Shivaismus gebraucht ihn anders. Mit Ethik sind hier die Einstellungen und Verhaltensweisen gemeint, die uns helfen, unser spirituelles Wesen anzunehmen und willkommen zu heißen. Sie ebnen den Weg zur Verwirklichung unseres vollen Potentials.

Ich habe für dieses Buch zehn ethische Prinzipien ausgewählt, die ein Bestandteil jener in den klassischen Yoga-Schriften besprochenen Prinzipien sind. Sie werden den uns im Westen vertrauteren Übungen, Atemtechniken und der Meditation sogar noch vorangestellt. Diese Prinzipien sind: Nichtschädigen, Wahrhaftigkeit, Nichtstehlen, sexuelle Enthaltsamkeit, Nichtbesitzergreifen, Reinheit, Zufriedenheit, Duldsamkeit, Studium und Gedenken. Ich werde in Kapitel 3 genauer darauf zu sprechen kommen, wie man an diese ethischen Disziplinen insgesamt herangeht, und dann ab Kapitel 4 eine jede gesondert erläutern.

Ich habe diese ethischen Prinzipien seit den Anfängen meiner Yoga-Praxis studiert, und als ich 1988 in Kaschmir ankam, bat ich Lakshmanjoo, mir mehr darüber zu erzählen, wie sie im Kontext der Shivaismus-Philosophie zu verstehen sind. Ich suchte verzweifelt nach einer Möglichkeit, ihn von seiner Absicht, zu sterben, abzubringen. Und ich wußte, daß, wenn es überhaupt etwas gab, das sein Interesse zu erwecken vermochte, es das Gespräch über spirituelle Angelegenheiten war. Er hatte im Lauf der Jahre oft gesagt, daß er es sehr genieße, mit mir über die inneren Aspekte des Yoga zu sprechen.

Nach und nach erweckte das Thema seine Aufmerksamkeit. Seine so lange ungeübte Stimme war sehr schwach und heiser, wurde aber von Tag zu Tag stärker, wie er auch mit jedem Tag etwas länger sprechen konnte. Wir hatten eine Videokamera mitgebracht, und er erlaubte uns, die Sitzungen aufzuzeichnen, in denen wir über die yogischen ethischen Prinzipien diskutierten. Dieses Buch basiert auf den Erkenntnissen, die er mir während dieser Zeit übermittelte, und ich freue mich darüber, sie mit Ihnen teilen zu dürfen. Ich habe auch einige unserer Unterhaltungen in dieses Buch aufgenommen, damit Sie Lakshmanjoos Worte im Originalton vernehmen können.

Als ich in jenem Sommer 1988 in Kaschmir eintraf, hatte ich schon viele Jahre lang Yoga studiert. Es begann alles an einem Sommerabend im Jahr 1952. Ich ging zur gewohnten Zeit zu Bett, hatte nichts weiter im Kopf als die ganz gewöhnlichen Gedanken einer Hausfrau und schlief rasch ein. Mitten in der Nacht wachte ich auf und sah eine riesige Lichtsäule am Fußende meines Bettes. Das ganze Zimmer war von ihrer ungeheuren Strahlkraft erfüllt. Ein solches Licht hatte ich meiner Erinnerung nach nur gesehen, wenn nach einem Gewitter Stromleitungen gerissen waren und wild um sich schlagend Blitze aussandten, bevor sie sich schließlich erdeten. Das Licht hatte keine Form, näherte sich mir aber rasch.

Voller Entsetzen zog ich mich ans Kopfende meines Bettes

zurück. Ich versuchte, meinen Mann zu wecken, stellte aber fest, daß ich weder sprechen noch meine Arme oder Beine bewegen konnte. Ich war sicher, daß dies kein Traum war, denn ich sah, wie sich die Vorhänge am Fenster bauschten und sich draußen die Zweige des Ahornbaums in der Brise wiegten. Schließlich gab ich auf und beobachtete nur, wie das Licht immer näher kam, mich allmählich einhüllte und in meinen Körper eindrang. Danach muß ich das Bewußtsein verloren haben, denn als nächstes weiß ich nur, daß es Morgen war.

Ich dachte an dieses Erlebnis und fragte mich, ob es nicht doch ein Traum gewesen war. Doch als ich dann aufstand und mich anzog, kam mir unversehens das Wort «Yoga» in den Sinn. Ich putzte mir die Zähne und dachte an Yoga. Ich bereitete das Frühstück für die Familie und dachte an Yoga. Ich fragte mich, woher dieser Gedanke kam. Mit Ausnahme eines einzigen Mals, bei einem Jahrmarkt auf dem Land, als ein Mann mit Turban behauptete, für ein geringes Entgelt die Zukunft vorhersagen zu können, hatte ich das Wort noch nie zuvor gehört.

Meine Familie kam zum Frühstück, danach gingen die Kinder zur Schule, und es schien ein ganz gewöhnlicher Tag zu sein. Mein Mann trank gemütlich Kaffee und las die Zeitung, und ich hatte das Gefühl, ich sollte ihm erzählen, was sich zugetragen hatte. Er legte die Zeitung nieder und schlug vor, einen guten Psychiater zu konsultieren, und nach ein paar weiteren flapsigen Bemerkungen dieser Art ließen wir das Thema fallen.

Doch die Gedanken an Yoga verflüchtigten sich nicht. Ich stellte fest, daß ich die leuchtende Welt einer Hellsichtigen betreten hatte. Manchmal wußte ich, was geschehen würde, bevor es sich ereignete. In Träumen und auch am hellen Tag sah und hörte ich Menschen, die mir Dinge über das Leben, das ich führte, über die Zukunft und vor allem über Yoga erzählten. Ich begann alles zu lesen und zu studieren, was ich darüber finden konnte, und bemühte mich zu verstehen, was Yoga ist und warum er so plötzlich in mein Leben gelangt war.

Ein Mann trat mehr und mehr in meinen Visionen in Erscheinung. Er war sehr groß, braunhäutig, und hatte wunderschöne Augen. Manchmal sah ich ihn in meinen Träumen ernst mit mir sprechen, wachte auf und versuchte, mich zu erinnern, was er gesagt hatte. Dann fing er an, mir untertags zu erscheinen, gewöhnlich in der Küche, wenn ich beim Abwaschen war. Erst flüchtete ich voller Entsetzen aus dem Raum. Schließlich wurde ich aber mutiger und hielt sogar nach ihm Ausschau. Er sagte, sein Name sei Sivananda, und begann, mich ernsthaft im Yoga zu unterrichten. Eines Tages wies er mich an, zur Bibliothek zu gehen und nach einem bestimmten Buch zu suchen, in dem ich seine Adresse finden würde. Ich dachte, ich hätte schon jedes Buch über Yoga gelesen, das unsere kleine Stadtbibliothek anzubieten hatte, doch ganz offensichtlich hatte ich eines übersehen, denn da stand es. Ich schrieb sofort an Sivananda, und unser Unterricht wurde danach noch viele Jahre fortgesetzt, hauptsächlich brieflich.

Anfang der 60er Jahre beschloß ich, nach Indien zu reisen, um Sivananda zu treffen. Doch inmitten meiner Reisevorbereitungen ließ er mich wissen, daß ich nicht kommen solle. Ein paar Monate später erfuhr ich, daß er gestorben war. In meiner Trauer konnte ich mir nicht vorstellen, ohne seine Führung Yoga zu praktizieren, und versuchte verzweifelt, meine Praxis aufzugeben und die Träume und Visionen, die mein Leben durchfluteten, zu ignorieren. Durch meine bisherigen Studien wußte ich, daß man für die fortgeschrittenere Praxis unbedingt die Führung eines Gurus braucht, das heißt eines Lehrers, der die Verantwortung für die Entwicklung eines Yoga-Schülers übernimmt. In den zehn Jahren, die seit jener ersten beeindruckenden Vision, die den Yoga in mein Leben brachte, vergangen waren, hatte ich keine andere Person im nördlichen Ohio gefunden, die Yoga praktizierte, geschweige denn unterrichtete.

Bald merkte ich, daß sich mein Leben unabhängig davon, wie sehr ich um Sivananda trauerte, nicht verändert hatte. Der Yoga war noch immer da und traf keine Anstalten, sich zu verflüchtigen. Die tiefe Stille der Meditation, die ich erfahren hatte, prägte sich mir mehr und mehr ein. Also kehrte ich zu meiner täglichen Praxis zurück. Inzwischen war sie mir zu einer ganz wichtigen Stütze geworden.

Ein oder zwei Jahre später erhielt ich einen Telefonanruf von einem Dr. Kulkarni, der aus Indien in die USA gereist war, um an der Case Western Reserve University in Cleveland Forschungen auf dem Gebiet der organischen Chemie zu betreiben. Er sagte, er sei für ein Jahr hier und habe eine Gruppe von Leuten getroffen, die sich für seine Yoga-Studien interessierten. Diese Personen hätten genug Geld aufgetrieben, um seinen Guru, Rama, zu einem Besuch in die Staaten einzuladen. Ich fragte Dr. Kulkarni, wie er von mir erfahren habe, da ich trotz meiner langjährigen Nachforschungen nie auf eine Gruppe gestoßen sei oder mit jemandem gesprochen hätte, der von Yoga auch nur gehört hatte. Er sagte nur vage, daß er zufällig auf mich gestoßen sei, und fragte mich, ob ich Rama vom Flughafen abholen könne.

Vor Aufregung fast überwältigt, eilte ich zum Flughafen, nachdem ich im Garten noch schnell eine Handvoll Lilien gepflückt hatte. (Mir war nicht klar, daß man einen Guru traditionellerweise mit Blumen begrüßt.) Ein gutaussehender, kleiner, braunhäutiger Mann mit klaren, braunen, lachenden Augen stand mir gegenüber. Er nahm die Blumen, sah mir in die Augen, und mein Herzschlag setzte aus, als er sagte: «Alice, ich bin deinetwegen gekommen.»

Rama, das Licht meines Lebens, wurde mein Guru und setzte meine Ausbildung fort. Mitte der 60er Jahre – die indische Regierung hatte gerade die Übergangszeit von der britischen Oberherrschaft zur Unabhängigkeit abgeschlossen –, reiste ich mit ihm nach Indien. Einige Monate lang lebte ich in seinem Zuhause – das im wesentlichen aus einer grasbedeckten Hütte inmitten eines kleinen Gartens in der Nähe des Ganges bestand – und widmete mich einem intensiven Studium. Ich begleitete ihn, wenn er Vorträge hielt und Unterricht gab.

Kurz bevor Rama im Jahr 1972 starb, wies er mich an, nach

Kaschmir zu gehen und seinen Freund Lakshmanjoo aufzusuchen, der meine Ausbildung vollenden würde. Ohne wirklich zu wissen, was mich erwartete, reiste ich 1974 mit einer Gruppe meiner Schülerinnen und Schüler (ich unterrichtete seit 1960 Yoga) nach Kaschmir. Ramas dortige Freunde warnten mich und sagten, daß mich Lakshmanjoo wahrscheinlich nicht empfangen werde, da ich Amerikanerin und eine Frau sei und somit als unrein gelte. Doch Lakshmanjoo ließ mir ausrichten, daß wir am Sonntag kommen sollten, an dem Tag, an dem er regelmäßig Besucher und Schüler empfing.

Wir hatten unser Camp auf Hausbooten in einer abgeschiedenen Ecke des Dal-Sees in Srinagar, der Hauptstadt Kaschmirs, aufgeschlagen. An dem Tag, an dem wir Lakshmanjoo treffen sollten, regnete es heftig. Wir kletterten in die kleinen, gondelähnlichen Boote (*shikaras* genannt), die unser einziges Transportmittel waren, und brachen zu Lakshmanjoos Anwesen auf. Wir kamen völlig verdreckt und durchnäßt an und standen in großer Ehrfurcht vor dem großen Meister. Ich stellte mich und meine Schüler vor. Lakshmanjoo sah mich lange und streng an. «Singt», sagte er nur. Also sangen wir mit zittrigen Stimmen einige der frommen Lieder in Sanskrit, die uns Rama gelehrt hatte. Sehr viel später erzählte mir Lakshmanjoo, daß sein Herz hüpfte, als er mich sah, es sich aber für ihn nicht geziemt habe, seine Gefühle vor den anwesenden Kaschmiris zu zeigen.

Und so begannen einige Jahre des Studiums bei einem der bemerkenswertesten Männer, denen ich je begegnet bin. Jeden Sommer reiste ich nach Kaschmir, besuchte Lakshmanjoo fast täglich und unterhielt mich mit ihm in einem kleinen Teehaus inmitten seines wunderschönen Gartens stundenlang über Yoga. Er war ein großzügiger und liebevoller Lehrer, der mich in allen schwierigen Zeiten unterstützte und mich vor allem dazu inspirierte, dem Yoga in meinem Leben erfüllenden Ausdruck zu geben.

Jetzt bin ich voll und ganz Shivaitin. Durch mein Praktizieren der in diesem Buch beschriebenen Techniken und Einstellungen des Kaschmir-Shivaismus habe ich zu einer ungeheuren Sinnerfüllung und Stärke gefunden. Ich habe gelernt, wie man die klassischen Yoga-Techniken (Übungen, Atmung und Meditation) anwendet, um eine solide Grundlage für die Erfahrung der Verbindung mit der eigenen spirituellen Natur aufzubauen. Ich habe eine große Hochachtung vor den sehr unterschiedlichen Beiträgen meines physischen Körpers und meines Intellekts gewonnen. Und schließlich war es mir durch die gewissenhafte Praxis der yogischen ethischen Prinzipien möglich, die Vereinigung meines physischen und meines spirituellen Körpers zu erleben, was mir große Kraft gegeben und mein Leben erhellt hat.

In diesem Buch werde ich Ihnen zeigen, wie Sie diese Art von Erfahrung für sich selbst anstreben können. Jedermann weiß, daß Yoga viele physische und mentale Vorteile mit sich bringt – so zum Beispiel mehr Geschmeidigkeit, Stärke, eine bessere Gesundheit und mehr Wohlbefinden –, doch hat er interessierten Schülerinnen und Schülern noch sehr viel mehr zu bieten. Und über diese zusätzliche Dimension möchte ich mit Ihnen sprechen. Dieses Buch zeigt Ihnen, wie Sie Ihre spirituelle Natur kennenlernen und sich an deren Aufblühen in Ihrem Leben, an Glück, Stärke und einer machtvollen Individualität erfreuen können. Es braucht einen gewissen Mut, sich an so etwas Unbekanntes heranzuwagen, wie es auch der Bereitschaft bedarf, den Impulsen des eigenen Herzens zu folgen. Ramas Motto lautete «Furchtlosigkeit, Einheit und Seligkeit», womit jene tapfere Person beschrieben ist, die nach einem Sinn im Leben sucht.

Ich biete Ihnen dieses Buch als Führer und Lehrer an, in der Hoffnung, daß es Sie so inspirieren und unterstützen wird, wie meine Lehrer mich inspiriert und unterstützt haben. Ich freue mich darauf, diese einzigartige Reise mit Ihnen zu unternehmen.

Einleitung

❙

Eine Reise
in Ihre machtvolle Innenwelt

Die meisten Menschen denken bei Yoga an die spezifischen Körperstellungen und Bewegungen, die man im Unterricht oder aus Büchern erlernt. Dieser physische Aspekt ist jedoch nur ein sehr kleiner Bestandteil des großartigen Gedankengebäudes und der Techniken der Yoga-Tradition. Tatsächlich wurden diese Körperübungen und Atemtechniken ursprünglich entwickelt, um den Körper stark und gesund zu erhalten, damit der oder die Praktizierende rascher zu einigen der tieferen Aspekte des Yoga vordringen konnte.

Die meisten von uns kommen schließlich zu der Auffassung, daß Gesundheit und Wohlbefinden nicht genug sind; wie die Mehrheit der Menschheit empfinden wir eine tiefe Sehnsucht danach, einen Sinn im Leben, einen Grund für unser Dasein, zu finden. Viele Praktizierende merken nach einiger Zeit, daß es im Yoga noch «etwas anderes» zu entdecken gibt, das unser universelles Verlangen nach Sinn und Bedeutung anspricht. Während die täglichen Übungen unseren physischen Körper in Form bringen, entwickelt sich in uns allmählich ein mystisches Gewahrsein. Dies geschieht am häufigsten, wenn die – in diesem Buch detailliert beschriebenen – ethischen Praktiken mit der physischen Praxis kombiniert werden. Wenn sich dieser andere Yoga-Aspekt nach und nach offenbart, kommen in uns oft Gefühle von innerer Stärke, Selbstvertrauen und innerem Frieden auf.

Ich benutze den Begriff «mystisches Gewahrsein» zur Beschreibung der Fähigkeit, problemlos mit dem inneren, tieferen, verborgenen Teil in uns zu kommunizieren, jenem Teil, mit dem wir weniger vertraut sind und den wir so selten beachten. Das mystische Gewahrsein ist eine machtvolle Gabe, die uns aus dem unbekannten, unsichtbaren Teil unserer selbst zukommt.

Jeder Mensch hat eine etwas andere Vorstellung über die Bedeutung von Begriffen wie Mystizismus oder Spiritualität, und ich habe festgestellt, daß die Leute sich ihrer großzügig bedienen, wenn sie über ihre inneren Erfahrungen sprechen. Wenn ich sie im Unterricht verwende, kann ich nie sicher sein, ob meine Schüler und ich über dasselbe sprechen, da jede und jeder von uns diese Dinge auf eigene Weise erfährt. Und obwohl es recht leicht ist, diese Körper- und Atemübungen zu lehren und zu überwachen, sind die inneren Erfahrungen doch immer wieder anders und schwierig zu beschreiben.

Die zwei Körper

Ich habe ein Phantasiespiel erfunden, um leichter auf ganz spezifische Weise über unser Thema sprechen zu können. Statt mich auf Worte von so unterschiedlicher Bedeutung zu verlassen, habe ich eine neue Möglichkeit geschaffen, sich diesen inneren Erfahrungen zu nähern. Bei diesem Phantasiespiel verfügen Sie nicht nur über einen, sondern über zwei Körper, mit denen Sie arbeiten: Ihren äußeren, physischen und einen zweiten, den spirituellen Körper. In ihm sind die tieferen Aspekte des Yoga angesiedelt, die als das Herz des Yoga bezeichnet werden. Ich hoffe, die in diesem Buch beschriebenen Praktiken werden Ihnen dazu verhelfen, daß der spirituelle Körper für Sie so real wird wie der physische, und Ihnen den Weg zur Vereinigung der beiden bahnen.

Die Herz-Symbolik im Yoga

Mit den in den Sanskrit-Schriften für das Herz stehenden Begriffen war im allgemeinen nicht das Herz im anatomisch korrekten Sinn gemeint. Sie wurden häufig verwendet, um die innere Mitte oder das Zentrum oder auch die Gedärme zu bezeichnen. Darüber hinaus beinhalteten sie eine Vielzahl von Emotionen, die, wie man glaubte, im Herzen ihren Sitz hatten. Hinweise auf das Herz sind in einer der frühesten indischen mystischen Schriften zu finden, im *Rigveda*. Hier folgen ein paar Beispiele:

«Das Herz ist das Organ, mit dem man sehen kann, was zu sehen dem physischen Auge verwehrt ist.»

«Das Herz befähigt den Menschen, in tiefe Geheimnisse und Mysterien einzudringen.»

«Visionen werden im oder vom Herzen in Worte gefaßt.»

«Indem man mit dem oder im Herzen zum Licht der höheren Erkenntnis und zum Kontakt mit dem Transzendenten findet, wird man ein Rishi (Seher).»

Das ist nur eine Probe dessen, was Sie erwartet, wenn Sie sich auf den Weg der Selbstfindung begeben. Ich hoffe, daß diese Zeilen von Dichtern aus alter Zeit Sie dazu inspirieren, nicht nur an das physische Herz in dem Ihnen vertrauten Körper zu denken, sondern auch eine Brücke zum Herzen in Ihrem spirituellen Körper zu schlagen, der allem, was Sie tun, hilft und ihm Kraft gibt.

Vereinigung oder Einswerdung ist im Grunde das, was das Wort Yoga bedeutet. Gewöhnlich wird darunter eine Vereinigung mit sich selbst oder Einswerdung in sich selbst verstanden. In diesem Buch jedoch bezieht sich dieser Begriff auf die Vereinigung des physischen mit dem spirituellen Körper, die aus Yoga-Schriften als die Erschaffung des kosmischen

Körpers bekannt ist. Der sich daraus ergebende dynamische Bewußtseinszustand wird als Verwirklichung, als Gottesbewußtsein oder, in Sanskrit, als *samadhi* bezeichnet. «Verwirklichung» bedeutet, daß Sie nun Ihr gesamtes Selbst kennen; nichts ist mehr verborgen oder unbekannt. Dieser Zustand bringt tiefen Frieden und große Stärke mit sich. Die Yoga-Schriften besagen, daß Sie, wenn dieses Ereignis eintritt, höchste Zufriedenheit erfahren, weil es nichts mehr zu wünschen oder zu lernen gibt. Die Frage nach dem Grund unseres Daseins wird voll und ganz beantwortet, und Sie sind in sich vollständig.

Viele Menschen glauben, daß nur fortgeschrittene Yoga-Praktizierende diesen Zustand der Verwirklichung oder des *samadhi* erleben können. Das stimmt nicht. Ich glaube, daß jedermann Eindrücke davon gewinnen kann, weil der Prozeß des Kennenlernens des spirituellen Körpers und der Ermunterung zur Vereinigung mit dem physischen Körper eine kumulative Angelegenheit ist und die Dinge nicht alle auf einmal passieren. Wenn Sie die von mir in diesem Buch beschriebenen Werkzeuge des Yoga einsetzen, habe ich keinen Zweifel, daß auch Sie, wenn Sie wollen, diese neue Art von Bewußtsein erfahren können.

Lassen Sie mich noch etwas eingehender erklären, was ich mit dem physischen und spirituellen Körper meine. Ihr physischer Körper beinhaltet nicht nur das, was sich innerhalb der Hülle Ihrer Haut befindet, sondern auch Ihre Sinne, Ihr Gefühl von «ich» und «mein» (auch Eigentumssinn, Ich-Bewußtsein oder Ego genannt), Ihre Gedanken und Ihren Intellekt. Ihr Intellekt ist der Aspekt, der beurteilt, analysiert und auf der Grundlage Ihrer individuellen Wahrnehmungen von Ihrer Umwelt Entscheidungen trifft. Das Wort «individuell« ist hier wichtig. Der Intellekt kann nur aufgrund der Informationen agieren, die er über Ihre persönliche Wahrnehmung erhält, was heißt, daß sein Gesichtskreis notwendigerweise auf das beschränkt bleibt, was Sie wahrnehmen oder über Ihre Sinne fühlen. Im Yoga verbindet sich damit die Auffassung, daß wir nicht wirklich wissen können, was eine andere Person wahrnimmt, es sei denn, wir werden selbst zu dieser Person.

Der spirituelle Körper ist etwas völlig anderes. Die meisten Menschen verbinden das Wort «spirituell» vermutlich mit ihren Vorstellungen von Gott oder mit dem Sinn des Lebens oder dem Universum oder vielleicht mit irgend etwas, das mit veränderten Bewußtseinszuständen zu tun hat.

Ich möchte, daß Sie bei der Lektüre dieses Buches versuchen, alle Ihre vorgefaßten Meinungen fallenzulassen und den Begriff «spirituell» ganz anders verstehen. Wenn ich von spirituellem Gewahrsein spreche, meine ich damit die Fähigkeit, jenen Zustand zu erlangen, in dem der Kreativität und den Fähigkeiten keine Beschränkungen auferlegt sind und in dem Zeit, Raum oder Sterblichkeit keine Rolle spielen. Letztere werden als künstliche Grenzen betrachtet, die uns vom Geist und Intellekt des physischen Körpers auferlegt werden. Der Yoga-Lehre zufolge kann der spirituelle Körper alles tun; er weiß alles, und er stirbt nie. Er ist ewig. Der physische Körper arbeitet, der spirituelle Körper fühlt.

Es mag Ihnen eine Hilfe sein, wenn Sie sich Ihren spirituellen Körper in Form eines tatsächlichen Körpers vorstellen – vielleicht so wie Ihren physischen Körper, als seien Sie mit einem siamesischen Zwilling verbunden, von dem Sie erst jetzt Kenntnis erhalten haben. Versuchen Sie, diesen Körper als die Quelle aller Ihrer Emotionen anzusehen. Wir erleben unsere Gefühle als etwas Schönes und auch ein bißchen Erschreckendes. Sie scheinen nicht verläßlich zu sein. Wir wissen nie, wann sie auftauchen, und zuweilen können sie ziemlich lästig in unser Alltagsleben eingreifen.

Der physische Körper reagiert ohne volle Kenntnis der Tiefe dieser Emotionen. Wenn Sie den schützenden Rückhalt Ihres spirituellen Körpers erleben, können Sie die Unbehagen verursachenden physischen Reaktionen stoppen und die ganze Schönheit der aus dem spirituellen Körper hervorgehenden Gefühle zum Ausdruck kommen lassen. Auf diese Weise lernen Sie aus Ihren Emotionen, statt bloß auf sie zu reagieren.

Wenn Sie zum Beispiel wütend sind, dann bringen Sie sich in Erinnerung, daß dieses Gefühl seinen Ursprung in Ihrem spirituellen Körper hat und versucht, Ihnen etwas zu sagen, das Sie zu Ihrer Stärkung und für Ihren Schutz nutzen können.

Die Intuition ist die Stimme des spirituellen Körpers. Die meisten Menschen haben diese klare Stimme hin und wieder vernommen, doch kaum jemand hört ganz bewußt auf sie. Der Grund dafür liegt darin, daß die meisten Leute glauben, die Intuition rühre von ihrem physischen Körper her. Sie denken, daß sie in ihrem Innern allein sind und sich auf nichts und niemanden verlassen können, nur auf ihre eigenen Fähigkeiten und Ideen. Und diese sind, wie ich schon sagte, durch ihre persönlichen Wahrnehmungen begrenzt, da sie vom physischen Körper bewirkt werden. Sie werden in diesem Buch erfahren, wie Sie auf Ihre Intuition hören und sie ermuntern können, öfters zu Ihnen zu sprechen. In ihr liegt die Wahrheit. Und der Yoga-Lehre zufolge residiert die Wahrheit im spirituellen Körper.

Durch die Vorstellung von einem spirituellen Körper können Sie sich ein Bild von dem ungeheuren Gewahrseinsreservoir machen, das sich Ihnen mit der Erkenntnis öffnet, daß jenseits Ihrer persönlichen Perspektive eine riesige Welt existiert. Wenn Ihr physischer Körper versucht, alles ganz allein zu enträtseln, kann er nur mit seinem begrenzten Verständnisvermögen arbeiten; er hat keine Kenntnis von der enormen Macht, die verfügbar wird, sobald die beiden Körper zusammenarbeiten. Wenn sich der physische und der spirituelle Körper im Prozeß der Verwirklichung vereinen (mit anderen Wor-

---

Das subtile Selbst im lebendigen und atmenden Körper wird in jenem reinen Bewußtsein realisiert, dem keine Dualität innewohnt – in jenem Bewußtsein, das das Herz schlagen und die Sinne ihren Dienst tun läßt.
Mundaka-Upanishad

ten, wenn beide von der Existenz des jeweils anderen wissen), ähnelt diese Erfahrung einer perfekten Partnerschaft oder Ehe, in der jeder Beteiligte seine Stärken einbringt, um ein größeres Ganzes zu bilden.

Die Werkzeuge des Yoga

Natürlich praktiziert nicht jeder Yoga, um diesen höchsten Zustand der Verwirklichung zu erreichen. Yoga läßt sich mit einer Sammlung von sehr speziellen Werkzeugen vergleichen, derer Sie sich bedienen können, um eine große Vielfalt von wunderschönen Dingen zu erschaffen. Wenn Sie zum Beispiel täglich nur ein paar Yoga-Übungen machen, kann Ihnen das zu Stärke, Gesundheit, Gelenkigkeit, einem besseren Kreislauf und einer besseren Atmung verhelfen und Sie von Steifheit, Schmerzen und Depression befreien. Mit Hilfe der Atem- und Meditationstechniken können Sie Ängste, Schlaflosigkeit und Streß loswerden. Und das sind nur einige der vielen anerkannten Vorzüge der Yoga-Praxis.

Sie müssen nicht Yoga praktizieren, um aus den in diesem Buch vorgestellten Gedanken Nutzen ziehen zu können. Doch wenn Sie gerne damit beginnen möchten, brauchen Sie gar nicht viel Zeit darauf zu verwenden, um die wohltuenden Resultate zu erleben. Eine tägliche Praxis von zwanzig bis dreißig Minuten reicht für den Anfang aus. Stellen Sie sicher, daß diese jeweils mindestens ein paar Minuten für Körper- und Atemübungen sowie für die Meditation beinhaltet. Die besten Ergebnisse erzielen Sie, wenn Sie regelmäßig einmal innerhalb von vierundzwanzig Stunden Yoga praktizieren.

Die wichtigsten yogischen Werkzeuge, die zehn ethischen Prinzipien, können Sie schützen und zu einem glücklichen und produktiven Leben anleiten. Ethisches Verhalten bringt Ihren spirituellen Körper in Form, wodurch Sie die Erfahrung seiner Kraft machen können. Wenn Sie die ethischen Prinzipien im Verein mit den Körper- und Atemübungen und der

> Die Macht, die im Herzen des Bewußtseins wohnt,
> ist die Freiheit selbst.
>
> *Abhinava Gupta*

Meditation praktizieren, sind Sie imstande, sich Ihres spirituellen Körpers bewußter zu werden und ihn zu einem offeneren Agieren zu ermuntern. Diese ethische Praxis zeigt Ihnen, wie Sie die innere Kraftquelle zum Sprudeln bringen und genießen können, was dann in Ihnen ein zutiefst befriedigendes Gewahrsein Ihrer eigenen Person und Ihrer Welt entstehen läßt. Sie werden nicht länger durch falsche Wahrnehmungen eingeschränkt und treten in das grenzenlose Universum der Selbst-Verwirklichung ein, ein Vorgang, der in den Yoga-Schriften als «Wonne und ehrfürchtiges Staunen» beschrieben wird.

Dieses Buch zeigt auf, wie Sie zu Ihrer persönlichen Entdeckungsreise zur atemberaubenden Macht- und Kraftquelle in Ihrem Innern aufbrechen können. Sie werden sehen, daß es auf dem Weg zu diesem neuen Wissen nur darum geht, neue Werkzeuge zu benutzen. Ihr spiritueller Körper existiert bereits in Ihnen. Und wenn sich Ihr Gewahrsein durch die Lektüre dieses Buches und das Praktizieren der vorgestellten Prinzipien und Gedanken steigert, werden Sie sich seiner Präsenz und seiner Ihre physische Natur unterstützenden Kraft zunehmend bewußt werden.

Wie die Reise beginnt

In den ersten drei Kapiteln werden Sie lernen, die ersten Schritte hin zu dieser großartigen Erfahrung zu unternehmen. Kapitel 1 erklärt des weiteren auf der Grundlage der Yoga-Lehre die Natur des physischen und spirituellen Körpers und gibt Ihnen ein paar Möglichkeiten zur Visualisierung und zum

Ausprobieren dieser neuen Konzeptionen an die Hand. Kapitel 2 beschreibt einige der vielen im Yoga existierenden Möglichkeiten der Verwirklichung. Man sagt, daß der von der Schülerin oder vom Schüler gewählte Weg von ihren oder seinen tiefsten Neigungen abhängt.

In Kapitel 3 stelle ich den restlichen Teil des Buches vor und spreche darüber, wie Sie an das Studium und die Praxis der ethischen Leitfäden des Yoga herangehen können. Die Kapitel 4 bis 13 skizzieren jeweils auf einfache Weise, wie Sie mit der Praxis beginnen können. Sie sind die wichtigsten Abschnitte, weil Sie ohne das Praktizieren der ethischen Prinzipien nicht zum Herzen des spirituellen Körpers vordringen können. Ich habe versucht, über jedes Prinzip so zu sprechen, daß Ihnen dabei die vielen verschiedenen Ebenen des Herangehens aufgezeigt werden. Zum Beispiel ist das erste Prinzip, Nichtschädigen oder Gewaltlosigkeit (Kapitel 4), oberflächlich betrachtet sehr leicht zu befolgen: Sie fügen einfach sich selbst oder anderen keinen Schaden zu. Doch Gewalt kann sich auch auf subtilere Weise zeigen, und unsere Diskussion wird Ihnen helfen, die vielen Ebenen dieses ethischen Prinzips zu erforschen. Betrachten Sie diese zehn Kapitel als Landschaften, die mit jedem Mal, das Sie sie aufsuchen, an Tiefe gewinnen. Eines kann ich Ihnen versichern: Sie werden sich nie langweilen.

In Kapitel 14 schließlich habe ich mich bemüht, Ihnen eine gewisse Vorstellung davon zu vermitteln, worum es bei der Einswerdung, dieser Vereinigung mit sich selbst, wirklich geht. Ich habe zwei große Yoga-Meister kennengelernt, die sie zur Gänze verwirklicht haben: Rama und Lakshmanjoo. Ich selbst habe diesen Zustand viele Male teilweise erlebt, und diese Erfahrungen erleuchten mein Dasein. Das ist so, als sähe man nach einem Leben der Wahrnehmung in Schwarz und Weiß die Welt in herrlichen Farben, nur noch intensiver.

Ich wünsche Ihnen nun für Ihre Reise alles Gute.

Der spirituelle Körper:
Ihre innere Machtquelle

In diesem Kapitel werde ich einiges mehr zu meinem Phantasiespiel der Visualisierung des physischen und spirituellen
Körpers sagen, vor allem in bezug darauf, wie die beiden
interagieren und wie ihre Vereinigung durch das Praktizieren
der ethischen Disziplinen gefördert wird. Ich werde auch über
die Bedeutung des «Ego» im Yoga sprechen, eines wichtigen
und oft mißverstandenen Begriffs. Dessen korrekte Interpretation ist für das Praktizieren der in diesem Buch vorgestellten
ethischen Prinzipien unerläßlich. Wenn wir das Ego richtig
verstehen, kann der spirituelle Körper besser funktionieren,
wodurch sich eine Tür zu gewaltigen neuen Erkenntnissen
und Erfahrungen wie etwa Selbstvertrauen, innere Stärke und
Selbstwertschätzung auftut.

Beschreibung der beiden Körper

In der gesamten Yoga-Literatur finden sich Hinweise auf den
machtvollen Gewahrseinszustand, der eintritt, wenn sich das
Bewußtsein des physischen Körpers mit dem Bewußtsein des
spirituellen Körpers verbindet. Gebräuchliche Begriffe für
diese Erfahrung sind Selbstverwirklichung, der kosmische

Körper oder Gottesbewußtsein, die allesamt einen Zustand beschreiben, in dem alles Empfinden von Getrenntsein aufgehoben ist und wir aus dem Innern Führung für unser Leben erhalten. (Ich werde im folgenden diese drei Begriffe wechselweise verwenden.) Dieser Zustand wird oft als ekstatische Vereinigung zweier Liebender, die sich lange gesucht haben, dargestellt. Überall auf der Welt haben Künstler Seinszustände in Form gottähnlicher Gestalten ausgedrückt. Eine solche Vermenschlichung erfüllt einen nützlichen Zweck, da wir uns nur schwer mit etwas Unsichtbarem vertraut machen können. Kleidet man diese scheinbar unerklärbaren Zustände in eine Form, können wir uns leichter auf sie beziehen – so wie in diesem Buch versucht wird, in der Phantasie dem unerklärbaren Zustand des spirituellen Körpers eine Gestalt zu geben, um ihn so realer werden zu lassen. Sie werden also mit zwei gesonderten Körpern arbeiten müssen, mit einem physischen und einem spirituellen.

Woher diese Idee stammt

Als ich zum erstenmal darüber nachdachte, wie ich meine spirituelle Natur kennenlernen könnte, nahm ich eine Phantasie-Übung zu Hilfe, um eine Form für sie zu finden. Mir wurde klar, daß ich im Grunde imstande sein wollte, mich auf meine Spiritualität zu beziehen, wie ich mich auf eine andere Person beziehen würde. Ich wollte sie so wie meinen physischen Körper als realen Körper sehen. Ich wollte, daß dieser Körper meiner spirituellen Natur mit mir sprechen konnte, damit ich mich an seiner Weisheit und seinen Offenbarungen erfreuen konnte. Ich wollte, daß er mir so nahe war, daß ich mich nie wieder einsam fühlen würde. Ich wollte, daß er immer für mich da war und alles mit mir genoß. Ich wollte seine Unterstützung in Zeiten der Not erfahren. Ich wollte eine Art von Nähe, wie sie eineiige, in Gedanken und Gefühlen eng miteinander verbundene Zwillinge erleben.

Der kosmische Körper

Ein Name, mit dem in der östlichen Tradition der kosmische Körper bezeichnet wird, ist Shiva. Ihm wird in der Yoga-Literatur oft eine Menschengestalt gegeben, die aber im Grunde für einen Bewußtseinszustand steht. Der Shiva-Zustand meint im besonderen den Loslösungsprozeß des Bewußtseins von den Beschränkungen des Körpers, woraufhin man ein Gefühl der Alldurchdringung entwickelt. Die Empfindungen des Getrenntseins und der Begrenztheit verschwinden; es gibt keinen Unterschied mehr zwischen dem Wahrnehmenden und dem Wahrgenommenen (Subjekt und Objekt). Ein Vers aus einem der großen Bücher über den Kaschmir-Shivaismus kommentiert diesen Gedanken, indem er die rhetorische Frage stellt, welchen Sinn die Anbetung noch hat, wenn die höchste Wirklichkeit erst einmal realisiert worden ist.

Wenn Sie sich der Vorstellung von den zwei Körpern ganz öffnen, werden Sie von dem, was dann geschieht, überrascht sein. Als ich damit herumspielte, stellte ich fest, daß ich die Arme und Beine meines spirituellen Körpers als Gefühle visualisieren konnte. Ich hätte nie gedacht, daß sich Emotionen wie Liebe, Wut oder Freude tatsächlich als bewegliche Gliedmaßen eines Körpers vorstellen lassen. Gefühle schienen mir immer etwas Rätselhaftes und Flüchtiges zu sein. Ich fühlte mich ständig von ihnen herumgeschubst, spürte ihre Kraft, aber wußte nie, wo sie ihren Sitz hatten und wie sie aussahen. Daß alle Emotionen so substantiell sein können wie der physische Körper, war für mich eine völlig neue Erfahrung. Als ich über die Jahre hinweg mit dieser Vorstellung weiterarbeitete, wurde mir allmählich klar, daß Emotionen tatsächlich Form und Substanz haben können. Ich hatte ihre Macht immer gespürt; sie *schienen* nur abgetrennt und unsichtbar zu sein.

Diese neue Erkenntnis zeigte mir die Beschränktheit meiner vormaligen Auffassung und öffnete mir eine Tür zu wunderbaren neuen Erfahrungen. Emotionen wurden für mich so real und faktisch wie der Stuhl, auf dem ich saß, oder die Nahrung, die ich zu mir nahm. Sie waren nicht länger Beschreibungen dessen, was ich fühlte – sie begannen sich zu einer Form zu verdichten. Wenn ich zum Beispiel Liebe empfand, konnte ich sie mir als tatsächlich mit mir im Raum präsent vorstellen.

Die emotionale Stärke wird in unserem Leben gewöhnlich etwas verwässert; sehr selten stellt sie sich als konstante, machtvolle Kraft dar. Menschen, die starke Emotionen zeigen, jagen uns oftmals Angst ein. Sie scheinen außer Kontrolle geraten und unberechenbar zu sein. Manchmal werden solche Personen ziemlich destruktiv, so zum Beispiel, wenn das launische Temperament eines Elternteils in Kindesmißhandlung ausartet. Somit ist es verständlich, daß wir von Kindheit an zur Zügelung unseres emotionalen Wesens angehalten werden. Die Werkzeuge des Yoga, speziell das Praktizieren der ethischen Prinzipien, helfen uns, die Kraft und Stärke der aus dem spirituellen Körper in unsere physische Persönlichkeit einfließenden Emotionen in sichere und konstruktive Bahnen zu leiten.

Eine weitere wichtige Erkenntnis, zu der ich durch meine Arbeit mit der Vorstellung von meinem spirituellen Körper gelangte, war die, daß er über meine Intuition beständig mit mir spricht. Ich hatte mein ganzes Leben lang die Stimme der Intuition vernommen, wußte aber nie, woher sie kam. Jetzt ist

---

Ohne dieses Spiel mit der Phantasie ist bisher
noch kein schöpferisches Werk zustande gekommen.
Wir verdanken dem Spiel der Vorstellungskraft
unermeßlich viel.
C. G. Jung

mir klar, daß sie sich unmittelbar aus meiner spirituellen Natur heraus an mich wendet.

Als ich mit meinem spirituellen Körper zunehmend vertraut wurde, merkte ich, daß er zunächst unsichtbar zu sein schien, doch dann an Stärke und Macht gewann und Gestalt annahm, sobald ich nach ihm Ausschau hielt. Er hatte einfach darauf gewartet, sich zeigen zu können. Wenn ich ihn durch ständige Einladung und fortwährendes Gewahrsein seiner Existenz dazu ermunterte, sich zum Ausdruck zu bringen, belohnte er mich mit großartigen Einsichten und ständiger Begleitung. Weiterhin entdeckte ich, daß sich unser spiritueller Körper entsprechend unserer jeweiligen einzigartigen Persönlichkeitsstruktur bemerkbar macht. Er spricht in einer für uns leicht verständlichen Sprache zu uns. Bei diesem Prozeß bedarf es keiner Übersetzung von seiten eines Lehrers, weil diese klare Kommunikation, diese Botschaft aus unserem eigenen Inneren, ohne Wort stattfindet.

Und das ist genau der Prozeß, um den es im Yoga geht. Dessen Werkzeuge – Körperübung, Atmung, Meditation und ethisches Verhalten – helfen uns, die Stärke, den Mut und die Entschlußkraft zu entwickeln, die nötig sind, damit sich der spirituelle Körper konstant zeigen und seine Kräfte mit dem physischen Körper vereinen kann.

Mit der Zeit wurde mir klar, daß mein spiritueller Körper die mich in meinem Leben verankernde Kraft ist. Er ist die unsichtbare tragende Stütze meines physischen Körpers. Doch im Grunde ist es so, daß die beiden Körper wechselseitig voneinander abhängig sind: Der physische Körper kann sich ohne die ihm zugrundeliegende Unterstützung des spirituellen Körpers nicht bewegen, und der spirituelle Körper vermag sich ohne die physische Körpergestalt nicht in der Welt zu artikulieren. Gemeinsam erschaffen sie einen vollständigen Bewußtseinszustand, in dem wir uns in der sichtbaren wie auch in der unsichtbaren Welt zu Hause fühlen.

Die Symbolik des Hermaphroditen

In der Mythologie wird die Vereinigung der beiden Körper oft durch den Hermaphroditen dargestellt – ein halb männliches, halb weibliches Wesen. Der weibliche Teil steht für den physischen Körper, der das Handeln und die Form regiert, der männliche Teil für den spirituellen Körper der Unterstützung und Macht. Sie sind nicht zwei Wesen, sondern eines. Das ist eine wesentliche Prämisse des Kaschmir-Shivaismus (der in Kapitel 2 umfassender erläutert wird). Die beiden Qualitäten Handeln (weiblich) und Unterstützung (männlich) sind für das Leben notwendig, und der Lehre des Kaschmir-Schivaismus zufolge entwickelt sich alles Leben aus dem ständigen, wechselnden Fluß dieses Bewußtseinszustands eines geeinten Wesens.

Man kann sich dieses männliche/weibliche Bewußtsein leicht vorstellen, indem man das Bild von sich an der Oberfläche eines riesigen Sees kräuselnden Wellen zu Hilfe nimmt. Die Wellen stellen das sich ständig bewegende, verändernde, anpassende und reagierende physische Bewußtsein dar. Sie werden von der tiefen Stille unter der Oberfläche des Sees unterstützt, doch die Wellenbewegung verbirgt diese Stille.

Der Hermaphrodit

Verschiedene indische Skulpturen aus dem fünften Jahrhundert zeigen den Gott Shiva in Gestalt eines Hermaphroditen, halb männlich und halb weiblich. Unter diesem Aspekt repräsentiert der Shiva-Zustand die Vereinigung von Gegensätzen und verweist darauf, daß das Göttliche nicht als von der Welt getrennt, sondern als mit ihr untrennbar verbunden begriffen werden soll. Die Skulpturen zeigen uns, daß weder das Manifestierte noch das Unmanifestierte wichtiger ist als das jeweils andere.

Das physische Selbst als der Fremde

Man hat jahrhundertelang die beiden Körper mit den Sanskrit-Begriffen *svadharma,* was die eigene Pflicht bedeutet, und *paradharma,* was sich auf die Pflicht eines anderen bezieht, belegt. *Svadharma* setzt sich aus den Worten *sva,* Selbst, und *dharma* zusammen, wobei letzteres gewöhnlich mit Eigenschaften, kosmisch-religiöse Ordnung, ewiges Gesetz, Tugend, «Religion» und so weiter übersetzt wird. *Paradharma* setzt sich aus *para,* was ein anderer oder ein Fremder bedeutet, und *dharma* zusammen, was in diesem Kontext Eigenschaften meint. Somit bezeichnet *paradharma* die Eigenschaften eines anderen, nicht die meinen.

Die Eigenschaften der beiden Körper werden in vielen Schriften beschrieben. Der physische Körper wird als das *para* oder Nichtselbst der materiellen Welt bezeichnet, die den physischen Körper und Geist miteinschließt. *Sva* bezeichnet den spirituellen Körper, der aus Licht, Kraft, Seligkeit, Furchtlosigkeit und Einheit besteht. Er ist unsterblich, unwandelbar und alles durchdringend.

Der physische Körper fühlt sich stets unbehaglich, so, als sei er nirgends zugehörig. Mit anderen Worten, die physische Persönlichkeit fühlt sich im physischen Körper nicht zu Hause. Ihr ist nicht wohl – sie sucht immer nach Erleichterung und Hilfe. Der spirituelle Körper verhält sich nicht so, da er weiß, daß er bereits zu Hause ist. Um es anders auszudrücken: Der spirituelle Körper besitzt das Hotel, der Fremde (der physische Körper) hingegen mietet nur ein Zimmer.

Ganz ähnlich vergißt der physische Körper, daß er aus der ihm zugrundeliegenden Unterstützung des spirituellen Körpers hervorgeht. Er führt scheinbar eine gesonderte Existenz und empfindet deshalb Sehnsucht nach der Heimkehr in diesen vollkommenen Rückhalt und diese friedliche Stille. Menschen, die keinen Kontakt mit ihrem spirituellen Körper hergestellt haben, plagt diese Sehnsucht ständig.

Der spirituelle Körper vergißt hingegen nie, woher er kommt – tatsächlich vergißt er überhaupt nie etwas. Weder wurde er geboren, noch stirbt er jemals. Er war immer da, voll funktionsfähig, und wartete darauf, entdeckt zu werden. Wenn Sie ihn dazu ermuntern, sich zu zeigen, ist das ein Geschenk der Liebe für Sie selbst. Der Trick ist, daß Sie sich auf ihn einstimmen, ihn sprechen hören, sein Wirken klar beobachten und das zerbrechliche physische Wesen im Schutz seines Beistands und seiner ungeheuren Stärke ruhen lassen. Diese Vorstellung kann manchmal etwas beunruhigend sein, weil wir mit unserem physischen Ich am vertrautesten sind und die meisten von uns daher glauben, daß unser physischer Körper im Rahmen unserer Vorstellung von den beiden Körpern der starke und dominante Partner ist.

Wenn der spirituelle Körper mit Hilfe Ihrer Phantasie zum erstenmal Form annimmt, müssen Sie ihm gut zureden, ihn verführen und nähren, weil er im Lauf Ihres Lebens so wenig Aufmerksamkeit bekommen hat, daß Sie gar nicht wissen, wie Sie ihn erkennen, und er sich möglicherweise nur widerwillig zeigt. Doch wenn sich seine Form allmählich entwickelt und vor Ihrem inneren Auge ausdehnt, verflüchtigt sich die Vorstellung von der physischen Dominanz, findet die ganze Beziehung zur Ausgewogenheit, und es wird Ihnen bewußt, daß die beiden Körper das Potential und den Wunsch haben, voll und ganz zu Partnern im Zustand des Gottesbewußtseins zu werden. Dies wird in den klassischen Schriften auch als die Fülle des Seins bezeichnet.

Die größte Liebesaffäre

Das aus der Vereinigung des physischen und des spirituellen Körpers hervorgehende Zwillingsbewußtsein wurde zu allen Zeiten in Dichtung und Legende als die Anziehungskraft zwischen dem Männlichen und dem Weiblichen beschrieben. Sie können auch nicht einen Moment voneinander getrennt sein; wenn sie zusammen sind, ist das die absolute Seligkeit. Und nur, wenn sie scheinbar voneinander getrennt sind, werden Schmerz, Einsamkeit und Leid erlebt. Das wahre Glück liegt in der Erkenntnis, daß sie nie voneinander getrennt waren und sein werden.

Wenn diese Erfahrung der Vereinigung einsetzt – und sei es auch nur für einen Augenblick –, wird Ihnen allmählich klar, daß Ihr physisches Wesen, das sich aus Körper, Atem und Geist zusammensetzt, nur die Spitze des Eisbergs ist. Es ist lediglich ein kleiner Teil der in allen Menschen verborgenen, ungeheuer großen und machtvollen Persönlichkeit. Dieser unermeßlich weite Bewußtseinszustand zeigt sich gewöhnlich nicht in der Welt, es sei denn unter außergewöhnlichen Umständen. Die übermenschlichen Leistungen von Musikern, Tänzern, Athleten und anderen vermitteln uns manchmal einen Eindruck davon, wenn sie, für ein paar Momente, das normale Bewußtsein und die physischen Begrenzungen transzendieren, uns mit einer melodischen Leidenschaft oder außergewöhnlichen Leistung in eine Erregung versetzen, die uns aus der normalen Alltagsexistenz heraushebt.

Eine solche übermenschliche Leistungsfähigkeit wird im Yoga erlangt, wenn eine Person den spirituellen mit dem äußeren physischen Körper zu einer Kraft vereinen kann, die dann zu erreichen vermag, was die beiden Hälften für sich genommen nicht tun können. Die Macht, die dies zuwege bringt, läßt sich in dem Gedanken ausdrücken: «Ich kann mehr sein, als ich bin. Ich kann alles sein, was ich zu sein erhoffte – und mehr.» Und es kommt hinzu, daß das beherrschende, einengende, frustrierende Gefühl der Angst, daß man nie an das große Potential der eigenen Träume herankommt, verschwindet, wenn man plötzlich weiß, daß alles möglich ist, daß jedes Ziel erreichbar und daß der Fortschritt beständig ist.

Die Bedeutung des Ego

Die *Bhagavadgita,* die ein kleiner Bestandteil des klassischen indischen Epos *Mahabharata* ist, beschreibt das universale Bewußtsein mit Hilfe von acht Elementen.

Erde, Wasser, Feuer, Wind,
Raum (Äther), Denken, Vernunft
und Ich-Bewußtsein: so ist meine
achtfach aufgeteilte Natur.
Das ist meine niedere Natur. Wisse aber,
daß ich noch eine andere, höhere Natur habe.
Sie besteht aus lebendiger Wesenheit,
durch die das Universum erhalten wird.

Bhagavadgita

Beide Körper, der physische *und* der spirituelle, setzen sich also aus diesen acht Elementen zusammen.

In diesem Abschnitt will ich mich ausschließlich auf das Ego (Ich-Bewußtsein) konzentrieren, weil ich glaube, daß Sie mit Hilfe der dargelegten Konzeption den Kontakt zu Ihrem spirituellen Körper leichter herstellen können. Da das Ego substantiell göttlich ist, ist es eine Eigenschaft beider Körper. Der spirituelle Körper repräsentiert, was ich das *echte* Ego nenne; der physische Körper bringt das *unechte* Ego zum Ausdruck. Das Ego wird verzerrt, wenn es sich durch den physischen Körper kundtut – weshalb ich von unechtem Ego spreche.

Ein Beispiel für diese Verzerrung haben Sie vor Augen, wenn Sie einen Blick in den Spiegel werfen. Sie wissen, daß das, was Sie sehen, nur ein kleiner Teil Ihrer wahren Persönlichkeit ist. Sie sind sehr viel mehr als Ihr physisches Spiegelbild. Und ebenso sieht das unechte Ego nur einen kleinen Teil Ihres wahren Selbst. Das Bild Ihres wahren Selbst wird Ihnen von der wahrheitsgetreuen Wahrnehmung Ihres spirituellen Körpers dargeboten. Wenn Sie sich diese beiden Konzeptionen – unechtes und echtes Ego – merken und darauf achten, wann sie jeweils agieren, werden Sie fähig sein, zu erkennen, wenn das Ego durch den physischen Körper verzerrt wird; dann können Sie damit beginnen, bei allen Entscheidungen die Hilfe Ihres spirituellen Körpers in Anspruch zu nehmen.

Ein weiterer Grund für die Notwendigkeit einer genauen Beschreibung des Ego ist, daß das mit dem physischen Körper verbundene unechte Ego das größte Problem beim Praktizieren der ethischen Prinzipien darstellt. Weshalb dies so ist, werde ich später ausführen.

In der heutigen Welt ist das Ego ein weitgehend mißverstandener Begriff, mit dem sich im üblichen Sprachgebrauch meist negative Bedeutungen verbinden. Wenn wir jemanden «egoistisch» nennen, meinen wir gewöhnlich, daß er nur an sich selbst denkt. Mit anderen Worten, wir setzen diesen Begriff mit Egozentrik gleich.

Die Religion sieht im Ego ein Hindernis für die spirituelle Entwicklung. Sie werden diese Ansicht auch in vielen Übersetzungen von Yoga-Schriften finden, und zahlreiche verwestlichte Yoga-Schulen zementieren die Vorstellung, das Ego sei gefährlich, etwas, das um des spirituellen Fortschritts willen mit der Wurzel ausgerissen, aufgegeben oder zerstört werden müsse.

Der Shivaismus teilt beide Ansichten nicht. Wie aus dem obigen Zitat aus der *Bhagavadgita* zu ersehen ist, wird das Ego oder Ich-Bewußtsein als dem göttlichen Wesen zugehörig betrachtet, als ein elementarer Bestandteil beider Körper. Es kann weder je zerstört noch aufgegeben werden. Dem Ego wird die Bewahrung des Rahmens unseres Lebenserhaltungssystems zugeschrieben: Es ist das, was uns den Lebenswillen gibt, den Ansporn zu atmen, die Motivation zu gehen, zu sprechen und jede andere physische Handlung auszuführen. Das Ego kann nicht zerstört, aber es kann beobachtet werden, und das Training dieses Beobachtens bildet den Anfang der Herstellung einer Verbindung mit dem spirituellen Körper.

Es gibt ein einfaches Mittel, um zu lernen, das echte vom unechten Ego zu unterscheiden. Sie müssen lediglich auf Ihre emotionalen Reaktionen achten und sie geistig Ihrem spirituellen Körper übergeben. Sie werden sofort Erleichterung verspüren. Und so funktioniert es:

Emotionale Reaktionen, mit denen sich oft Schmerz oder Angst verbinden, sind ein Faktum des Alltagslebens. Sie wissen immer, wann emotionale Reaktionen ihren physischen Körper bedrohen, weil Sie sich dann unwohl fühlen. Angst zum Beispiel verursacht unbehagliche Gefühle der Beklemmung und Muskelverspannungen. Das physische Wesen glaubt, daß es für diese Reaktionen die volle Verantwortung übernehmen muß, und versucht, alle Probleme allein zu lösen.

Das meine ich, wenn ich sage, daß der physische Körper das Ego verzerrt. Wenn es sich mit einem Problem konfrontiert sieht, handelt unser physisches Wesen so, als sei das Problem sein «Eigentum». Mit anderen Worten, es erkennt nicht, daß es von unserem spirituellen Wesen Hilfe erhalten kann. Beim Versuch, sich allein von seinem Unbehagen zu befreien, wendet sich der physische Körper leicht selbstzerstörerischen Verhaltensweisen zu, greift zu Alkohol oder Drogen oder vernachlässigt sich.

Hier ist ein spezielles Beispiel: Wenn Sie vor der Auseinandersetzung mit einem Freund Angst haben, werden Sie sich unwohl und beklommen fühlen, noch bevor die Auseinandersetzung stattgefunden hat. Vielleicht rührt ein Teil Ihres Unbehagens daher, daß Sie nicht genau wissen, wie Sie die Situation handhaben sollen. Möglicherweise können Sie in der Nacht davor nicht gut schlafen und merken, daß Sie auch nichts essen können, weil sich Ihr Magen in Aufruhr befindet.

In dem Moment, in dem Sie dieses Unbehagen wahrnehmen, können Sie sich klarmachen, daß das unechte Ego agiert. Und dann können Sie sich sagen: «Das ist das unechte Ego, das da agiert. Ich fühle mich unbehaglich. Ich werde das Problem meinem spirituellen Körper zur Lösung übergeben.» Mit anderen Worten, Sie rufen ein weiteres Unterstützungs- und Beistandssystem auf, um mit der Angst fertig zu werden. Sie werden merken, daß Sie sogleich Erleichterung verspüren. Wenn Sie Ihren spirituellen Körper um Hilfe bitten, werden Sie feststellen, daß die Intuition, oder Ihre spirituelle Stimme, Ihnen eine Lösung vorschlägt, mit deren Hilfe Sie eine unbehagliche Situation in eine heilsame, produktive Angelegenheit verwandeln können. Der spirituelle Körper «heilt» die emotionale Reaktion. Die Angst verschwindet, die Furcht verläßt Sie, und Ihr Körper fühlt sich wieder ruhig und gelassen. Dieses Spiel können Sie sich in jeder Situation zunutze machen, bei der Sie sich mit einer unangenehmen emotionalen Reaktion konfrontiert sehen.

Die Partnerschaft mit dem spirituellen Körper gibt Ihnen die zusätzliche Unterstützung, die Sie brauchen; sie verleiht Ihnen eine sehr viel größere Fähigkeit, jedwelche aus einem potentiell zerstörerischen Problem resultierende Emotion in eine konstruktive Lösung umzuwandeln, die nicht nur das Problem behebt, sondern Ihnen auch neues Selbstvertrauen schenkt. Wie Sie in Kapitel 4 sehen werden, ist das Vermeiden von selbstzerstörerischem Verhalten ein wichtiger Faktor bei allen zehn ethischen Richtlinien. Das ethische Verhalten wird Ihnen beweisen, daß der spirituelle Körper jegliche Situation perfekt handhaben kann. Ihr physischer Körper muß keine Bürde allein tragen.

Doch was können Sie tun, wenn das unechte Ego ein großes Problem darstellt? Das leicht zu befolgende Rezept des Shivaismus besagt, daß Sie lediglich beobachten müssen, wann das echte und wann das unechte Ego agiert. Ansonsten wird nichts von Ihnen verlangt. Werden Sie sich nur dessen bewußt, indem Sie, wie oben beschrieben, feststellen, wann Sie sich unwohl und unbehaglich fühlen. Wenn Sie sich das bewußtmachen können, werden Sie merken, wann der physische Körper der wahren Interpretation von seiten des spirituellen Körpers im Wege steht, und Sie werden eine Wahl in bezug auf Ihr Handeln haben. Sie werden nicht länger Ihren Impulsen in die Falle gehen.

Ethik und die Angst vor dem Tod

Die Wahlfreiheit ist nur einer der großen Vorzüge des ethischen Verhaltens. Sie werden eine überaus eindrückliche und schöne Erfahrung machen, wenn Sie lernen, die Hilfe Ihres spirituellen Körpers in Anspruch zu nehmen. Deshalb, weil er immer für Sie da ist. Er existiert ewig. Er ist unsterblich. Dieses Wissen wird Ihnen bei der Überwindung der Angst vor dem Tod helfen. Dies ist im übrigen auch ein unmittelbares Ergebnis der meditativen Praxis, denn die Meditation läßt Sie die Beschränkungen des zerbrechlichen physischen Körpers, der immer den Tod fürchtet, überschreiten.

Eine Meditationserfahrung

In den frühen Jahren meiner Yoga-Praxis beschloß ich einmal, ein paar Minuten lang zu meditieren, während ich darauf wartete, daß meine Familie zum Abendessen nach Hause kam. Ich ließ mich in einem großen Sessel im Wohnzimmer nieder und wurde innerlich still. Plötzlich sah ich mich durch meine Nasenlöcher aus meinem Körper schlüpfen und über ihm schweben. Ich sah ganz friedlich auf meinen Körper hinunter und schlüpfte dann schließlich wieder in ihn hinein. Nach dieser Erfahrung empfand ich nie wieder dasselbe in bezug auf den Tod und Verlust, da ich nun wußte, daß ich eine Existenz außerhalb meines physischen Körpers besitze.

Die *Bhagavadgita* beschreibt diesen Geisteszustand auf wunderschöne Weise. Die beiden Hauptfiguren sind Arjuna, ein großer Krieger, der von Geburt an darauf vorbereitet wurde, in einer letzten Schlacht das ihm rechtmäßig zustehende Königreich von seinen skrupellosen Cousins zurückzuerobern, und sein Freund und Guru Krishna, der ihm als Wagenlenker dient.

Zu Beginn sitzt Arjuna in seinem Kampfwagen und blickt auf die Krieger zu beiden Seiten des Schlachtfeldes. Plötzlich wird ihm klar, welches ungeheure Maß an Tod und Zerstörung dieser Krieg zur Folge haben wird, und die Verzweiflung überwältigt ihn.

Krishna, der seinen Schmerz und seine Angst sieht, spricht die folgenden Worte, wobei der spirituelle Körper als das «Selbst» bezeichnet wird.

«Wer dieses Selbst als unzerstörbar, ewig,
ungeboren und unvergänglich erkennt,
wie und wen kann er töten
oder töten lassen, Pritha-Sohn?
So wie ein Mensch abgetragene Kleidung wegwirft
und neue, andere anlegt,
so wirft das verkörperte Selbst die verbrauchten Körper weg
und verbindet sich mit anderen, die neu sind.
Waffen verletzen es nicht,
und Feuer verbrennt es nicht;
die Wasser befeuchten es nicht,
und der Wind läßt es nicht austrocknen.
Unverletzlich und nicht brennbar ist es,
nicht befeuchtbar und nicht auszutrocknen;
es ist ewig, alldurchdringend, unveränderlich,
unbeweglich und immerwährend.
Unentfaltet ist es und unvorstellbar,
als unveränderlich bezeichnet man es.
Weil du dies erkannt hast,
darfst du nicht trauern.

Und weiter, selbst wenn du meinst,
daß es ständig geboren wird
und ständig stirbt, o Starkarmiger,
so sollst du es doch nicht betrauern.
Denn allem, was geboren wurde, ist der Tod gewiß,
und gewiß ist Geburt dem, der gestorben ist.
Deshalb darfst du nicht betrauern,
was unausweichliche Bestimmung ist.
Unentfaltet sind alle Wesen am Anfang,
inmitten der Zeit sind sie entfaltet, Nachkomme des Bharata,
doch ihr Ende ist wieder im Unentfalteten.
Was für Klage kann es darüber geben?
Der eine sieht es in wundervoller Weise,
ein andrer spricht davon auf wunderbare Art,
und ein anderer wieder hört davon wunderbar,
und doch kennt es keiner, auch wenn er davon gehört hat.
Dieses im Körper aller Wesen
verkörperte Selbst
ist ewig unzerstörbar, Nachkomme des Bharata.
Deshalb sollst du um kein Wesen trauern.»

Bhagavadgita

So hören wir, wie der große Guru Krishna seinen Schüler anweist, tapfer in seinem Leben weiterzumarschieren und sich völlig auf seinen spirituellen Körper zu verlassen, der ihn durch jede Schlacht tragen wird, die es in dieser physischen Welt zu schlagen gilt. Er bittet Arjuna, sich seiner langen Ethikpraxis zu entsinnen, die ihn auf den Kampf vorbereitet hat. Dies hat Arjuna in seinem Entsetzen vergessen, und Krishna erinnert ihn daran, daß das Selbst nie stirbt und nicht nur ihn, sondern auch alle anderen durch die Schlacht tragen wird.

Werden die ethischen Prinzipien angewandt, um den Weg für die Vereinigung des spirituellen und des physischen Körpers zu bereiten, wird diese Vereinigung ein leichtes. Wenn das geschieht, wissen Sie, daß durch den Tod nichts verlorengeht.

> Das Selbst, das durch den gereinigten Geist und das
> erleuchtete Bewußtsein verwirklicht werden muß;
> dessen Gestalt Licht ist, dessen Gedanken Wahrheit
> sind; das, wie der Äther, rein und indifferent bleibt;
> aus dem alle Werke, alle Wünsche, alle Gerüche,
> alle Essenzen ausgehen; das alles durchdringt;
> das über den Sinnen steht; und in dem die Fülle
> der Freude ewig existiert – das ist mein wahres Selbst,
> das im Lotos meines Herzens wohnt.
> *Chandogya-Upanishad* III, 14

Tatsächlich kann es gar keinen Tod geben. Der physische Körper verschleißt und verwandelt sich, aber der spirituelle Körper ist ewig und geht nie verloren. Die Yoga-Philosophie besagt, daß dies der wahre Grund für alle Praxis ist. Es gibt noch andere Vorteile in Hülle und Fülle, aber der große Sieg besteht darin, daß die Angst vor dem Tod für immer verschwindet; der Tod hat seinen Stachel verloren.

Wonne und ehrfürchtiges Staunen

Wie die Angst vor dem Tod hindert uns auch die Angst vor dem Unbekannten daran, daß wir die volle Macht und Kraft unseres kosmischen Körpers erfahren. Das ethische Verhalten führt uns durch diese Angst und erlaubt dem Unbekannten in uns, sich als Freund zu offenbaren. Das hilft uns wiederum dabei, uns für eine spontane Erfahrung zu öffnen, die unsere egoistischen Kontrollmechanismen oder unsere Vorstellungskraft bei weitem übersteigt. Die Folge sind «Wonne und ehrfürchtiges Staunen», wie es im Kaschmir-Shivaismus heißt. Dann zeigt uns der unsichtbare spirituelle Körper seine Gestalt, eine so liebe, so liebliche, so absolut liebevolle Gestalt, daß, wenn er sich mit dem Physischen vereint, das Leben eine leuchtende Zuversicht und Macht bekommt, die sich an der betreffenden Person wie ein Königsmantel ausnehmen.

Nun sind wir schon fast so weit, daß wir die zehn ethischen Richtlinien detaillierter untersuchen können. Doch erst möchte ich die Geschichte und Philosophie des Yoga kurz skizzieren, um Ihnen einige Hintergrundinformationen über die vielen in den unterschiedlichen Schulen angebotenen Sichtweisen zu liefern, den Kaschmir-Shivaismus eingeschlossen. Das wird Ihnen einen Kontext vermitteln, in den Sie die in diesem Buch vorgestellten yogischen Werkzeuge einordnen können.

2

∎

Viele Wege enden
an ein und demselben Ort

Dies soll keine wissenschaftliche Abhandlung über die Philosophie des Yoga sein. Angesichts des Umfangs des Themas wäre ein solcher Versuch geradezu vermessen. Außerdem habe ich die Worte meiner großen Lehrer, Rama und Lakshmanjoo, im Gedächtnis, die mich warnten und sagten, die wahren Geheimnisse des Yoga könnten nie auf intellektuelle Weise ergründet – oder gelehrt – werden. Tatsächlich steht nur zu oft der Intellekt als Mauer zwischen Ihnen und der machtvollen intuitiven Erfahrung des spirituellen Körpers. Deshalb habe ich für dieses Buch eine die Phantasie nutzende Technik entwickelt, die ein praktischeres Herangehen an die yogischen ethischen Richtlinien unterstützt und Ihnen unter jeglichen Umständen dienlich sein kann.

Der Unterschied zwischen Yoga und Religion

Yoga ist keine Religion. Er besteht aus einer Reihe von Techniken, die, wenn sie täglich praktiziert werden, als Werkzeuge benutzt werden können, um Ihrem Leben zusätzlich Bedeutung und Tiefe zu verleihen, ganz gleich, welcher Religion Sie anhängen oder wie Ihr biographischer Hintergrund aussieht.

Wir alle haben eine unterschiedliche soziale Herkunft, sind mit unterschiedlichen religiösen Traditionen und familiären Sitten und Gebräuchen aufgewachsen, doch der Yoga zeigt, wie ganz einfache Techniken, die in kleinen, gewinnbringenden Schritten praktiziert werden, zu der Erkenntnis führen können, daß im Innern unseres äußeren physischen Wesens eine universale spirituelle Natur existiert. Eine der großen Stärken des Yoga ist die Prämisse, daß diese spirituelle Grundlage und Stütze bei jedermann die gleiche ist und daß viele Wege zu ihrer Entdeckung führen.

Keine Person praktiziert den Yoga auf genau gleiche Weise wie eine andere. Auch wenn sich manche Techniken zu ähneln scheinen, macht jeder Mensch doch seine eigenen einzigartigen Erfahrungen. Die Kenntnis dieser Tatsache räumt mit der mißtönenden, ätzenden Haltung mancher Praktizierender auf, die behaupten, daß man, um Yoga zu praktizieren, nur auf eine einzige bestimmte Weise denken und üben dürfe. Im Yoga sollen Sie nicht blind einem speziellen Pfad folgen; Sie werden immer von Ihrer eigenen Erfahrung geleitet.

Weil die meisten Yoga-Schriften ursprünglich in Indien verfaßt wurden, glauben viele Menschen allen Ernstes, sie müßten sich mehr oder weniger in einen Inder verwandeln, um Yoga praktizieren zu können. Im Lauf meiner langen Yoga-Karriere bin ich häufig Leuten begegnet, die meinten, ihren Namen und ihre Kleidung ändern und östliche religiöse Sitten annehmen zu müssen. Das zu tun wäre ein Fehler. Der Yoga ist eine sehr präzise Disziplin, die sehr starke Individuen hervorbringt, die sich nicht auf irgendwelche äußerlichen Faktoren stützen müssen, um sich als Praktizierende auszuweisen. Der Yoga greift nicht in Ihre persönliche religiöse Überzeugung ein. Tatsächlich sagen viele Schüler, daß er ihren eigenen Glauben stärkt, weil er eine stabile Basis der Zuversicht, des Selbstgewahrseins und des Wohlbefindens herstellt.

In vielen Lexika wird der Yoga irrtümlicherweise als ein Nebenzweig der hinduistischen Religion definiert. Historische Fakten belegen, daß es die Yoga-Praxis schon viele Jahrhunderte vor dem Aufkommen des Hinduismus gab. Im Gegensatz zur Religion befürwortet der Yoga weder Rituale noch Glaubensbekenntnisse. Auch muß man, wie jeder ernsthafte Praktizierende Ihnen sagen wird, bei dem Versuch, sich dem

Das Juwel des Yoga

Nicht jedermann fühlt sich mit der eigenständigen Motiviertheit wohl, die einen Kernpunkt des Yoga darstellt. Menschen, die das Bedürfnis nach religiösen Vorschriften und Überzeugungen haben, sind eine leichte Beute für charismatische Führer, die für die Probleme des Lebens scheinbar einfache Antworten parat haben. Viele Menschen möchten, daß ihnen ein anderer sagt, was sie tun, wie sie leben, wie sie glücklich sein sollen, und halten oft einen Führer mit einer starken Persönlichkeit für eine Art Erlöser. Diese Form von Beziehung hat im Yoga keinen Platz. Ein echter Lehrer weiß, daß Sie selber eine Antwort auf Ihre Wünsche finden müssen, und daß es seine Pflicht ist, Sie darauf hinzuweisen und Ihnen zu zeigen, wie Sie das anstellen können. Dann gibt er Ihnen die Unterstützung und Ermunterung, die Sie für Ihre Suche brauchen.

Das Juwel des Yoga besteht darin, daß Sie, wenn Sie den Mut aufbringen, sich dieser Reise in Ihr Inneres zu stellen, zu Ihrem/Ihrer eigenen Erlöser/Erlöserin werden. Sie besitzen die Fähigkeit, zu einer starken, zufriedenen und erfüllten Persönlichkeit zu werden, ohne von irgend etwas oder irgend jemandem außerhalb Ihrer selbst abhängig zu sein. Ihr spiritueller Körper birgt in sich alles Wissen, das Sie brauchen, um den Gipfelpunkt Ihres Lebens zu erreichen. Die Yoga-Philosophie und -Techniken bilden eine Brücke, mit deren Hilfe Sie sich in Ihrem Innern selbst finden können.

Gipfel der Yoga-Praxis zu nähern, allein weitergehen, einzig angewiesen auf den spirituellen Körper, der sich nun allmählich zeigt.

In diesem Buch gebrauche ich immer wieder Begriffe, die für Sie eine religiöse Bedeutung haben mögen, wie «Gott», «Gottesbewußtsein» oder «spirituell». Niemand kann wirklich wissen, was und welcher Art das höchste Bewußtsein ist. Da hier alle Worte unzulänglich sind, habe ich beschlossen, Begriffe zu verwenden, die den meisten Menschen vertraut sind. Am besten geben Sie ihnen beim Lesen einen persönlichen Sinn, auf den Sie sich beziehen können.

Die Leute fragen mich oft nach der Bedeutung des in der Kunst des Ostens dargestellten riesigen Pantheons. Dieses wird im Westen häufig mißverstanden. Die vielen unterschiedlichen Gestalten sollen eigentlich die mannigfaltigen emotionalen Persönlichkeitsaspekte des umfassenden Bewußtseinszustands namens Gottesbewußtsein oder kosmischer Körper abbilden. Es handelt sich um die Stimmungen und Ausdrucksformen eines einzigen Wesens, der höchsten Kraft, die die Quelle und Grundlage aller Schöpfung ist.

Diese verschiedenen Gestalten porträtieren machtvolle emotionale Kräfte, die in dieser Welt keine physische Form besitzen. Nehmen wir zum Beispiel die Liebe. Jedermann hat von ihr gehört, und manche Menschen glauben, daß sie sie beschreiben können. In der Wirtschaftswelt wird ungeheuer viel Geld ausgegeben, um die Leute davon zu überzeugen, daß die Liebe durch die richtigen Kosmetika, das richtige Bier, die richtigen Glückwunschkarten, Parfüms und andere Produkte erlangt werden kann. Und obwohl wir alle durch diese Bemühungen beeinflußt werden, wissen wir doch, daß sie sich in Wirklichkeit nicht abpacken oder in Flaschen füllen und verkaufen läßt. Die Liebe hat keine Form; sie bleibt unsichtbar, kann aber gefühlt werden. Dasselbe läßt sich von allen Emotionen sagen. Sie können gefühlt, aber nicht eingetütet und verkauft werden.

Die Kunst des Ostens geht quasi von der Vorstellung aus,

daß diese unsichtbaren Emotionen Gestalt annehmen können, und man bezieht sich auf sie als auf etwas Göttliches, weil ihnen in diesem Zusammenhang ein enormer Respekt entgegengebracht wird. Man gab diesen Göttern eine menschenähnliche Gestalt, damit wir leichter Zugang zu ihnen bekommen können. Sie stellen Emotionen des spirituellen Körpers in ihrer reinsten, subtilsten Form dar und drücken sich über den physischen Körper aus.

Kommen wir auf das Beispiel der Liebe zurück. Ich glaube, daß wir sie nur dann in ihrer ganzen Tiefe erfahren können, wenn wir den physischen Körper zur Ruhe bringen und den klaren Ausdruck der Liebe einladen, uns aus dem spirituellen Körper heraus zu durchströmen. Es bedarf der vereinten Bemühung Ihrer äußeren (physischen) und inneren (spirituellen) Natur, um diese Erfahrung zu ihrem höchsten Ausdruck zu bringen. Wenn Sie die Kräfte des physischen und des spirituellen Körpers so vereinen, können Sie nicht nur die Liebe, sondern alle Emotionen in ihrer ganzen Ausdruckskraft und Subtilität erfahren.

Die Philosophie des Shivaismus besagt, daß das gesamte Pantheon der Emotionen in Ihnen existiert und darauf wartet, in all seiner Schönheit und Stärke hervorgerufen zu werden. Diese Götter- und Göttinnengestalten stellen somit Aspekte Ihrer selbst dar. Sie sind das, was Sie immer waren, aber bislang nicht zu erkennen vermochten. Sie sind eine Darstellung Ihres spirituellen Körpers in all seiner Macht.

Wie nahm der Yoga seinen Anfang?

Die knappe Antwort darauf lautet: Niemand weiß es. Die Ursprünge des Yoga sind mit Gewißheit noch vor Beginn der schriftlichen Überlieferung anzusiedeln. Archäologen haben über 5000 Jahre alte Siegel gefunden, in die Darstellungen von Menschen in Yoga-Positionen eingekerbt sind.

Selbst nach der Einführung der Schrift wurde der Yoga

gewöhnlich mündlich, vom Lehrer an den Schüler, übermittelt. Es sind nur ein paar wenige Yoga-Schriften aus dieser frühen Zeit erhalten geblieben, verfaßt in einer Art rätselhaftem Code aphoristischer Aussagen, deren Sinn sich nur den ernsthaften Schülern und Schülerinnen mystischer Erfahrung erschließt. Natürlich sind diese Dokumente von verschiedenen prominenten Gelehrten ausführlich kommentiert worden.

Ich hatte das Glück, zwei kompetente Lehrer zu haben, die mich in diese Texte einführten. Lakshmanjoo war weithin bekannt für seine Übersetzungen der Schriften eines großen Lehrers namens Abhinava Gupta, der im 10. Jahrhundert in Kaschmir lebte und der Autor eines brillanten Kommentars zum Kaschmir-Shivaismus ist. Rama lehrte mich die Prinzipien der Vedanta-Lehre, eines Gedankensystems der Yoga-Philosophie, das die Selbst-Verwirklichung durch eine systematische Transformierung der fünf Hüllen lehrt, die das wahre Selbst in drei Bewußtseinszuständen verbergen.

Bewußtseinszustand	*Hülle*	
Wachzustand	(1)	der physische Körper und die materielle Welt
Traumzustand	(2)	die «Lebenskräfte» wie der Atem,
	(3)	der Geist und
	(4)	das Verständnisvermögen
Zustand des Tiefschlafs	(5)	«Glückseligkeit»

Der Vedantin betrachtet die gesamte materielle Welt, so wie sie sich in den fünf Hüllen ausdrückt, als eine Illusion, die nicht von Dauer sein kann, und versucht deshalb, sich ihren Freuden und Verlockungen zu verweigern. Im Gegensatz zur einbegreifenden Philosophie des Kaschmir-Shivaismus ist die des Vedanta ausgrenzend. Der oder die Praktizierende begibt sich ständig aller Bindung an die Welt, indem er oder sie sagt: «Nicht dieses und nicht jenes», mit anderen Worten: «Ich bin nicht eine Mutter. Ich bin nicht ein Vater. Ich bin nicht ein Kind. Ich bin nicht dieses Ego. Ich bin nicht dieser Geist.» Und so weiter, bis ihm oder ihr nur ein einziges wirkliches, dauerhaftes und unveränderliches Ding bleibt: das wahre Selbst.

Klassischer Yoga und Patanjali

Einer der großen yogischen Texte wurde von dem Gelehrten Patanjali verfaßt, der irgendwann zwischen dem dritten vorchristlichen und dem dritten nachchristlichen Jahrhundert lebte. Er gab den vielen verschiedenen Yoga-Techniken und -Theorien seiner Zeit in seinen Yoga-Sutras eine verständliche und klare Form.

Dieses als klassischer Yoga bezeichnete System hat acht Stufen. Diese repräsentieren die acht Bewußtseinsstadien oder Gewahrseinszustände, die sowohl im physischen als auch im spirituellen Körper ihren Sitz haben. Lakshmanjoo nannte diese acht Stufen Glieder und lehrte mich, wie wichtig es ist, daß man sie nicht eines nach dem anderen, sondern alle gleichzeitig praktiziert.

Die Sanskrit-Bezeichnungen für diese acht Glieder (oder Bewußtseinszentren) sind *yama* (Selbstbezwingung), *niyama* (Selbstschulung), *asana* (Körperhaltung), *pranayama* (Atemregelung), *pratyahara* (Sinnesrückzug), *dharana* (Konzentration), *dhyana* (Meditation) und *samadhi* (völlige Versenkung).

Yama und *niyama* beinhalten die zehn ethischen Richtlinien, die ich in diesem Buch in Kapitel 4 bis 13 vorstelle. Die beiden folgenden Begriffe, *asana* und *pranayama*, beinhalten die Übungen und Atemtechniken, die den meisten Menschen im Westen im Yoga-Unterricht vermittelt werden. *Pratyahara* ist das Anfangsstadium der Meditation, in dem Sie lernen, Ihre

Vier Arten von Schülern

Die *Bhagavadgita* beschreibt vier Arten von Schülern, die zum Yoga kommen: den Leidenden, den nach weltlichen Gütern Strebenden, den nach Wissen Suchenden und den Mann der Weisheit. Mit anderen Worten, die meisten Menschen werden aufgrund eines Bedürfnisses oder Verlangens vom Yoga angezogen. Dabei kann es sich um eine ungeheilte Wunde, eine Gesundheits- oder Erfolgsstrategie oder den Wunsch nach Ganzheitlichkeit handeln. Auch wenn Sie kein Yoga-Schüler sein sollten, können Sie wahrscheinlich erkennen, auf welche Weise Ihre tiefsten Wünsche den Lauf Ihres Lebens und Ihre Bemühungen um die Erfüllung dieser Wünsche bestimmen.

Als Lehrerin begegne ich in meinem Unterricht allen Arten von Schülerinnen und Schülern, und im allgemeinen praktizieren sie so lange Yoga, bis ihre grundlegenden Bedürfnisse befriedigt sind; dann hören sie auf. Nicht jeder verfolgt die gleichen Ziele oder bewegt sich im gleichen Tempo auf sie zu. Die Werkzeuge des Yoga können so lange benutzt werden, wie sie gebraucht werden. Wenn Sie das Glück haben, einen Lehrer oder eine Lehrerin zu haben, der oder die Ihnen zeigen kann, wie man richtig praktiziert, ist alles möglich.

Aufmerksamkeit von der Außenwelt abzuziehen und auf die Innenwelt zu lenken. *Dharana, dhyana* und *samadhi* sind die drei Meditationsstadien, in denen die Schülerin oder der Schüler lernt, sich immer länger auf einen Punkt zu konzentrieren, bis sie oder er im letzten Stadium die Fähigkeit erlangt, so lange in diesem Konzentrationszustand zu verweilen, wie sie oder er es wünscht, und willentlich in diesen Zustand ein- und aus ihm herauszutreten.

Yoga-Systeme

Es gibt mehr als 100 verschiedene Yoga-Systeme. Im folgenden sind einige der bekanntesten aufgeführt:

Hatha-Yoga: Die Körperübungen und -haltungen sowie die Atemtechniken. Er ist das, was die meisten Menschen mit der Yoga-Praxis assoziieren.

Raja-Yoga: Er wird der königliche Weg genannt, weil er Übung und Atemtechnik mit Meditation und Studium verbindet, was zu einem vollkommenen Individuum führt.

Jnana-Yoga: Der Pfad der Weisheit; er gilt als der schwierigste Weg.

Bhakti-Yoga: Die Praxis der äußersten Hingabe in einsgerichteter Konzentration auf die auserwählte Gottheit.

Karma-Yoga: Alle Bewegung, alles Handeln und alle Werke werden in geistiger Ausrichtung auf Gott unternommen.

Tantrischer Yoga: Ein Weg, durch spezielle Worte, Diagramme und Bewegungen dem unsichtbaren Bewußtsein Gestalt zu geben. Ein gebräuchliches Diagramm, das die Vereinigung des physischen und des spirituellen Körpers darstellt, zeigt zwei einander überlagernde Dreiecke. Das nach unten weisende Dreieck steht für den physischen Körper oder den weiblichen Aspekt von Arbeit, Handlung und Bewegung, während das nach oben weisende Dreieck den spirituellen Körper oder den männlichen Aspekt von Unterstützung, Energie und Unermeßlichkeit repräsentiert.

Der Yoga ist insofern einzigartig, als jede Person am Anfang etwas anderes erlebt, aber alle mit fortschreitender Praxis am selben höchsten Punkt anlangen. Die oben kurz skizzierten verschiedenen Yoga-Systeme sind nur grobe Kategorien. Die meisten Praktizierenden suchen sich je nach ihren Bedürfnissen, Wünschen und natürlich auch nach dem, was ihnen beigebracht wurde, eines aus.

Wie ich schon erwähnte, praktiziere ich den Kaschmir-Shivaismus, eine Philosophie, die mich schon seit Beginn meines Yoga-Studiums fasziniert hat. Meine beiden Lehrer unterwie-

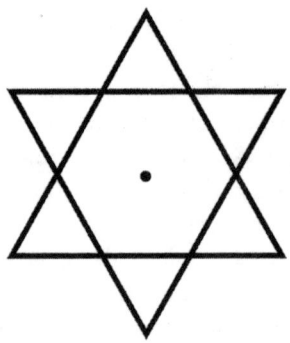

sen mich in dieser Lehre, die davon ausgeht, daß alles im Universum sowohl männlich als auch weiblich ist. Das männliche Prinzip wird unter anderem mit Begriffen wie Hitze, Trockenheit, Energie, Geist und Potentialität, das weibliche Prinzip mit Begriffen wie Kälte, Feuchtigkeit, Bewegung und Form beschrieben.

Wie ich schon im Vorwort sagte, erkennen viele Yoga-Philosophien nur das männliche Prinzip an und behaupten, daß der weibliche Aspekt – die manifestierte Welt – unwirklich sei. Daher sehen wir oft Darstellungen von Asketen, die durch Leiden und Selbstverleugnung ihren Körper zu negieren versuchen, um sich so selbst zu beweisen, daß die Welt, oder der weibliche Aspekt, keine Bedeutung hat. Diese äußerliche Askese – oder nach außen gerichtete, sich zur Schau stellende Praxis – ist ein deutliches Beispiel für das unechte Ego. In diesem Buch versuche ich, das Gegenteil zu beschreiben: eine innere Achtsamkeit und Beobachtung, eine im Innern durchgeführte Praxis, die Sie nur um Ihrer selbst willen unternehmen.

Der Kaschmir-Shivaismus erkennt das männliche und das weibliche Prinzip als gleichrangige Partner an, die wechselseitig voneinander abhängig sind und nicht voneinander getrennt werden können. Sie sind eins. Die Anziehungskraft zwischen den beiden erschafft die immense Komplexität des Universums, an der wir uns erfreuen und die wir feiern.

Zusammenfassend läßt sich sagen, daß der Kaschmir-Shivaismus einen eher einbegreifenden als ausgrenzenden Ansatz darstellt. Das gesamte Universum und alles, was darin existiert, wird als göttlich betrachtet und folgt dem männlichen/weiblichen Prinzip, besteht aus diesen beiden Aspekten, die sich immer nach einer Wiedervereinigung sehnen. Diese Vorstellung vom Universum kommt in uns durch das Bild von zwei Körpern, dem physischen und dem spirituellen Körper, zur Darstellung. Beide sind gleichermaßen machtvoll und für eine vollständige Welt sowie ein ganzheitliches Individuum notwendig. Der Kaschmir-Shivaismus nimmt die gesamte Welt als Teil des eigenen Selbst wahr, und nichts davon soll abgelehnt werden. Man wird angehalten, alles zu beobachten und aus allem zu lernen. So werden Sie befähigt, zu entscheiden, wie Sie leben wollen.

3

∎

Einführung in die zehn ethischen Prinzipien des Yoga

Wie schon besprochen, besteht der klassische Yoga aus acht Stufen, Glieder genannt. Im Westen beginnt der Yoga-Unterricht meist mit der dritten, vierten und fünften Stufe – den Körperübungen, Atemtechniken und den Anfängen der Meditationstechniken. Diese Aspekte des Yoga sind für jene Menschen bestens geeignet, die damit Ziele verfolgen wie Erhöhung der Beweglichkeit, bessere sportliche Leistungen, den Abbau von Ängsten und Streß oder eine bessere Gesundheit. Das alles sind sehr gute Gründe für die Yoga-Praxis, und es ist ein solider Weg, um mehr vom Leben zu haben.

Doch manche Menschen streben nach mehr. Ihnen ist bewußt geworden, daß das Leben aus einer sehr viel höheren Gewahrseinsquelle hervorgeht, und sie haben das Bedürfnis, die uns allen innewohnende umfassende spirituelle Natur kennenzulernen. Dieses Ziel erfordert, daß wir dem System der yogischen Ethik gewissenhaft Beachtung schenken. Interessanterweise mußte im Rahmen der traditionellen Yoga-Praxis in Indien vor vielen Jahren ein Schüler in diesen ethischen Praktiken erst stark gefestigt sein, bevor er überhaupt Unterweisungen in den Körperübungen und Atem- und Meditationstechniken erhielt.

Denken Sie daran, daß ich in diesem Buch den Begriff

«Ethik» anders gebrauche, als er Ihnen vielleicht vertraut ist, das heißt, nicht im Sinne der sozialen oder religiösen Bedeutung, wonach Ethik vor allem als eine Haltung gegenüber der Gemeinschaft verstanden wird. Im Yoga werden diese ethischen Prinzipien für den Aufbau einer Beziehung zum eigenen inneren Selbst praktiziert.

Der Sanskrit-Begriff *yama* bedeutet wörtlich «Selbstbezwingung» und umfaßt die ethische Disziplin mit Beziehung auf die Gemeinschaft. *Niyama* bedeutet Selbstschulung und umfaßt die Verpflichtungen und Ordnungen im Bereich des Persönlichen. Ich habe mich dafür entschieden, «Ethik» als Sammelbegriff für alle zehn Richtlinien zu verwenden, weil er die Verbindung zwischen Verhalten und Gefühl deutlicher anklingen läßt – mit anderen Worten, die Verbindung zwischen dem physischen und dem spirituellen Körper.

Für jedes ethische Prinzip ist sowohl der Sanskrit-Begriff als auch die im Deutschen gebräuchliche Bezeichnung aufgeführt. Die Sanskrit-Begriffe habe ich mit hineingenommen, weil sich ihre komplexen Bedeutungen nicht angemessen übersetzen lassen. Wenn Sie das Sanskrit-Wort lesen und innerlich phonetisch erklingen lassen, hat das eine noch tiefere, andere Wirkung. Lakshmanjoo wies oft darauf hin, daß Worte und Sätze die gröbste Kommunikationsform darstellen.

Als ich mit Rama im Dschungel lebte, gab er mir in Sanskrit, Deutsch und anderen, mir völlig unverständlichen Sprachen verfaßte Bücher über Yoga zu lesen. Als ich ihn dazu befragte, erklärte er, daß ich sie mir trotzdem ansehen solle, weil die in ihnen enthaltenen Informationen in mein Unterbewußtsein einfließen und mir dann, wenn ich sie brauchen würde, zugänglich sein würden. Diese Art der Praxis verlangt ganz offensichtlich ein großes Maß an gutem Glauben.

Aerobic für Ihr spirituelles Herz

In den folgenden 10 Kapiteln werden Sie lernen, wie Sie allmählich die ethischen Kräfte des Yoga zum Bestandteil Ihres Alltagslebens und Ihres Denkens machen können. Stellen Sie sich dies als Aerobic für Ihr spirituelles Herz vor. So wie bei physischen Körperübungen auch, funktioniert es am besten, wenn Sie jeden Tag ein wenig üben.

Jedes Kapitel beginnt mit einer allgemeinen Definition des ethischen Prinzips und einer kurzen Beschreibung der Art, wie ich aus der Sichtweise des Kaschmir-Shivaismus an es herangehe. Dann folgen Vorschläge, wie Sie mit der Praxis gleich beginnen können. Im letzten Abschnitt eines jeden Kapitels gehe ich auf die durch diese Praxis erzielten Resultate ein.

Lakshmanjoo sagte mir, daß so, wie die Gliedmaßen eines Babys nicht eines nach dem anderen, sondern gleichzeitig wachsen, auch die zehn ethischen Prinzipien des Yoga simultan entwickelt werden müssen. Das bedeutet, daß Sie, wenn Sie sich auch jeweils immer nur auf ein Prinzip auf einmal konzentrieren, versuchen sollten, die anderen neun Prinzipien im Hinterkopf zu behalten.

Denken Sie daran, daß von Ihnen nicht erwartet wird, daß Sie zur Perfektion gelangen, sondern daß Sie dies ganz einfach tun, um Ihr Gewahrsein zu verbessern. Versuchen Sie es mit folgender Methode, die bei mir gut funktioniert hat. Bringen Sie eine Liste der zehn ethischen Prinzipien an Ihrem Kühlschrank an, im Badezimmer oder an irgendeinem anderen Ort in Ihrer Wohnung, wo Sie sie mehrmals täglich sehen. Nehmen Sie sich am Ende eines Tages ein paar Augenblicke Zeit, um darüber nachzudenken, wie Sie sich ein jedes tagsüber zu Bewußtsein gebracht haben. Manche Leute finden es hilfreich, über ihre Erfahrungen Tagebuch zu führen.

Sie können es auch mit einer anderen einfachen Methode versuchen, die vielen meiner Schülerinnen und Schüler von Nutzen war: Bringen Sie ein Stück Klebeband auf der Innenseite Ihres Handgelenks an, und machen Sie sich jedesmal darauf ein kleines Zeichen, wenn Sie merken, daß Sie in Ihrer ethischen Praxis erfolgreich waren oder versagten. Diese Methode führt Ihnen nicht nur ein greifbares Resultat vor Augen, sondern verstärkt auch Ihr Gewahrsein, weil Sie den mentalen Fortschritt mit Hilfe eines physischen Zeichens protokollieren. (Wenn Sie sich Sorgen machen, daß die Leute zu Hause oder bei der Arbeit Sie wegen des Klebebands an Ihrem Handgelenk schief ansehen könnten, dann kleben Sie es auf ein Collegeheft, einen Kalender oder auf irgend etwas, wo Sie es häufig sehen. Doch das Klebeband am Handgelenk funktioniert am besten.)

Wenn Sie nicht anders als die meisten Menschen sind, werden Sie wahrscheinlich feststellen, daß es Ihnen nicht gelingt, jeden Tag jedes ethische Prinzip auf perfekte Weise zu praktizieren. Ihr eigenes Urteil über Ihre Befolgung der Prinzipien im Alltagsleben entscheidet darüber, was für Sie Perfektion ist. Wenn Sie diese Übungen täglich wiederholen, wird sich Ihr Gewahrsein stetig erhöhen. Und wenn Sie alle zehn ethischen Prinzipien an einem Tag praktiziert haben, können Sie sich gratulieren. Es ist ein wunderbares Gefühl.

Versuchen Sie, sich nicht entmutigt zu fühlen, wenn Ihnen dies eine unmöglich zu bewältigende Aufgabe zu sein scheint; betrachten Sie es als Heldenreise, die Sie zu unvorstellbaren Schätzen führt. Keine Anstrengung ist vergeblich. In allen Büchern über Yoga habe ich die Versicherung gelesen, daß jeder einzelne Schritt, den man zur Bildung des kosmischen Körpers unternimmt, unverlierbar ist. Und auch in der *Bhaga-*

> Das Bewußtsein läßt sich wie ein Papagei trainieren, das Unbewußte hingegen nicht – weshalb der heilige Augustinus Gott dafür dankte, daß er ihn nicht für seine Träume verantwortlich machte.
> *C. G. Jung*

vadgita finden Sie dieses Versprechen. Hier fragt der große Krieger Arjuna seinen Freund und Lehrer Krishna:

«Wer sich nicht zügelt, aber Glauben hat,
wessen Denken sich vom Einungszustand weit entfernt,
ohne daß er die Vollkommenheit im Yoga erlangt hätte,
was wird aus dem, o Krishna?
Hat er nicht alles in beiden (Welten) verfehlt
und geht zugrunde wie eine Wolke, die sich auflöst,
haltlos, oh Starkarmiger,
verwirrt auf dem Pfad zum Brahman?»
Krishna antwortet:
«Nein, Pritha-Sohn, weder hier noch in der anderen Welt
geht ein solcher zugrunde!
Denn keiner, der Gutes tut,
geht zum Verderben, mein Lieber.
Nachdem er in die Welten der Verdienstvollen gelangt ist
und dort viele Jahre zugebracht hat,
wird einer, der vom Einungsbewußtseins entfernt ist,
im Haus von reinen, vornehmen Leuten wiedergeboren.
Oder er wird gar in einer Familie meditierender Yogis
wiedergeboren
…
Dort vereint er sich wieder mit der tiefen Einsicht,
die er in seiner früheren Verkörperung erreicht hatte.
Und von dort aus strebt er nun wiederum
nach Vollkommenheit…»

Bhagavadgita

Viele Menschen machen sich Sorgen, daß sie scheitern könnten. Ich persönlich verstehe unter Scheitern nur eines, nämlich, daß man sich weigert, sich der Herausforderung durch das, was vor einem liegt, zu stellen. Als Arjuna Angst bekommt und Krishna sagt, daß er nicht kämpfen werde, steuert er auf das Scheitern zu. Sein Lehrer drängt ihn zum Kämpfen und sagt, daß er zwar eine Niederlage erleiden könne, ein Scheitern

Eine persönliche Erfahrung mit der Ethik

Ein Schüler schrieb mir diesen wunderbaren Brief über seine Experimente mit dem ethischen Verhalten.

Ich entdeckte, daß ich mir eine Menge Beschränkungen auferlegt hatte, die weder Sinn machten noch irgend etwas mit Ethik zu tun hatten. Also gab ich in einem Experiment die Ethik für achtundvierzig Stunden auf. Ich behielt alle meine anderen Yoga-Praktiken bei, war aber aggressiv, wenn mir danach zumute war, und ließ alle sexuellen Gedanken zu. In diesen beiden Tagen hatte ich das Gefühl, die Luft aus dem Ballon zu lassen. Der ganze Druck fiel von mir ab, und mein Lebenstempo schien sich zu verlangsamen.

Dann nahm ich mit einem neuen Gewahrsein von der Bedeutung, die sie für mich hatte, meine ethische Praxis wieder auf. Wer weiß, ob ich sie perfekt handhabe, aber ich bin sehr achtsam und versuche, mein Bestes zu tun. Wenn ich es vermassle, ist das verständlich. Und dann fange ich wieder von vorne an. Richtig?

Es passieren also eine Menge Dinge, die ich nicht bemerkt hatte. Aber nachdem ich ausgesetzt und dann wieder angefangen hatte, fiel mir auf, daß sich alle diese schönen Dinge ereigneten. Ich gewann das zweite Rennen der Saison. Jemand schenkte mir Karten für ein Konzert. Ein anderer gewährte mir einen Nachlaß bei der Bootsmiete. Gestern schaute mein bester Freund vorbei und wollte ein Auto kaufen, und er kaufte es dann bei mir. Die Leute kamen in dieser Woche zuhauf, um bei mir ein Auto zu kaufen. Meine Kinder gewannen ihre Basketballspiele, die Hündin ist läufig, mein Kopf ist voll und – ich zögere, den Begriff zu verwenden – ich fühle mich *high*. Es mag sich albern

anhören, aber ich habe das Gefühl, innerlich erfüllt zu
sein. Das überrascht mich natürlich nicht. Meine Frau
hat mir mehr als einmal gesagt, daß ich voll bin von
Dingen...

aber lediglich davon abhängig sei, ob er den Versuch unter-
nehme oder nicht. Dies läßt sich mit dem Erlernen des Kla-
vierspiels vergleichen; Sie können nicht erwarten, daß Sie bin-
nen einer Woche, eines Monats oder auch eines Jahres so
meisterlich spielen wie ein Rubinstein. Sie brauchen die Erfahrung vieler Niederlagen, um zu lernen, erfolgreich zu sein.
Erfolg zu haben bedeutet ständige Selbstbeobachtung.

Verstehen kontra Erkenntnis

Wenn Sie wie die meisten Menschen Freude an Antworten, Schlußfolgerungen und Begründungen haben, könnten
Sie feststellen, daß Sie Mühe haben, viele der subtileren
Punkte unserer Diskussion über die ethischen Prinzipien zu
begreifen. Dieses Buch ist keine «Moralgeschichte», die
Ihnen Lebensregeln vermittelt. Jedes Kapitel fordert Sie dazu heraus, auf neue Weise zu lernen, während Ihr spiritueller
Körper allmählich Gestalt annimmt und sich zum Ausdruck
bringt.

Das Problem des intellektuellen Verstehens wird am besten
durch eine Unterhaltung über Nichtschädigen oder Gewaltlosigkeit, dem ersten in diesem Buch beschriebenen ethischen
Prinzip, illustriert, die ich mit Lakshmanjoo führte.

ALICE: Du hast gesagt, daß alles Gott ist. Wenn das so ist,
was macht dann eine Handlung zur gewaltsamen oder aber
gewaltlosen Handlung?
LAKSHMANJOO: Das ist eine Sache der Erkenntnis. Wenn

Die Sprache des Herzens

Zu Beginn der *Bhagavadgita* bittet der Krieger Arjuna seinen Freund und Guru Krishna, seinen Wagen zwischen die Armeen zu lenken, damit er sehen kann, wer an der Schlacht teilnimmt. Er entdeckt dann in seiner wie auch in der gegnerischen Armee alle seine Verwandten und Freunde, sogar seinen alten, äußerst ehrwürdigen Lehrer. Plötzlich wird er von Schwäche und Angst überwältigt. Er wirft sich auf den Boden seines Streitwagens und weigert sich, zu kämpfen.

Viele große Lehrer haben gesagt, daß diese Schlacht als Kampf zwischen den verschiedenen Aspekten eines Individuums – Gemüt, Intellekt, Sinne, Ego und so weiter – verstanden werden kann, als Ringen und Bemühen darum, ein ganzheitliches, geeintes und machtvolles Wesen zu werden. Es handelt sich um einen Kampf mit dem unechten Ego. Alle Interpretationen versuchen zu zeigen, daß die Intuition und nicht das intellektuelle Verständnis die richtige Herangehensweise an diese schwierigen Konzepte ermöglicht.

Arjunas Qual und Elend zeigen, daß die Verzweigungen dieser wichtigen Schlacht sein begrenztes Wahrnehmungsvermögen bei weitem übersteigen. Er kann nicht verstehen, was sich hier abspielt, und wird von seinen Emotionen überwältigt. Er muß seine unechte egoistische Persönlichkeitsstruktur aufgeben und sich total auf die klare Stimme seines spirituellen Körpers verlassen, der in diesem Fall aus seinem Guru hervorgeht. Weil er und sein Guru vom gleichen spirituellen Körper aufrechterhalten werden und weil Arjuna die Stärke besitzt, seinen Widerstand lange genug aufzugeben, um auf das zu hören, was gesagt wird, und sein spirituelles Selbst ansprechen zu lassen, tritt die Wahrheits- oder Wirklichkeitserkenntnis

▶

> rasch ein. Wie Rama einmal in einem Vortrag über die
> *Bhagavadgita* sagte: «Krishna sprach in der Sprache des
> Herzens. Und die Sprache des Herzens ist jedem Men-
> schen bekannt, ganz gleich, wo er lebt.»

Erkenntnis da ist, ist alles, was du tust, in Ordnung. Du
mußt dich selbst erkennen und verwirklichen.

ALICE: «Alles ist Gott» läßt sich leicht sagen, aber es ist sehr
schwer zu verstehen.

LAKSHMANJOO: Es geht nicht um das Verstehen – es geht um
das Erkennen. Das ist ein Unterschied. Das eine ist intellektuell, das andere emotional. Erkennen heißt die Wahrheit
fühlen.

Lakshmanjoo wies mich darauf hin, daß die Bitte um Verstehen eine intellektuelle Forderung und daß das Erkennen
eine völlig andere Erfahrung ist. Meine naive Äußerung in
bezug auf das Verstehen galt dem physischen Körper, dem Sitz
des Intellekts. Erkenntnis hingegen hat mit der Wahrheit zu
tun, die ihren Sitz im spirituellen Körper hat.

Die brillante Stimme der Intuition beschreibt die Erkenntnis, die uns wie ein Geschenk vom spirituellen Körper zukommt. Diese intuitive Stimme kann die sich ständig wiederholenden, kurzgeschlossenen Unterhaltungen ersetzen, die
unser physisches Selbst in unserem Kopf mit uns führt. Die
Wahrheit in allen Situationen tut sich aus dem Herzen kund.

Intellektuelles Verstehen gründet sich auf das Getrenntsein,
weil es nach einem Beweis verlangt und nicht über seine Begrenztheit hinaussehen kann. Die Erkenntnis der spirituellen
Natur braucht keinen Beweis und hat keine Grenzen. Lakshmanjoo verwies auf diesen klaren Unterschied, als er meinen
Gebrauch des Wortes «verstehen» korrigierte. Unser Gespräch setzte sich wie folgt fort:

ALICE: Viele Menschen halten die so verstandene Erkenntnis für einen der Religion zugehörigen Begriff.

LAKSHMANJOO: Nein, dies ist keine Redewendung; es geht darum, daß man zum Zustand der Erkenntnis wird.

ALICE: Es ist ein Seinszustand?

LAKSHMANJOO: Sein oder Werden, das sind zwei verschiedene Dinge. Das Sein existiert bereits im Physischen. Das Werden wohnt im Spirituellen inne.

Wahrheits- oder Wirklichkeitserkenntnis bedeutet das Gewahrsein der grenzenlosen Möglichkeiten, die sich im Wort «werden» ausdrücken. Das Potential existiert bereits in unserem Herzen. Um den Zustand des Werdens zu erreichen, müssen wir den Weg für den Ausdruckskanal bereiten, der dem spirituellen Körper erlaubt, sich auf die harmonischste und spontanste Weise mit dem physischen Körper zu vereinen, so, als legten Sie einen Garten an ohne vorherige Vorstellung von dem, was da blühen wird.

Ich möchte Sie auf diesen Unterschied aufmerksam machen, weil ich Sie davon überzeugen will, daß es keine Rolle spielt, ob Sie alle Punkte des jeweils diskutierten ethischen Prinzips verstehen. Wichtig ist nur, daß Sie einfach beobachten, zuhören und dann die Aufnahme der Botschaft dem spirituellen Körper überlassen. Das Fallenlassen der Forderung nach intellektueller Meisterschaft bedarf einer gewissen Demut, aber ich kann Ihnen versprechen, daß, wenn Sie Erfolg haben, das Ergebnis ein herrliches neues Gewahrsein sein wird.

Das Ergebnis des Praktizierens yogischer Ethik

Wie schon gesagt, besteht der Hauptvorteil des Praktizierens dieser zehn ethischen Disziplinen in der Förderung der Vereinigung des physischen und des spirituellen Körpers. Weiterhin bringt es ein leuchtendes Phänomen hervor, das ich peripherisches Gewahrsein nenne. Eine Person, die diese Qualität aufweist, verfügt über ausgereifte Denkprozesse, die jene Selbstgespräche transzendieren, die ansonsten einen Großteil der Zeit in unserem Kopf kreisen. Sie beziehen ein sehr viel größeres Umfeld ein. Menschen, die über dieses periphere Gewahrsein verfügen, können sich auf jegliche anstehende Aufgabe konzentrieren und dennoch aller im Raum abspielenden Dinge gewahr sein. Sie können ohne Streß ein Vielfaches an Details handhaben.

Die Yoga-Schriften sprechen zudem von einem speziellen Ergebnis, das sie eine Kraft nennen, die durch die perfekte Praxis jedes dieser ethischen Prinzipien erlangt wird. Zum Beispiel führt das Praktizieren des Nichtstehlens dazu, daß ihnen «alle Schätze von selbst zukommen». So gesehen, kann ethisches Verhalten als eine äußerst praktische Unternehmung betrachtet werden.

Die Menschen verbringen einen Großteil ihres Lebens mit dem Versuch, solche Ziele zu erreichen, machen aber den Fehler, zu glauben, ihre Ziele lägen außerhalb ihrer selbst. Der Yoga lehrt Sie, Ihre Ziele im Innern zu suchen. Alles, was Sie sich je wünschen können, befindet sich dort. Dies bedeutet keine narzißtische Beschäftigung mit sich selbst. Ganz im Gegenteil ist dies eine machtvolle Praxis, die nicht nur Ihnen zugute kommt, sondern schließlich auch alles und jedes in Ihrer Umwelt stark beeinflußt. Sie erkennen, daß alles, was Sie wollen, in Ihrem Innern existiert.

Wenn Sie über die Ergebnisse dieser Praxis nachdenken, dann versuchen Sie, Ihre Einstellung von einer des «Bekommens» zu einer des «Gebens» zu verändern. Ich hielt mich einmal gerade bei Lakshmanjoo auf, als ein Schüler zu ihm kam und fragte: «Wie kann ich mehr Hingabe erlangen?» Mir war sofort klar, daß die Frage hätte lauten müssen: «Wie kann ich mehr Hingabe *geben*?» Mit anderen Worten, Hingabe ist keine selbstsüchtige Handlung. Beim Praktizieren der yogischen Ethik gibt man nur, man fordert nie – es handelt sich nicht um eine Verhandlungssituation. Durch einfache Demut geben Sie Ihrem spirituellen Körper eine willkommene Möglichkeit, in den physischen Körper einzutreten, um seine Arbeit zu tun. Und damit machen Sie sich selbst ein unschätzbares Geschenk, das Ihr Leben auf unvorstellbare Weise bereichert.

Rama pflegte zu mir zu sagen: «Du gibst ein Glas Milch und bekommst eine Kuh zurück.» Es braucht nur ein wenig Praxis, um sich der großen Vorteile dieser wunderbaren yogischen Werkzeuge zu erfreuen.

4

Ethisches Prinzip Nr. 1
Nichtschädigen

Fügen Sie sich
keinen Schaden zu

Das Sanskrit-Wort für dieses erste ethische Prinzip ist *ahimsa*, was gewöhnlich mit Nichtschädigen, Nichtverletzen oder Gewaltlosigkeit übersetzt wird. Die meisten Menschen wissen, daß dieses Prinzip mit dem Yoga assoziiert wird, und die Praxis beginnt mit der Konzentration darauf, daß man sich nicht selbst schädigt oder ein Leid zufügt.

Das Nichtschädigen oder die Gewaltlosigkeit wird als erstes der zehn ethischen Prinzipien aufgeführt, weil die Praxis der anderen neun von ihm abhängig ist. Wenn Sie zum Beispiel versuchen, Wahrhaftigkeit (ethisches Prinzip Nr. 2) zu praktizieren, werden Sie merken, daß Sie sich schädigen, wenn Sie sich selbst belügen. Ebenso fügen Sie sich Schaden zu, wenn Sie sich selbst oder andere bestehlen (ethisches Prinzip Nr. 3). Sie sehen also, daß Sie, wenn Sie sich des Prinzips des Nichtschädigens bewußter werden, auch eine gute Ausgangsbasis für das Praktizieren aller anderen ethischen Prinzipien haben.

Selbstschädigung manifestiert sich zumeist als selbstzerstörerisches Verhalten. Die üblichsten Beispiele für ein solches – oft unbewußtes – Verhalten sind übermäßiges Essen, das Trinken von zuviel Alkohol, der Konsum von Koffein oder zuviel Zucker, das Fahren ohne Sicherheitsgurt, Streß durch Überarbeitung, Schlafmangel. Sie haben vermutlich noch einige andere Beispiele parat.

Mißverstehen Sie mich bitte nicht, und glauben Sie nicht, ich wolle Ihren Lebensstil reformieren. Ganz im Gegenteil! Als Yogalehrerin ist es meine Pflicht, Ihnen dabei zu helfen, sich Ihr Tun und die Gründe dafür bewußter zu machen, damit Sie eine Wahl treffen können. Wenn Sie zum Beispiel ganz bewußt das Nichtschädigen praktizieren, werden Sie nicht das Bedürfnis haben, sich etwa dem übermäßigen Alkoholgenuß hinzugeben, da Sie wissen, daß Sie damit Ihren Körper schädigen und potentiell Ihre Sicherheit gefährden. Und Sie werden zudem beim Praktizieren dieser Disziplin eine große Hochachtung für die wunderbaren Eigenschaften Ihres Geistes entwickeln und erkennen, daß der Gebrauch von den Geist schädigenden Drogen eine Selbstverletzung ist.

Ich habe festgestellt, daß selbstzerstörerisches Verhalten seine Ursache meist in Schuld- oder Angstgefühlen hat. Wenn Sie zum Beispiel gestreßt sind, lassen Sie das möglicherweise an Mitarbeitern oder Familienangehörigen aus, aber hinterher haben Sie vielleicht Schuldgefühle und schelten sich für Ihre Unbeherrschtheit. Die Praxis des Nichtschädigens bietet einen Weg, diese Schuldgefühle zu reduzieren. Gleichzeitig haben Sie auch nicht mehr das Bedürfnis, gegen andere vom Leder zu ziehen, und brauchen somit auch weniger Vergeltung zu fürchten.

In das neue Bewußtsein von dem, was Sie schädigt, müssen Sie auch die sogenannte passive Aggressivität oder die durch die Handlungsunterlassung entstehende Gewaltsamkeit einbeziehen, deren Folgen Ihnen oft ebensoviel Schaden zufügen wie die offene Gewaltsamkeit. Eine frisch verheiratete Frau, die ich vor Jahren kannte, verabsäumte es, ihren Mann auf

Ein Experiment mit dem Nichtschädigen

Dieser Brief eines Schülers zeigt, auf welche Weise das Nichtschädigen die selbstzerstörerischen Tendenzen reduzieren hilft.

Ich hatte mich wirklich auf das Nichtschädigen konzentriert, als ich mit Ihrer «Ich liebe dich»-Meditationstechnik begann. Ich fühlte mich allmählich von einem wunderbaren Gefühl durchdrungen, so, als würden alle Ritzen in meiner Psyche durch irgend etwas ausgefüllt. Es war mehr als nur ein gutes Gefühl der Selbstwertschätzung; es war, als hätte ich eine untergründige Hilfsquelle entdeckt, die wieder zum Sprudeln gebracht oder ins Bewußtsein gerufen wurde.

Im Lauf der nächsten Woche oder so bemerkte ich auch eine neue Verletzlichkeit an mir – ein Gefühl, vor dem ich mich immer schützen zu müssen meinte. Es war fast so, als hätte ich als Kind einen Schwur geleistet, mich niemals wirklich verletzlich zu machen. Ich weiß, daß ich möglicherweise nicht bewußt eine solche Entscheidung getroffen habe, aber wenn ich auf mein Leben zurückblicke, scheint dieser Grundgedanke immer gegenwärtig gewesen zu sein.

Die «Ich liebe dich»-Technik im Verein mit meiner Arbeit am Nichtschädigen gab mir das Gefühl, auf eine Weise geliebt zu werden, die nicht an Billigung oder an ein Urteil oder irgend etwas außerhalb von mir gebunden war. Ich habe nicht viel Erfahrung mit dem Erleben eines solchen Gefühls, schon gar nicht über längere Zeit hinweg, aber bis jetzt fühle ich deutlich anders. Und das scheint nicht davon abzuhängen, ob mich jemand anders liebt oder mag.

Ich spüre etwas, das sich unterhalb der Schwelle der

> psychischen Prozesse einer simplen Steigerung meines Selbstwertgefühls abspielt und mich unterstützt und trägt, ganz gleich, was passiert. Ich akzeptiere mich so, wie ich bin.

ihren bevorstehenden Geburtstag hinzuweisen, weil sie dachte: «Wenn er mich liebt, wird er selbst daran denken.» Als dann ihr Geburtstag kam und sie die Glückwünsche ihrer Freunde entgegennahm, fühlte er sich ungeheuer verlegen und gedemütigt, weil er ihn vergessen hatte, und sie war zutiefst verletzt. Ihre Entscheidung, nicht zu handeln, hatte somit beiden Schaden zugefügt.

Die Praxis des Nichtschädigens lehrt Sie, wie Sie sich vor Ihrem eigenen selbstzerstörerischen Verhalten schützen können. Und schließlich wird sich das auch auf andere auswirken. So ist zum Beispiel im *Yoga-Sutra* des Patanjali zu lesen: «Wenn man in der Gewaltlosigkeit fest gegründet ist, (schafft man eine Atmosphäre des Friedens, und) alle, die in die Nähe kommen, geben die Feindschaft auf.» Ich muß hinzufügen, daß dies nur der Fall ist, wenn man es hierin zu großer Meisterschaft gebracht hat. Doch heißt es auch in anderen Yoga-Schriften, daß Sie bereits zu Beginn der Praxis dadurch, daß Sie sich selbst keinen Schaden zufügen, gewissermaßen automatisch auch andere nicht schädigen, weil für Sie alles Leben derselben göttlichen Quelle entspringt.

Wenn Sie beständig darauf achten, daß Sie sich selbst keinen Schaden zufügen, werden Sie sich in der Folge von einer Vielzahl von Verstimmungen und Ärgernissen befreien, die durch Angst- und Schuldgefühle verursacht werden. Wenn Sie keine Vergeltung oder Konfrontation zu fürchten brauchen und es im Lauf des Tages schaffen, Ihr selbstzerstörerisches Verhalten auch nur ein wenig zu reduzieren, können Sie abends mit dem Gedanken zu Bett gehen, daß Sie Ihr Bestes getan haben, und gut schlafen.

Wie Sie mit dem Praktizieren
von Nichtschädigen beginnen können

Achten Sie auf Gefühle des Unbehagens und Unwohlseins.
Meiner Erfahrung nach signalisieren Gefühle von Unbehagen
und Unwohlsein gewöhnlich, daß einen irgend etwas (im Innern oder im Außen) bedrückt oder schmerzt. Fragen Sie sich,
sobald Sie diese Gefühle wahrnehmen, ob Sie sich auf irgendeine Weise selbst schädigen. Es mag eine Weile dauern, bevor
sich Ihnen die Gründe für Ihr Unbehagen enthüllen, vor allem, wenn Sie es nicht gewohnt sind, Ihre Gefühle zur Kenntnis zu nehmen. Sollten Sie tatsächlich entdecken, daß Sie auf
irgendeine Weise selbstzerstörerisch sind, dann versuchen Sie
mit den beiden unten erläuterten Phantasie-Übungen wieder
Tritt zu fassen.

*Visualisieren Sie Gefühle oder Gewaltsamkeit als ein ge-
sondertes Wesen.* Mit Hilfe dieser Phantasie-Übung werden
Sie sich von diesen Emotionen getrennt fühlen und können so
vermeiden, daß Sie Schaden anrichten, indem Sie etwas Verletzendes sagen oder tun. Nehmen wir zum Beispiel an, jemand
habe etwas sehr Verletzendes zu Ihnen gesagt, und Sie seien
auf diese Person wütend. Sie würden es ihr wirklich gern auf
irgendeine Weise «heimzahlen». Sie können dieses Gefühl
nicht abschütteln, und es bereitet Ihnen Unbehagen. Stellen
Sie sich vor, Ihre Gefühle der Wut und Ihre Rachegelüste
besäßen einen Körper und eine Gestalt, so, als wären sie eine
neben Ihnen stehende Person. Um sich an diesem Menschen,
der Sie so bösartig verletzt hat, zu rächen, müßten Sie dieser
Personifizierung von Gewaltsamkeit befehlen, Ihren Anwei-
sungen gemäß zu handeln. Sie würden die Gewalt auffordern,
zu Ihrem eigenen Nutzen in Aktion zu treten. Sie würden
einen Sklaven der Gewalt produzieren.

Denken Sie daran, daß Sie, unseren Prämissen zufolge, die
Gefühle von Gewaltsamkeit oder irgendwelche anderen Emotionen nicht besitzen. Wenn Sie das glauben, agieren Sie aus
dem unechten Ego heraus. Die Gewaltsamkeit existiert ohne

Sie. Sie sind lediglich ein Beobachter. Das Training der Ethik des Nichtschädigens oder der Gewaltlosigkeit hilft Ihnen, die Gewaltsamkeit auf diese neue Weise zu beobachten. Und wenn Sie sie als etwas von Ihnen Getrenntes ansehen, fällt es Ihnen leichter, eine Wahl in bezug auf Ihr Verhalten zu treffen und somit die Verantwortung dafür zu akzeptieren.

Setzen Sie zuvor die Phantasie als Selbstschutz ein. Diese Übung ist vor allem dann sehr hilfreich, wenn Sie wissen, daß Sie auf eine potentiell zerstörerische Situation zusteuern. Nehmen wir an, Sie müßten ein Treffen mit einer untergebenen Person anberaumen, um mit ihr über ihre fehlerhafte Arbeit bei einem Projekt zu sprechen. Der Umgang mit dieser Person war schon in der Vergangenheit schwierig, und Ihnen graut vor diesem Gespräch. Sie wollen sich nicht selbst Schaden zufügen, indem Sie sich stressen oder vor dem Treffen krank werden, und falls diese Person mit Wut und Zorn auf Sie reagieren sollte, möchten Sie versuchen, die Situation zu klären, ohne daß Sie die andere Person oder sich selbst verletzen.

Machen Sie, um sich in einer solchen Lage zu helfen, folgende Übung. Setzen Sie sich still hin, schließen Sie die Augen, entspannen Sie den Körper und den Atem. Stellen Sie sich dann vor, daß Sie am Ende eines langen Gangs stehen. Zu beiden Seiten befinden sich Türen, und an einer steht «Treffen mit (Name der Person)». Noch bevor Sie irgend etwas unternehmen, sehen Sie, daß an einem Haken neben Ihnen eine Rüstung hängt. Visualisieren Sie sie in all ihren Formen und Farben und Verschlüssen, so, wie Sie sie haben wollen. Legen Sie die Rüstung sorgsam, Stück für Stück, an und versichern Sie sich, daß Ihr ganzer Körper geschützt ist. Schnallen Sie sich Ihr Schwert um, spüren Sie sein Gewicht und seine Kraft.

Jetzt sind Sie bereit, sich in Ihrer Phantasie dem Treffen zu stellen. Gehen Sie zur Tür des Raums, in dem die Begegnung stattfinden soll, öffnen Sie die Tür, bleiben Sie stehen, und schauen Sie sich an, was sich in diesem Raum befindet. Sie brauchen nicht mehr zu tun und auch nicht weiter hineinzugehen, wenn Sie nicht wollen. Sollte sich die Person, die Sie zu treffen beabsichtigen, in dem Raum aufhalten, dann beobachten Sie, was sie tut und sagt. Wenn Sie reagieren möchten, dann tun Sie es, und denken Sie immer daran, daß Sie vollständig geschützt sind. Wenn Sie genug haben, schließen Sie die Tür, und versetzen Sie sich langsam wieder in Ihre alltägliche Umgebung zurück. Diese Phantasie-Übung kann Ihnen helfen, sich auf jede schwierige Situation vorzubereiten und sich darauf einzuüben.

Schützen Sie sich vor Krankheit. Das Leben ist kostbar. Ich stelle mir gerne die Dinge, um die ich mich selbst kümmere, als sich angenehm anfühlend oder wohlschmeckend vor, weil ich ihre Auswirkungen liebe. Zum Beispiel nehme ich jeden Tag Vitaminpillen ein. Ich mag ihren Geschmack nicht, aber ich mag, was sie für mich bewirken. Von daher werden Vitamine für mich zu etwas Angenehmem. Ich habe meine Reaktion auf sie umgewandelt. Ich habe entschieden, sie zu etwas Angenehmem zu machen. Ich mag auch irgendwie die Beengung durch den Sicherheitsgurt im Auto nicht, wohl aber das Wissen, daß er mich vor ernsthaften Verletzungen schützt, also wird das Anschnallen zu etwas Angenehmem für mich.

Machen Sie diesen Test in allen Ihren Lebensbereichen. Vermittelt Ihnen die Nahrung, die Sie zu sich nehmen, ein gutes Gefühl, oder bereitet sie Ihnen Unbehagen? Denken Sie daran, daß ein unbehagliches Gefühl das deutlichste Zeichen dafür ist, daß Sie möglicherweise etwas für sich selbst oder eine andere Person Schädliches tun. Richten Sie Ihr Augenmerk auf Ihre Beziehungen. Beinhalten Sie eine Menge Forderungen und Enttäuschungen, die Ihnen Unbehagen bereiten, oder sind sie erfüllend und vergnüglich?

Achten Sie auf Ihre inneren Dialoge. Stellen Sie fest, daß Sie sich ständig als Versager, als häßlich, untauglich, elend, krank und so weiter bezeichnen? Wenn Sie negative Einstellungen sich selbst gegenüber ewig fortbestehen lassen, ist das ganz klar ein Akt der Gewalt. Kehren Sie immer zur Selbstbeobachtung und zu Ihrem Gefühl zurück. «Was tue ich? Fühlt es sich angenehm und wohltuend oder unbehaglich oder schmerzlich an?» Ein Gefühl des Unbehagens ist mit Sicherheit ein Zeichen dafür, daß Sie sich auf irgendeine Weise selbst schädigen.

Diese Praxis erzeugt große Kraft, weil die zunehmende Beobachtung Ihrer Gefühle und Reaktionen den Weg für die Erscheinung des spirituellen Körpers und seines Ausdrucks bahnt. Normalerweise tritt der physische Körper gegenüber dem spirituellen Körper als Polizist auf. Diese ständige Beschneidung der Freiheit des spirituellen Körpers stellt eine Form von Gewalt gegenüber Ihrer Person und Ihrem spirituellen Selbst dar. Wenn Sie diese Restriktionen aufheben, hat das Wonne und ehrfürchtiges Staunen zur Folge.

Nichtschädigen und Nahrung

Der Shivaismus geht davon aus, daß nicht nur die Nahrung selbst, sondern auch das Verlangen danach unseren Körper aufrechterhält. Dieser Gedanke nimmt auf ein sehr primitives Gefühl Bezug, das in allen Lebewesen aufkommt, wenn sie einem anderen Lebewesen begegnen: Werde ich es fressen, oder wird es mich fressen? Das ist ganz offensichtlich ein mit Angst besetztes Gefühl, da kein Lebewesen getötet und gefressen werden will.

Ich habe bereits davon gesprochen, daß sich selbstzerstörerisches Verhalten in Selbstnachgiebigkeit oder in einer übermäßigen Aufnahme von potentiell schädlichen Substanzen wie Alkohol oder Drogen manifestiert. Maßhalten beim Essen und Trinken ist eine zur Praxis des Nichtschädigens gehörende Methode, weil der Körper dann das nutzen kann, was er braucht, ohne unter Streß zu geraten und sich gegen den Angriff der Selbstnachgiebigkeit verteidigen zu müssen. Wenn Sie das Nichtschädigen praktizieren, lernen Sie das zu essen, was Sie schützt und Ihnen hilfreich ist, und bewahren sich somit selbst vor den schon erwähnten selbstzerstörerischen Verhaltensweisen in bezug auf das Essen.

Die Yoga-Lehre besagt, daß die verschiedenen Nahrungs-mittel unterschiedliche Eigenschaften besitzen. Sie sind sich wahrscheinlich bewußt, auf welche Weise bestimmte Substan-zen, wie zum Beispiel Zucker und Koffein, Ihre Stimmun-gen beeinflussen. In der *Bhagavadgita* findet sich eine klare Unterteilung der Nahrungsmittel in drei Hauptkategorien, die sich von ihrer jeweiligen Auswirkung auf eine Person herleiten. Diese Kategorien entsprechen den drei *gunas,* den drei kosmischen Prinzipien oder auch Hauptqualitäten oder Grundeigenschaften, aus denen sich das gesamte materielle Universum in unterschiedlicher Gewichtung zusammensetzt.

1. Die Grundelemente der ersten Kategorie, *sattva guna,* sind Ruhe, Reinheit und Balance. Aus sattvischer Nahrung kommt, gemäß der *Bhagavadgita,* Langlebigkeit, Intelligenz, Körperkraft, Gesundheit, Glück und Freude. Sie ist schmack-haft, nahrhaft und nicht zu scharf. Mit anderen Worten, satt-vische Nahrung fördert sowohl die physische als auch die emotionale Gesundheit. Beispiele dafür sind Früchte, Gemü-se, Milch und Vollkornprodukte.

2. Die Grundelemente der zweiten Kategorie, *rajas guna,* sind Aktivität, Leidenschaft und Ruhelosigkeit. Rajasische Nahrung ist bitter, sauer, salzig, zu heiß, scharf, trocken oder brennend. Sie versetzt die Körpersysteme in Erregung oder Aufruhr. Beispiele für diese Nahrung sind scharf gewürzte oder sehr salzige Speisen.

3. Die Grundelemente der dritten Kategorie, *tamas guna,* sind Schlaf, Ignoranz, Dumpfheit und Trägheit. Tamasische Nahrung ist das, was keinen Nährwert besitzt, verdorben, von gestern oder abgestanden ist. Sie trägt zu Lustlosigkeit, einem trüben Geist und Depression bei. Beispiele sind Diät-Cola, künstliche Nahrungsmittel und wahrscheinlich alles, was schon länger als eine Woche in Ihrem Kühlschrank herum-steht. Fleisch gilt als tamasische Nahrung, weil es etwas Totes und somit Unbelebtes ist.

Alle im Zusammenhang mit der Nahrung erwähnten Quali-täten der *gunas* sind Eigenschaften des physischen Körpers, der sich ständig verändert. Der spirituelle Körper ist der Ruheort der Gefühle, die durch die Nahrung in Ihnen hervorgerufen werden.

Die drei *gunas* sind in jeglicher Nahrung enthalten, doch herrscht in jedem Nahrungsmittel eine der drei Grundeigenschaften vor. Die Yoga-Lehre besagt, daß diese Qualitäten, zum Beispiel Freundlichkeit, Leidenschaft oder Dumpfheit, den Nahrungsmitteln tatsächlich innewohnen und dann im Körper zum Ausdruck gelangen. Die Nahrung wird als Vehikel für den Ausdruck des aus dem spirituellen Körper kommenden Gefühls benutzt. Ein Yogi würde zum Beispiel sagen, daß die Freundlichkeit im Obst «lebt» und daß diese, wenn Sie das Obst essen, auf den Körper übertragen wird und sich in Ihrem Innern als Gefühl von Freundlichkeit ausdrückt. Die Erregung wohnt den Gewürzen inne, und wenn Sie stark gewürzte Speisen essen, findet die Erregung in Ihnen Ausdruck.

Und so geht man auch davon aus, daß die Gewaltsamkeit im Fleisch wohnt. Dieser Gedanke wird in alten Yoga-Schriften angesprochen, wo das Essen von Fleisch mit dem Verzehren der Grundeigenschaft der Gewaltsamkeit gleichgesetzt wird. Wenn Sie töten, um zu essen, haben Sie sich in dieses primitive Gefühl von Angst und Aggression hineinbegeben, und die dem Fleisch innewohnende Gewaltsamkeit findet durch Sie Ausdruck. Daher assoziiert man gewöhnlich die vegetarische Kost mit dem Yoga und der Praxis des Nichtschädigens oder der Gewaltlosigkeit.

Sie müssen ganz gewiß nicht zum Vegetarier werden, um Yoga praktizieren zu können, aber wenn Sie sich in den yogischen ethischen Disziplinen üben wollen, werden Sie immer wieder eine Wahl in bezug auf Ihr Essen treffen. Viele Schülerinnen und Schüler stellen fest, daß sie nach einer gewissen Zeit der Praxis die Lust auf Fleisch verlieren und, fast ohne es zu merken, zu Vegetariern werden. Man könnte geradezu sagen, daß nicht sie das Fleisch aufgegeben haben, sondern daß das Fleisch sie aufgegeben hat. So etwas geschieht, wenn das Nichtschädigen allmählich Gestalt annimmt.

Als ich mit meiner Yoga-Praxis begann, sprach ich zunächst nicht viel darüber, aber etwas sickerte doch durch, vor allem dann, wenn die Leute bei einem Abendessen oder irgendeinem anderen Ereignis herausfanden, daß ich Vegetarierin war. Ich habe nie versucht, jemanden zu meiner Diät zu bekehren, und werde das auch weiterhin nicht tun. Ich betrachte das als einen Eingriff in die Privatsphäre eines anderen Menschen und somit als eine subtile Form von Gewalt, denn damit würde ich von ihm verlangen, so wie ich zu sein.

Wenn mir jemand wegen meiner Diät Fragen stellte, versuchte ich meinen Standpunkt in bezug auf die Gewaltlosigkeit zu erläutern, ohne mich, wenn irgend möglich, in die Ansichten anderer Menschen einzumischen. Und wenn sie wissen wollten, ob ich denn sicher sei, daß ich auch genug Proteine zu mir nähme, konnte ich wahrheitsgemäß erwidern, daß ich mich mit dem Ernährungswesen befaßt und gelernt hätte, Proteineinheiten zu zählen und meine Diät entsprechend darauf abzustellen (etwas, das ich dringend jeder Person anraten möchte, die Vegetarier werden möchte). Manche Leute bohrten dann weiter: «Also ich bin fast ein Vegetarier. Ich esse nur Fisch und Huhn. Und Sie?» Dann war ich gezwungen, mich weiter zu erklären, und sagte: «Nein, ich esse nie etwas, das mich anschaut.» Ich versuchte dann ganz einfach klarzustellen, daß meine Diät meine eigene Wahl ist und ich, wie jeder andere Mensch auch, entscheiden kann, was ich essen möchte.

Ich merkte schließlich, daß ich in dieser Hinsicht ziemlich allein dastand. Sehr wenige Leute haben in bezug auf ihr Essen die Wahl. Die meisten essen, was man ihnen vorsetzt, wobei impliziert wird, daß sie sich glücklich schätzen sollten, es zu bekommen. Vor allem an den herkömmlichen, der Familie gewidmeten Festtagen wird erwartet, daß die Menschen die traditionellen Gerichte essen und nicht ein nach ihrem persönlichen Geschmack ausgewähltes Menü – ganz zu schweigen von einem Menü wie dem meinen, das früher oft als exotisch galt, heute aber zunehmend üblich wird. Meine Vorstellung geht dahin, daß die Menschen an Festtagen zusammenkommen, um zusammenzusein, und nicht, um die gleichen Dinge zu essen.

Die Gründe für eine vegetarische Kost reichen sehr viel tiefer als das einfache Prinzip, keinem Lebewesen Schaden zuzufügen. Der Shivaismus lehrt, daß dem Fleisch Haß entspringt und die Gewalt dich, durch das Fleisch, wie ein Tier jagt. Und er erklärt weiterhin, daß die Art und Weise, wie ein Tier stirbt, sich auf dich auswirkt, auch wenn du es gar nicht selbst getötet hast.

In einigen alten Büchern über den Kaschmir-Shivaismus werden drei spezielle Verbrechen an Lebewesen (Tieren oder Menschen) aufgeführt. Das erste besteht darin, daß man ihm das Leben nimmt, obschon es unschuldig ist und nichts getan hat, was den Tod verdient. Das zweite ist, daß man ihm beim Töten große Schmerzen zufügt. Und das dritte besteht darin, daß man ihm die Stärke nimmt, indem man es fesselt und aufhängt oder am Boden festbindet. Weiterhin heißt es in diesen Büchern, daß man für solche Taten bitter büßen müsse und es zwanzig Leben brauche, bis man für diese Gewalttätigkeit bezahlt habe. Alle Gewaltsamkeit ist die Folge dessen, daß man den spirituellen Körper ignoriert und seinen Ausdruck verweigert und unterdrückt hat.

Ich fragte Lakshmanjoo einmal, ob diese Aussagen buchstäblich zu nehmen seien. Er bejahte das, aber als ich wissen wollte, ob man irgend etwas zur Abmilderung der Buße tun könne, antwortete er, daß dem Shivaismus zufolge die Yoga-Praxis helfe, die Wiedergutmachung zu erleichtern. In der *Bhagavadgita* steht zu lesen, daß jede Person, die ernsthaft die ethischen Richtlinien zu praktizieren beginnt, sofort von der Last der Gewaltsamkeit in ihrem Leben befreit wird.

Nichtschädigen und Liebe

Liebesbeziehungen können sich nur dann voll und ganz entfalten, wenn sie durch das Nichtschädigen unterstützt werden. Ich spreche hier nicht nur von der romantischen Liebe, sondern auch von Liebesbeziehungen zwischen Eltern und Kindern, zwischen Freunden und von irgendwelchen anderen engen Bindungen – auch von der Liebe zum Geld oder zum Beruf. Ich unterscheide nicht zwischen diesen verschiedenen Arten der Liebe, denn, wie ich weiter unten erklären werde, Liebe ist Liebe.

Am wichtigsten ist, daß Sie sich selbst lieben, denn hier kommt die Gewaltsamkeit gewöhnlich zuerst zum Ausbruch. Die Sache ist ganz klar: Wenn Sie sich selbst lieben, wollen Sie sich keinen Schaden zufügen. Und viele unserer selbstzerstörerischen Verhaltensweisen lassen vermuten, daß wir uns nicht selbst lieben. Wenn wir zum Beispiel zuviel trinken, schädigen wir uns ganz offensichtlich, statt uns zu helfen.

Der Yoga-Lehre zufolge drückt sich die Liebe im physischen Körper aus, aber die Liebe selbst ist eine universale Kraft, die zum spirituellen Körper gehört und dort auch ihren Sitz hat. Sie existiert unabhängig von irgendwelchen menschlichen Beziehungen.

Liebe kann nicht besessen, sie kann nur genutzt und erfahren werden. Doch wie ich oben schon erwähnte, wird sie häufig selbstzerstörerisch gehandhabt. Vielleicht «lieben» Sie Martinis so sehr, daß Sie sie gerne den ganzen Tag lang trinken würden, aber wenn Sie es tatsächlich täten, würden Sie die Macht der Liebe für die Selbstzerstörung einsetzen. Ihre Liebe zu Martinis könnte Sie vernichten. Der richtige Gebrauch der Liebe führt nicht zu Selbstzerstörung, Krankheit und Schmerz, sondern zu Glück, Zufriedenheit und Freude. Wenn Sie sich im Nichtschädigen üben, wird Sie das lehren, die Liebe als Instrument einzusetzen und vor jedem Handeln zwei Fragen zu stellen: «Schädigt mich das?» Und: «Schädigt dich das?»

Die Liebe ist für uns überaus wichtig, doch oft begraben wir ihren Ausdruck unter unseren Forderungen und Ängsten, so zum Beispiel, wenn wir von unserem Partner oder unserer Partnerin verlangen, er oder sie solle mehr Zeit mit uns verbringen, oder wenn wir uns ängstigen, wenn unsere Kinder uns nicht regelmäßig anrufen. Hier wird die Praxis des Nichtschädigens wichtig. Wir haben oftmals Vorstellungen davon im Kopf, wie unsere Liebesbeziehung aussehen sollte. Und wenn sie sich dann nicht so wie gedacht entwickelt, geben wir häufig der anderen Person die Schuld, statt zu erkennen, daß im allgemeinen unsere eigenen Forderungen das Problem verursachen. Forderungen werden im Yoga als etwas Gewaltsames betrachtet. Und daraus folgt ganz natürlich, daß sie auf beiden Seiten zu großem Elend führen.

Wann immer Sie verlangen, daß ein anderer Ihre Vorstellung von Liebe übernimmt, fügen Sie sowohl dieser anderen Person als auch sich selbst Schaden zu. Wenn Sie Nichtschädigen wirklich praktizieren, werden Sie niemals davon ausgehen, daß die Person, die Sie lieben, für Ihr Glück verantwortlich ist. Ihnen ist dann klar, daß sich die Liebe in dieser Person auf einzigartige Weise ausdrückt. Und wenn sie sich in ihrer Art nicht mit der Ihren verträgt, befinden Sie sich möglicherweise in einer unseligen Situation, aber das ist nicht die Schuld des anderen. Ich persönlich habe gelernt, mit großem Vergnügen die Schönheit zu beobachten, die in der Andersartigkeit des anderen liegt, sogar dann, wenn ich einiges an seinen oder ihren Verhaltensweisen nicht besonders schätze.

Betrachten wir die Liebe eines Kindes. In den meisten Fällen fangen die Eltern an, sobald das Kind geboren ist, Forderungen im Namen der Liebe zu stellen. Sie wollen, daß das Kind reagiert, «zur rechten Zeit» sprechen und gehen lernt, gehorsam ist, und so weiter. Unsere Erwartungen in bezug auf das, was unsere Kinder tun und werden sollen, sind hoch. Viele Eltern von sportlichen Wunderkindern hat man zum Beispiel sagen hören: «Ich habe sie seit dem Tag ihrer Geburt dazu herangezogen.» Im Yoga betrachtet man eine solche zielstrebige Entschlossenheit, die fordert, daß das Kind die Wünsche der Eltern erfüllt, als einen gewaltsamen Akt, weil ihm damit die Entfaltung der eigenen Individualität verweigert wird. Wir wissen sehr wenig darüber, was ein Kind tun wird und was es werden will. Die Kluft zwischen diesen beiden Perspektiven verursacht große Probleme.

Wahre Liebe erlaubt der geliebten Person, so zu sein, wie sie ist – und nicht so, wie sie Ihrer Meinung nach sein sollte. Die Tragödie der romantischen Liebe besteht meist darin, daß die Liebe vorhanden ist, «wenn du so bist, wie ich will, daß du bist». Deshalb lassen sich Haustiere so leicht lieben. Sie sind in allem von uns abhängig und konzentrieren sich daher darauf, uns Freude zu machen – und nicht darauf, das zu tun, was sie gerne wollen. Im Yoga zeugen solche Situationen von einem falschen Gebrauch der Macht der Liebe, nicht von der Liebe selbst. Sogar unser Beten artet oft in einen Kuhhandel aus: «Wenn du mir dies gibst, gebe ich dir das.» So zum Beispiel: «Wenn du mir diesen Job verschaffst, glaube ich an deine Existenz.» Oder: «Wenn du mich im Lotto gewinnen läßt, gehe ich für den Rest meines Lebens einmal in der Woche in die Kirche.»

Sich der Liebe über den Verhandlungstisch zu nähern, gilt als Akt der Gewaltsamkeit, denn das heißt, ihre Macht für die Zerstörung statt für das Glück einzusetzen. «Wenn du das tust, dich so verhältst oder dies sagst, liebe ich dich. Wenn nicht, dann nicht.» Denken Sie an Songs mit Texten wie: «Wenn ich mich verliebe, dann für immer, oder ich werde mich nie verlieben… Wenn ich sehe, daß auch du so fühlst, dann verliebe ich mich in dich.» Ein Popsong nach dem anderen rühmt die bedingte Liebe als Tugend. Aus yogischer Sicht ist das nicht Liebe, sondern Gewaltsamkeit.

Einmal habe ich in einem Seminar über Liebe den Film *Sturmhöhe* herangezogen, um darzulegen, daß Heathcliff Cathy überhaupt nicht liebt. Mit seinen unerbittlichen Forderungen und seinem Rachedurst zerstört er sie und alles um sie herum. Doch mir fiel auf, daß die Seminarteilnehmer in ihren ersten Reaktionen diesen Film für die Schilderung einer der größten Liebesgeschichten aller Zeiten hielten. Wenn Sie das Nichtschädigen praktizieren, verwandelt sich Ihr ganzes Verständnis von Liebe in etwas Nichtzerstörerisches.

Der Yoga betrachtet uns alle als aus derselben spirituellen Quelle hervorgegangen; und deshalb fügen wir uns selbst Schaden zu, wenn wir eine andere Person schädigen. In einer glücklichen Beziehung würden Sie nie den anderen bitten, etwas zu tun, das Sie nicht selbst zu tun bereit wären. Mit anderen Worten, Sie würden die Person, die Sie lieben, nicht ausnutzen.

Die Gewaltsamkeit, die es bedeutet, von einer anderen Person Liebe zu fordern, hat auch mit der Vorstellung von Selbstliebe zu tun. Wenn ich verlange, daß du mich liebst, heißt das, daß ich nicht genug Liebe für mich selbst empfinde und deshalb möchte, daß du mich mit dem versorgst, woran es mir mangelt. Aber wenn ich dir diese Qualität wegnehme, wer wird dann dich versorgen? In einer gesunden Liebesbeziehung wissen beide Parteien, daß sie bei der Versorgung ihrer selbst mit Liebe von ihrem spirituellen Selbst abhängig sind. Die Versorgung durch das spirituelle Selbst hat kein Ende; sie wird uns großzügig angeboten, und wir können sie freudig mit anderen teilen.

In einer gewaltlosen Liebesbeziehung bringen Sie Ihre eigenen Reserven an Glück und Stärke ein und kommen der geliebten Person auf halbem Weg entgegen, um die Vereinigung zu vollenden. Sie sind somit keine abhängige, sondern eine starke, gleichrangige Person. Die Beziehung basiert nicht darauf, daß Sie eine Reaktion von seiten der anderen Person oder sonst irgend jemandem erhalten, sondern ganz einfach auf dem Gefühl der Liebe, das Ihrem Herzen entspringt. Diese Liebe existiert in ihrer ganzen Macht in Ihrem spirituellen Körper und braucht keine wie auch immer geartete Reaktion; sie ist sich selbst genug. Sie war schon da, lange bevor Sie geboren wurden, und sie wird noch dasein, lange nachdem Sie nicht mehr sind. Sie kann Ihnen nie genommen werden, weil

Die subtile Natur der Gewaltlosigkeit

Wenn Sie jemanden bitten, etwas zu tun, das Sie selbst nicht tun würden, stellt das eine subtile Form von Gewalt Ihnen selbst und der anderen Person gegenüber dar. Lakshmanjoo war in seinem ganzen Leben sehr sensibel, was diese subtile Form von Gewalt angeht. Er erzählte mir, daß er sich einmal als junger Mann fürchterlich aufregte, als seine Mutter ihm die besten Stücke der Mahlzeit servierte und seinen Gästen die weniger köstlichen Dinge zuteilte.

LAKSHMANJOO: Wenn ich Gäste habe, möchte ich ihnen die besten Dinge von meinem Speisetisch geben und mir die zweitbesten vorbehalten. Das ist meine Natur. Daran läßt sich nichts ändern.

ALICE: Das macht dich glücklich, nicht wahr?

LAKSMANJOO: Das Küchenpersonal kommt und legt mir die guten Dinge in die Schale und die weniger guten in die Schalen der anderen. Ich hasse das. Einmal hat meine Mutter diesen Unfug gemacht. Ich saß mit einigen meiner spirituellen Freunde beisammen, die zum Essen zu mir gekommen waren, und meine Mutter gab mir die Blumenkohlröschen. Die Strünke befanden sich in den Schalen der anderen. Ich war so entsetzt, daß ich dachte: «Ich will sterben. Ich will das nicht essen.» Und ich stieß die Schale um, wusch mir die Hände und ging in mein Zimmer.

ALICE: War deine Mutter sehr verstört?

LAKSHMANJOO: Ja, das war sie. Ich sagte zu ihr: «Was tust du? Ich mag das nicht. Ich möchte ihnen das Beste servieren. Das würde mich glücklich machen.» Das ist meine Natur, schon von Kindheit an. Wenn ich meine Freunde sehe, sehe ich meinen spirituellen Körper, und

> dem würde ich nie die Reste geben. So gedeiht die
> Liebe (zitiert aus der *Bhagavadgita*): «Wer mich in al-
> len Dingen sieht und alles schaut in mir, für den bin ich
> nie abwesend, und er ist nie abwesend für mich. Wer
> mich als in allen Wesen seiend verehrt, wird eins mit mir.»

Sie sie nie besessen haben. Der Yoga-Lehre zufolge ist Liebe
etwas Universales und wird nicht durch irgendwelche physischen Strukturen oder Wesen eingeschränkt.

Die Macht, eine Wahl zu treffen

Im vorangegangenen Abschnitt wurde der Grundgedanke,
«sich nicht selbst zu schädigen», allmählich dahingehend erweitert, daß Sie auch «anderen keinen Schaden zufügen» und
zudem das yogische Prinzip im Gedächtnis behalten sollen,
wonach alles aus derselben göttlichen Quelle hervorgeht.
Wenn wir nun fortfahren, werden Sie erkennen, daß sowohl
konstruktive als auch destruktive Handlungen durch Ihr Be-
obachtungsvermögen in nützliche Wachstumswerkzeuge verwandelt werden können. Die Praxis des Nichtschädigens hilft
Ihnen bei der Entwicklung Ihrer Beobachtungsgabe. Wenn Sie
lernen, wahrzunehmen, wie Sie sich selbst und andere über das
Essen, die Liebe und andere Situationen in Ihrem Leben schädigen, erhalten Sie die Macht, eine Wahl zu treffen.

Die meisten von uns reagieren im allgemeinen ganz automatisch auf Situationen und merken deshalb oft zu spät, daß
eine Handlung destruktiv ist. Automatische Reaktionen haben
eine Menge damit zu tun, wie wir aufgewachsen sind. Wenn
Ihnen zum Beispiel Ihre Eltern immer wieder gesagt haben,
daß Hunde beißen, haben Sie unter Umständen Angst vor
Hunden und einen Haß auf sie entwickelt, auch wenn Sie als
Erwachsener gemerkt haben, daß die meisten Hunde ganz

freundlich sind. Eine solche Vorprogrammierung blockiert die wunderbaren spontanen Erfahrungen, zu denen uns der spirituelle Körper führen kann. Durch das Praktizieren des Nichtschädigens lernen Sie unter anderem, wie Sie diese einprogrammierten Reaktionen abstellen können, so daß jede Situation zu etwas Neuem wird und Sie wählen können, wie Sie darauf reagieren wollen. Wenn Sie im Beobachten geübter sind, werden Sie diese Konzepte auf jegliche Situation anwenden können. Durch das ständige Überprüfen Ihres Tuns und Ihrer Gefühle wird Ihr physischer Körper allmählich Vertrauen in die emotionalen Beiträge Ihres spirituellen Körpers setzen und sie gerne akzeptieren.

Das Herz, das Zentrum des spirituellen Körpers, ist der Ort, an dem Eigenschaften der Gewalt wie Selbstsucht und Rachsucht transformiert werden können. Die durch die Praxis der ethischen Disziplinen gesteigerten Beobachtungskräfte machen den Weg zum Herzen frei. Dies deshalb, weil sie Sie erkennen lehren, wie schön und machtvoll der Einsatz des konstruktiven emotionalen Verhaltens ist, das dem spirituellen Körper entspringt; und welche gewaltsamen Folgen das destruktive emotionale Verhalten nach sich zieht, das aus der Reaktion des physischen Körpers entsteht, wenn er die Ursprungsquelle der betreffenden Emotionen mißdeutet. Beides läßt sich deutlich beobachten, wenn Sie sich in der Befolgung der ethischen Prinzipien geübt haben. Sie haben die Wahl. Sie werden nicht länger hilflos von den Winden der Unentschlossenheit umhergetrieben und gebeutelt werden. Das Üben im Nichtschädigen hilft Ihnen, die Wahl zu treffen, ob Sie sich konstruktiv oder destruktiv verhalten wollen, und die Verantwortung für Ihr Handeln zu übernehmen.

Statt das Gefühl zu haben, in der Falle zu sitzen oder das Opfer zu sein, können Sie sehr stark werden, wenn Sie sich von Ihren automatischen Reaktionen befreien. Sie können jede Situation neu einschätzen – ist das destruktiv oder konstruktiv? – und die Verantwortung für Ihre Entscheidungen übernehmen.

Dieses ständige Beobachten bedeutet nicht, daß Sie eine passive Beziehung zur Welt entwickeln. Ganz im Gegenteil! Der Kaschmir-Shivaismus lehrt, daß dies der einzige Weg ist, wirklich dynamisch zu sein. Die Praxis des Nichtschädigens bringt Sie in die extrem starke mentale Position, wählen zu können, was Sie tun wollen, weil Sie sorgsam überprüft haben, wie sich diese Entscheidung auf Sie auswirken wird. Die meisten von uns wollen die Gefühle von Glück, Wohlbehagen und Stärke fördern, und wenn Sie ständig Ihr Tun und Ihre Gefühle überprüfen, gewinnt Ihre physische Natur Zutrauen und heißt die wahren Emotionen des spirituellen Körpers, frei von ehemaligen Programmierungen, willkommen.

Der Shivaismus geht davon aus, daß Sie sich selbst kennen müssen, um wirklich machtvoll sein zu können, und das bedeutet, daß Sie sich bei Ihren Entscheidungen über das, was Sie in Ihrem Leben wirklich sagen und tun wollen, auf das ethische Verhalten stützen. Diese achtsame Praxis schützt Sie vor vielen Fehlern und auch vor einer Menge Leid.

Selbstschutz

Viele Menschen geraten in Verwirrung, wenn sie herausfinden möchten, welche für sie oder andere nicht destruktive Handlungswege sie wählen sollen, und sich dabei mit einer Situation konfrontiert sehen, in der sie sich vor Schaden bewahren müssen. Vielleicht fragen auch Sie sich, was Sie in einer für Sie bedrohlichen Lage tun sollen.

Die «normale» Gefahrensituation sieht in etwa so aus: Nehmen wir an, es ist Nacht und Sie befinden sich allein in Ihrer Wohnung. Ein Einbrecher dringt ein und bedroht Sie mit einem Messer. Wäre es, wenn Sie in dieser Situation eine Waffe zur Hand hätten, gerechtfertigt, den Eindringling zu verletzen, um Ihr eigenes Leben zu schützen?

Gemäß der Yoga-Philosophie lautet die einfache Antwort, daß Sie tun müssen, was Sie zu tun haben, um sich selbst vor

Schaden zu bewahren. Es gibt eine traditionelle religiöse Anschauung, wonach man lieber sterben sollte, als einer anderen Person Gewalt anzutun. Im Gegensatz dazu sagt der Yoga, daß Ihr Leben ebenso wichtig ist wie das eines anderen. Ob Sie den Eindringling auch tatsächlich töten müssen, steht auf einem anderen Blatt. Doch dieses Argument kratzt nur an der Oberfläche der Gründe für das Praktizieren des Nichtschädigens.

Die Yoga-Schriften gehen so weit zu behaupten, daß, wenn eine Person Nichtschädigen oder Gewaltlosigkeit wirklich durchgängig übt, die Kraft dieser ethischen Disziplin sich so manifestiert, daß sie den Eindringling schon von einem Auftauchen abhält.

Speziell die alten Yoga-Schriften skizzieren die Kraft, die einer praktizierenden Person übertragen wird, wenn sie in jeder ethischen Disziplin fest gegründet ist. «Fest gegründet» meint hier, daß Sie in der Praxis einer ethischen Disziplin Perfektion erlangt haben. Im Fall des Prinzips des Nichtschädigens heißt das, daß Sie unfähig sind, irgend etwas zu tun, das Ihnen oder einem anderen Schaden zufügt. Und sind Sie in der Gewaltlosigkeit fest gegründet, so hat das, wie schon in Kapitel 2 erwähnt, zur Folge, daß auch Ihnen nie ein Leid geschehen wird. Die Gewaltlosigkeit oder das Nichtschädigen selbst wird Ihr Schutz.

Wer Nichtschädigen praktiziert, schafft eine Atmosphäre des Friedens um sich herum. Lakshmanjoo übersetzte den Vers, der darauf Bezug nimmt, in einem seiner Bücher folgendermaßen: «In der Gegenwart dessen, der in subtiler Gewaltlosigkeit fest gegründet niemandem ein Leid zufügt, kann keine Macht der Erde zwei Feinde dazu bringen, in den Kampf einzutreten.»

Das weitverbreitete religiöse Symbol des friedlich neben dem Lamm ruhenden Löwen impliziert, daß um sie herum keine Atmosphäre der Feindseligkeit existiert und daß sich beide auch nicht feindlich gesinnt sind oder Angst voreinander haben. Der Yoga-Lehre zufolge schaffen die, die erfolgreich

Die Atmosphäre der Gewaltlosigkeit

Vor vielen Jahren gingen eine Freundin und ich in einer mondbeschienenen Nacht hinaus in meinen Garten und ließen uns auf einem großen Baumstumpf nieder – er maß über einen Meter im Durchmesser. Bald erschienen ein paar kleine Stinktiere und krabbelten um den Baumstumpf herum, gefolgt von einigen großen Waschbären. Sie tollten gemeinsam umher. Als schließlich eine große Katze auftauchte, erwartete ich, daß sie all die kleinen wilden Tiere verscheuchen oder zumindest einigen Aufruhr verursachen würde. Wenn drei Stinktiere und eine Katze um Ihre Füße herumlaufen, kann das zu echten Problemen führen! Aber sie spielten einfach nur, während wir uns unterhielten. Wir fühlten uns alle in unserer Gesellschaft wohl und glücklich. Obgleich wir von verschiedener Art waren, führte unser Beisammensein zu keinerlei Aufruhr.

Gewaltlosigkeit praktizieren, überall dort, wo sie sich befinden, eine nichtfeindliche Atmosphäre, die jeden und alles, was sich in ihrer Gegenwart aufhält, beeinflußt. Auf unser obiges Beispiel des hypothetischen Eindringlings bezogen, bedeutet das, daß sich eine feindselige Einstellung gegenüber einer Person, die in Gewaltlosigkeit fest gegründet ist, schwer aufrechterhalten läßt.

Das Nichtschädigen bringt in Ihnen eine Fähigkeit hervor, die Sie die dem Leben zugrundeliegende Einheit erkennen läßt. Sie können dann großen Trost aus der Einsicht und Erfahrung beziehen, daß Sie nicht getrennt oder allein sind, sondern ein Teil des großartigen Lebenssystems der Welt. Sie fühlen sich von keiner Lebensform bedroht, weil Sie jede Lebensform als Teil Ihrer selbst wahrnehmen. Alles Leben ist Ihr Leben, getragen vom spirituellen Körper.

Wenn Sie wirklich glauben, daß das so ist, werden Sie sich vor keiner Situation fürchten. Rama erzählte mir, daß er, als er in Kaschmir lebte und einmal an einem Berghang in Meditation versunken saß, er plötzlich auf einer Seite eine Bewegung spürte. Er blickte auf und sah einen riesigen, offensichtlich hungrigen Tiger an sich vorbei den Abhang hinunterschleichen. Er beobachtete, wie er sich zum Feld eines Bauern begab, dort eine junge Kuh tötete und sie den Berg hinaufschleifte, direkt an Rama vorbei. In dieser Gegend kam es durchaus vor, daß Tiger, wenn sie hungrig waren, Menschen töteten, und Rama, der allein und unbewaffnet war, wäre gewiß eine leichte Beute gewesen. Er glaubte, daß seine Praxis des Nichtschädigens den Tiger davon abgehalten hatte, ihn anzugreifen.

Wird eine Gewaltlosigkeit praktizierende Person jemals wütend?

Ein weitverbreiteter Irrtum in bezug auf Yoga-Praktizierende ist der, daß sie stets ruhig und gelassen sind und nie Wut oder Zorn (oder irgendeine andere starke Emotion) empfinden oder äußern. Die großen Yogis, die kennenzulernen ich das Glück hatte, wären schon bei dem Gedanken an eine solche Beschreibung ihrer Person in Gelächter ausgebrochen. Sie waren imstande, Emotionen auf eine reine und sehr machtvolle Weise auszudrücken.

Ohne Gefühle können wir nicht menschlich sein. Wer vorgibt, ganz und gar unemotional zu sein, verleugnet eindeutig seine Gefühle, was eine komplette Negierung der Kraft des spirituellen Körpers und seiner Unterstützung darstellt. Eine Verleugnung der Gefühle bedeutet eine Form von Gewalt gegen sich selbst, weil dieses egoistische Ersticken von Emotionen nicht hilfreich ist, sondern Unbehagen und Probleme schafft.

Lakshmanjoo unterschied zwischen Wut und Zorn «auf der

Zunge» und Wut und Zorn «im Herzen». Ein Yoga-Meister mag sich aus bestimmten Gründen zornig zeigen, was aber eine andere Auswirkung hat: Der Zorn ist für den Adressaten nicht zerstörerisch. Er wird zu etwas Konstruktivem, wenn er als Freund betrachtet wird, der Sie daran erinnert, daß es Zeit ist, sich selbst zu schützen. Er kann für Sie zu einem nützlichen Warninstrument werden.

In den meisten Gesellschaften lehrt man die Menschen, ihre Wut und ihren Zorn, wie auch andere sogenannte unerwünschte Emotionen, zu unterdrücken und im Zaum zu halten. Eine die yogische Ethik praktizierende Person glaubt, daß alle Emotionen Teil des spirituellen Körpers und in sich selbst schön und machtvoll sind. Sie wollen sich zeigen, und Sie laden sie gerne dazu ein.

Ich habe viele Menschen erlebt, die den sogenannten gerechtfertigten Zorn als Ausrede für ein Rachenehmen gebrauchten: «Du hast meinen Bruder getötet, also werde ich deinen Bruder töten.» Wenn Sie das tun, fügen Sie, der Yoga-Lehre zufolge, sowohl sich selbst als auch der anderen Person Schaden zu. Wenn Sie den Zorn als Waffe einsetzen, um gegen jemanden loszuschlagen, widerspricht das dem Gedanken, daß der Zorn als Freund da ist, der Ihnen in Erinnerung bringt, daß Sie sich selbst schützen sollen. Ein Denken oder Handeln aus Rachegelüsten heraus zeugt von einem Eingreifen des unechten Ego. Das heißt, Sie glauben, daß Sie den Zorn besitzen und zwingen können, das zu tun, was Sie wollen, statt ihn seinen Lauf nehmen zu lassen. Die Yoga-Lehre besagt, daß das Universum auf seine eigene Weise mit Ungerechtigkeit verfährt. Wenn Sie versuchen, diese Verantwortung auf sich zu nehmen, bereiten Sie sich ganz einfach noch mehr Unbehagen und öffnen sich für Leid und Schmerz. Es heißt: «Gottes Mühlen mahlen langsam, aber sie mahlen äußerst fein.»

Wenn Ihnen jemand etwas Schreckliches angetan hat, können Sie sicher sein, daß die Sache bereinigt wird, aber Sie müssen beiseite treten und den Prozeß ohne Ihre Einmischung vonstatten gehen lassen. Man braucht Erfahrung, um das zu praktizieren, aber ich kann Ihnen versichern, daß Ihnen eine Menge Streß erspart bleibt, wenn Sie nicht glauben, daß Sie für alles, was in der Welt geschieht, die Verantwortung übernehmen müssen.

5

Ethisches Prinzip Nr. 2
Wahrhaftigkeit

Belügen Sie sich nicht selbst

Wenn Sie eine Lüge erzählen, ist Ihnen das wahrscheinlich bewußt, aber können Sie die Wahrheit erkennen, wenn Sie sie hören? Den meisten von uns fällt es leicht, Versprechungen zu machen, doch wenn es um deren Einhaltung geht, sind wir oft lasch. Sind Sie imstande, Ihr Wort zu halten, ganz gleich, um welch banales Versprechen es sich handelt?

Sollten Sie sich selbst beschreiben müssen, würden Sie vermutlich viele Aussagen machen, die sich auf das gründen, was andere Ihnen über Sie erzählt haben. Sind Sie imstande, die Wahrheit über Ihre Person zu sagen?

Wenn Sie das ethische Prinzip der Wahrhaftigkeit (in Sanskrit *satya*) praktizieren, werden sich sofort die ersten Resultate zeigen. Das zunehmende Bewußtsein davon, wie wichtig es ist, Wort zu halten, wird Sie auch stolzer auf sich werden lassen. Sie werden beobachten, daß Ihre Beziehungen stabiler werden, da Ihre Freunde merken, daß sie sich auf Sie verlassen können. Und wenn Sie die Wahrheit über Ihre eigene Person zu erkennen lernen, werden Sie mehr Vertrauen in

Ihre Fähigkeiten setzen und Ihre Stärken mehr zu schätzen wissen.

Das ethische Prinzip der Wahrhaftigkeit beinhaltet viele Ebenen. Zunächst werde ich Ihnen zeigen, wie Sie allmählich die Wahrheit erkennen und mit dem Akzeptieren des Sichselbstbelügens aufhören können, das unter Umständen zu einem selbstzerstörerischen Verhalten beiträgt. Ich habe eine Technik für die Arbeit mit der Phantasie entwickelt, die Ihnen helfen kann, sofort zu erkennen, ob eine Aussage über Sie wahr ist oder nicht. Darüber hinaus werde ich den Zusammenhang von Wahrhaftigkeit und Nichtschädigen sowie die Rolle der verschiedenen Wahrnehmungen von Wahrheit erörtern.

Die Wahrheit hat etwas Subtileres und Verborgeneres an sich als ethische Prinzipien. Sie wissen zum Beispiel sofort, wenn Sie etwas gestohlen haben, aber die Wahrheit läßt sich viel schwieriger erkennen. Jedermann versucht sie auf seine Weise zu interpretieren, und so scheint sie sich unter verschiedenen Umständen zu verändern, obwohl sie doch im Grunde dieselbe bleibt.

Schauen Sie sich als profanes Beispiel die Behauptungen an, die in den Fernsehwerbespots über neue Produkte, wie zum Beispiel Reinigungsmittel, aufgestellt werden. Da erzählt man Ihnen, daß dieses Produkt alles in Ihrem Haushalt reinigt, aber solange Sie es nicht selbst ausprobiert haben, können Sie nicht wissen, ob es stimmt oder nicht. Diese Art ständiger Beobachtung ist nötig, um in allen Dingen die Wahrheit herauszufinden.

> Das Herz sollte sich von der Wahrheit nähren,
> wie Insekten von einem Blatt, bis es eingefärbt
> ist von der Farbe und seine Nahrung zeigt...
> bis in die winzigste Faser.
> *Samuel Taylor Colderidge*

Das Problem des Sichselbstbelügens

Als ich mit dem Unterricht zum Thema Wahrheit begann, bat ich meine Schülerinnen und Schüler, mir Fallbeispiele von Lügen zu schicken, die anschließend Probleme in ihrem Leben verursacht hatten. Einige Berichte waren sehr erheiternd. Eine

---

Eine Lüge wird «Wahrheit»

Manchmal scheint aus Lügen Wahrheit zu werden. Ein Schüler erzählte mir diese Geschichte über seine Erfahrungen mit der Wahrheit und dem Lügen.

Als ich im College war, wollte ich einmal den Versuch unternehmen, eine große Lüge zu erzählen, um zu sehen, welche Folgen sich daraus ergeben würden. Die Gelegenheit bot sich rasch. Ich hatte gerade mein Auto für ein anderes eingetauscht, und so beschloß ich, meinem Zimmergenossen zu erzählen, daß mir mein vorheriges Auto gestohlen worden sei.

Dieser war erst skeptisch, aber ich hatte mich der Hilfe eines engen Freundes versichert, der meine Lügengeschichte bestätigen sollte, denn wenn etwas von zwei Menschen erzählt wird, wirkt es plausibler. Meine Lüge wurde ein voller Erfolg. Nach einigen Tagen entdeckte ich ein überraschendes Resultat dieses Experiments. Ich merkte, daß ich selbst Schwierigkeiten hatte, die Lüge von der Wahrheit zu unterscheiden. Ich fing selbst an, sie zu glauben. Es jagte mir wirklich einen Schrecken ein, wie schnell ich die Wahrheit aus den Augen verlor. Gleichermaßen erschreckend ist die Tatsache, daß ich mich Jahre später zuweilen fragte, was wohl mit meinem Auto und dem Dieb, der es gestohlen hatte, passiert sein mochte.

Frau beschrieb, wie sie sich als Teenager wahnsinnig in einen Jungen verliebt hatte, dessen Liebe einzig den Autos zu gelten schien. Sie tat so, als teile sie sein Interesse, lernte die wenigen Informationen über Motoren, derer sie habhaft werden konnte, auswendig und zog seine Aufmerksamkeit sofort auf sich. Das Liebesglück schien greifbar nahe, doch alles brach zusammen, als er sie aufforderte, mit ihm an seinem Auto herumzubasteln, und sie gestehen mußte, daß sie keine Ahnung von Autos hatte. Sie hörte nie wieder von ihm.

Eine andere Schülerin schickte mir einen Zeitungsausschnitt über eine etwas zweifelhafte Geschichte, die angeblich schon seit Jahren im Umlauf war. Es ging um eine Frau, die eines Tages einen Blick aus ihrem Küchenfenster warf und zu ihrem Entsetzen ihren Hund ein totes Kaninchen im Maul herumschleppen sah, das genauso aussah wie das Lieblingskaninchen ihrer Nachbarin. Die Frau eilte hinaus, entzog ihrem Hund das tote Tier, trug es hinein, wusch es ab und benutzte sogar ihren Fön, um sein Fell zu trocknen. Nachdem sie sich vergewissert hatte, daß ihre Nachbarin nicht zu Hause war, trug sie es hinüber, legte es sorgsam in seinen Käfig und hoffte, die arme Frau würde denken, es sei eines natürlichen Todes gestorben.

Als die Nachbarin nach Hause kam, schrie sie auf und kam tränenüberströmt zu ihrer Freundin gelaufen. Schluchzend erzählte sie, daß ihr am Morgen verstorbenes Kaninchen, das sie sorgfältig in ihrem Garten vergraben hatte, auf mysteriöse Weise zurückgekehrt sei und nun in perfektem Zustand in seinem Käfig liege.

Ich erzähle Ihnen diese Geschichten, um Sie zu veranlassen, über Ihre eigenen Erfahrungen mit der Wahrheit und dem Lügen, und wie Sie sich dabei fühlen nachzudenken. Wie viele von uns gründen ihr ganzes Selbstbild – Aussehen, Fähigkeiten, Errungenschaften, Selbstwertgefühl und so weiter – auf Lügen, die andere und wir uns erzählen? Der Selbsthaß, die Unzufriedenheit und die Einsamkeit, die ich bei so vielen Menschen sehe, werden oft durch das Annehmen dieser Lügen verursacht, die wir von anderen zu hören bekommen oder die wir uns selbst einreden.

Wenn wir diese Unwahrheiten als Wahrheit akzeptieren, werden sich negative Einstellungen wie Schimmel um unser Herz legen. Viele uns schwächende Gefühle der Angst, Unsicherheit und Unruhe gründen sich auf Lügen – Sichselbstbelügen und Lügen von seiten anderer, die wir als wahr akzeptieren, weil wir nie gelernt haben, die Wahrheit herauszufinden. Dieses Muster setzt schon in der frühen Kindheit ein. Ein Kind weiß noch nicht, wie es die Wahrheit von der Unwahrheit unterscheiden kann, und so akzeptiert es einfach, was ihm andere sagen, auch Lügen, und schließlich scheint aus ihnen Wahrheit zu werden.

Viele Menschen akzeptieren Lügen auch in ihrem Erwachsenendasein und führen ein geheimes inneres Leben, das im Gegensatz zu dem steht, was man ihnen als Kind beigebracht hat. Thurbers berühmte Geschichte *The Secret Life of Walter Mitty* ist hierfür ein gutes Beispiel. Mitty haßt das Leben, zu dem er erzogen worden ist, und führt in seiner Phantasie ein völlig anderes, sehr viel aufregenderes Dasein. Das Tragische daran ist, daß er diesen Phantasien keine äußere Gestalt verleihen kann. Er sitzt in dem Leben fest, das er sich während seiner Kindheit erträumt hat und das ihm keine Darstellung seiner wahren Gefühle erlaubt.

Die äußere Existenz gerät für Leute wie Walter Mitty zu einem veritablen Schauspielerjob. Sie versuchen, jemand zu werden, der sie gar nicht sind, um ihr durch lebenslanges Lügen aufgebautes Selbstbild zu bestätigen. Unterdessen bleibt ihre wahre Natur verborgen, und sie leiden unter ungeheurer Einsamkeit. Sie trennen sich durch dieses Versteckspiel von ihrem wahren Selbst, von ihrem spirituellen Körper.

Sind Sie schlecht, dumm, häßlich oder unfähig, nur weil die Leute in Ihrer Kindheit so etwas über Sie sagten? Wenn Sie sich selbst auf Lügen basierende Etiketten anheften, sitzen Sie in der Falle der Identifikation mit dem physischen Körper und beurteilen sich gemäß dem Meinungsbild anderer Leute.

> Wer es sich einmal erlaubt, eine Lüge zu erzählen,
> findet es sehr viel leichter, es ein zweites und drittes
> Mal zu tun, bis es schließlich zur Gewohnheit wird;
> er erzählt Lügen, ohne darauf zu achten, und
> Wahrheiten, ohne daß die Welt ihm glaubt. Die Falschheit
> der Zunge führt zur Falschheit des Herzens und beraubt
> ihn mit der Zeit all seiner guten Neigungen.
> *Thomas Jefferson*

Um das yogische ethische Prinzip der Wahrhaftigkeit richtig praktizieren zu können, müssen Sie die Wahrheit in sich selbst erkennen lernen. *Was tue ich? Was sage ich? Was sehe ich? Möchte ich hier sein? Sage ich, was ich wirklich fühle?* Es braucht Mut, die wahren Antworten auf diese Art von Fragen zu finden und auch danach zu handeln. Versuchen Sie, ständig Ihrer inneren Dialoge gewahr zu sein. Nehmen Sie dann die im nächsten Abschnitt beschriebene Phantasie-Übung zu Hilfe, um zu überprüfen, ob Ihre Aussagen über Sie selbst wahr sind oder nicht. Wenn Sie diese Technik beherrschen, gewinnen Sie an Stärke und Zuversicht, weil Sie ein Selbstbild aufbauen, das sich auf Wahrheit und nicht auf Lügen gründet.

Wie Sie mit dem Praktizieren von Wahrhaftigkeit beginnen können

Halten Sie Ihr sich selbst und anderen gegebenes Wort. Das stärkt Ihre Willenskraft und macht Sie stolz auf sich selbst. Es verhilft Ihnen auch zu dem Ruf, ein «Ehrenmann» zu sein. Halten Sie Ihr gegebenes Wort, ganz gleich, wie belanglos die Angelegenheit sein mag. Stellen Sie sicher, daß sich andere auf Ihr Wort verlassen können. Beginnen Sie mit kleinen Übungen. Wenn Sie versprochen haben, an diesem Wochenende den Kühlschrank zu säubern, dann tun Sie es auch.

Werden Sie das, was Sie sein wollen. Werden Sie kein Walter Mitty. Versuchen Sie Ihr äußeres Leben Ihrer Phantasie anzugleichen. Weigern Sie sich, Lügen über sich zu akzeptieren, ob sie nun von anderen oder aber von Ihnen selbst stammen. Seien Sie dankbar für Ihre Seinsstärke. Versuchen Sie herauszufinden, wer Sie wirklich sind.

Rama erzählte mir eine alte Geschichte von einem Löwenjungen, dessen Mutter gestorben war und das von einer Schafherde adoptiert und aufgezogen wurde. Es fraß Gras, blökte wie ein Schaf und hielt sich selbst für ein Schaf, nicht anders als der Rest der Herde. Eines Nachts schlich sich eine Löwin heran und tötete eines der Tiere. Sie war gerade dabei, den Kadaver wegzuschleifen, als sie das vor Angst zitternde Löwenjunge erblickte.

Sie blieb abrupt stehen und sagte: «Was tust du denn hier? Du bist kein Schaf. Du bist ein Löwe.» Und sie führte das Junge zu einem Flüßchen, wo sie gemeinsam ihr Spiegelbild betrachteten. Das Junge sah, daß es tatsächlich ein Löwe und kein Schaf war, und gab ein gewaltiges Gebrüll von sich.

Akzeptieren Sie die Spontaneität Ihrer Intuition. Die Intuition – die spontane, kreative Stimme Ihres spirituellen Körpers – kann nicht sprechen, solange Sie nicht zuhören. Jedesmal, wenn Sie eine negative Aussage als wahr akzeptieren, verschließen Sie den Kanal zu Ihrer spirituellen Stimme. Das deshalb, weil Sie dem physischen Körper gestattet haben, ein eigenes Urteil über die Wahrheit der Aussage abzugeben. Wenn Sie den spirituellen Körper zum Sprechen auffordern, bekommen Sie sofort eine andere Meinung.

Setzen Sie eine Phantasie-Übung ein, um die Wahrheit zu erkennen. Als ich Lakshmanjoo sagte, daß ich Schwierigkeiten hätte, die Wahrheit über mich selbst zu erkennen, erklärte er mir, die Wahrheit könne geschmeckt werden. Sie sei süß. Ich habe diesen Test viele Jahre lang angewendet und stets unfehlbare Resultate erhalten.

Stellen Sie sich für die folgende Phantasie-Übung zunächst vor, daß sich das Empfinden von Süße nicht nur auf Ihren

Gaumen beschränkt, sondern daß Sie sie auch mit Ihren anderen Sinnen wahrnehmen können. Fragen Sie sich, wie es sich anfühlen würde, wenn Sie Süße bei etwas, das Sie hören oder sehen, empfinden könnten. Sie werden bei der folgenden Übung alles, was Sie sich selber sagen, überprüfen, indem Sie sich fragen, ob es süß schmeckt.

Stellen Sie sich vor, daß Sie sich am Morgen vor dem Spiegel anziehen. Es ist nicht gerade Ihr bester Tag. Sie schauen Ihr Spiegelbild an und hören, wie sogleich Ihre inneren Selbstgespräche einsetzen. Unterziehen Sie nun jeden Satz dem Süßetest. «Ich sehe schrecklich aus» – schmeckt das süß?

«Ich kann heute unmöglich alles schaffen» – schmeckt das süß?

«Wenn ich dieses Projekt heute nicht zu Ende bringe, bin ich ganz bestimmt ein Versager» – und so weiter.

Wenn die Aussage nicht süß schmeckt, dann wissen Sie, Lakshmanjoos Theorie zufolge, sofort, daß sie nicht wahr und daß diese Einstellung für Sie schädlich ist. Wenn Gedanken und Verhalten von diesem Wahrheitstest geleitet werden, können Sie sicher sein, daß sie sich nicht selbstzerstörerisch auswirken.

Nicht jedes dieser Selbstgespräche ist negativ. Ab und zu blicken manche von uns in den Spiegel und haben das Glück zu hören: «Ich sehe heute wie ein Millionengewinn aus!» Überprüfen Sie diesen positiven Gedanken wie auch den Rest Ihrer inneren Unterhaltung. Schmeckt es süß? Wenn ja, dann wissen Sie, daß es wahr ist. Wenn Sie diese Technik im Verlauf des Tages weiterhin anwenden, werden Ihre Ansichten über sich selbst langsam, aber sicher positiver und konstruktiver werden, weil Sie sich die Wahrheit sagen.

Sie können dieses Phantasiespiel auch bei Ihren Beziehungen einsetzen. Wenn Ihnen während einer Unterhaltung jemand etwas sagt, das Ihnen Unbehagen bereitet, dann überprüfen Sie die Aussage: Schmeckt sie süß? Mit dieser Übung lassen sich Schmerzen vermeiden, denn wenn jemand etwas Sie Peinigendes sagt, wird dieser Test Sie gegebenenfalls sofort wissen lassen, daß es nicht wahr ist, und Sie können sich vor nachteiligen Reaktionen bewahren.

Wenn Sie sich weigern, irgendeiner Aussage oder Beobachtung Glauben zu schenken, die den Süßetest nicht besteht, werden Sie nie in den Fallstricken des Scheiterns hängenbleiben. Nehmen wir zum Beispiel an, eine Liebesaffäre ist beendet, und Ihr ehemaliger Partner behauptet, alles sei Ihre Schuld. Wenn Sie ihm glauben, wird sich das Gefühl von Scheitern oder Versagen in Ihnen verfestigen. Doch wenn Sie den Süßetest machen, werden Sie nicht in dieser Falle sitzen. Sie werden vielmehr eine Wahl haben, weil Sie wissen, ob es wahr ist oder nicht.

Denken wir darüber nach, was wahr und was unwahr ist, versuchen wir gewöhnlich, diese Entscheidung mit dem Intellekt zu treffen, der aus dem physischen Körper heraus agiert. Der Intellekt ist jedoch nicht im Besitz der Wahrheit. Der physische Körper kann die Wahrheit nur dann klar erkennen, wenn er eine Verbindung mit dem spirituellen Körper herstellt. Und eine solche Verbindung wird dadurch gefördert, daß Sie mit Hilfe des oben beschriebenen Phantasiespiels an Ihre Gedanken und Gefühle herangehen. Überschreiten Sie die Grenzen Ihrer Physis. Testen Sie alles, indem Sie fragen: «Schmeckt es süß?» Ist diese Empfindung von Süße nicht vorhanden, dann akzeptieren Sie es nicht als wahr.

Die Wahrnehmung der Wahrheit

Die meisten Menschen setzen Wahrheit mit Tatsachen gleich. Doch die Tatsachen, die man uns vermittelt, entsprechen nicht immer der Wahrheit. Zum Beispiel hielt man es, als ich noch ein Kind war, für eine Tatsache, daß das Atom nicht gespalten werden kann. Heute wissen wir, daß das nicht stimmt. Hinzu kommt, daß viele Untersuchungen mit Augenzeugen ergeben haben, daß Leute, die eigentlich dasselbe sehen müßten, eine unterschiedliche Wahrnehmung haben. Der Grund dafür ist sicher, daß das unechte Ego, das durch seine Verbindung mit dem physischen Körper Beschränkungen unterliegt, nur seine eigenen, durch Erfahrungen in der Vergangenheit und hastige Schlußfolgerungen geprägten Deutungen zur Kenntnis nimmt.

Das unechte Ego glaubt: «Jeder denkt so wie ich.» Doch wenn sich einige Leute auf eine Vorstellung einigen, wird daraus noch nicht unbedingt die Wahrheit. Es gibt einen berühmten psychologischen Test, bei dem zehn Leute in einen Raum gebracht und gebeten werden, irgend etwas darin zu identifizieren – sagen wir, die grüne Farbe an der Wand. Neun Leute werden heimlich angewiesen, die Farbe als Blau zu be-

---

Edelsteine und Wahrheit

Edelsteine wurden zu allen Zeiten wegen ihrer Schönheit und ihrer legendären Kräfte hochgeschätzt. Vom Smaragd wird zum Beispiel gesagt, er zwinge eine Person, die Wahrheit zu sagen, wenn er unter ihre Zunge gelegt werde. Und daß ein Zölibatär ihn benutzen könne, um unsichtbar zu werden.

Der Rubin soll durch die Kleidung hindurchscheinen und leuchten. Und man erzählt sich, daß kaltes Wasser sofort zu kochen beginnt, wenn die richtige Person Rubine hineinwirft.

Der Saphir ist der Edelstein, der am stärksten mit der Wahrheit assoziiert wird. Alle Hindernisse zwischen Ihnen und der Wahrheit werden angeblich beseitigt, wenn Sie Saphire tragen, Saphirstaub essen oder Saphire bei der Andacht verwenden.

Als ich im Dschungel mit Rama meine Disziplin des Schweigens praktizierte, pflegte er Perlen, Smaragde und andere Edelsteine zu zermahlen und sie mir mit Moschus vermischt zu essen zu geben.

---

zeichnen; die einzige Person, die hier getestet wird, ist die zehnte, die dann im allgemeinen an ihrer eigenen Wahrnehmung zu zweifeln beginnt und den anderen neun beipflichtet. Dieses Experiment überprüft die Bereitwilligkeit, eine Lüge als Wahrheit zu akzeptieren.

Wenn jene zehnte Person das Prinzip der Wahrhaftigkeit praktiziert, wird sie wahrscheinlich bei der Aussage über ihre Wahrnehmung bleiben, auch wenn diese Standhaftigkeit sie in Verlegenheit bringt. Sie hat es nicht nötig, zu erklären oder irgend jemanden davon zu überzeugen, daß die eine Antwort richtig und die andere falsch ist, weil sie sich auf die Unterstützung ihres spirituellen Körpers verläßt und nicht auf die Zustimmung von außen. Sie braucht nicht zu missionieren. Ihr genügt dieser Beweis.

Die Macht der Wahrheit

Ich habe darüber gesprochen, daß es uns in der Gegenwart schaden kann, wenn wir in der Vergangenheit Lügen akzeptiert haben. Schauen Sie sich nun an, was passiert, wenn Sie das Praktizieren der Wahrhaftigkeit auf Ihre Beziehungen mit anderen ausdehnen. Wenn Sie die Wahrheit zu erkennen beginnen, dann ist es ganz wichtig, daß Sie diese starke Kraft nicht benutzen, um jemandem ein Leid zuzufügen. Denken Sie daran, alle zehn ethischen Prinzipien auf Ihr Handeln anzuwenden. Das wird Sie vor selbstzerstörerischem Verhalten oder Gewaltsamkeit gegenüber anderen bewahren.

Viele Menschen halten es für ihre Pflicht, die Wahrheit zu sagen, auch wenn das Schmerzen verursacht. Die Wahrheit kann als Waffe eingesetzt werden. Das ethische Prinzip des Nichtschädigens vermag Sie hier vor dem Verletzen anderer zu bewahren. Wenn Sie sich sowohl an Ihren physischen als auch an Ihren spirituellen Körper wenden, bevor Sie sprechen, können Sie sicher sein, daß Sie die Wahrheit auf gewaltlose und nichtschädigende Weise zum Ausdruck bringen. Ihr physi-

Die Macht der Sprache

Die Macht der Sprache zeigt sich deutlich an der Wirksamkeit von Gerüchten. Viele Menschen scheinen zu glauben, eine sogenannte Tatsache müsse wahr sein, wenn sie gedruckt wird oder im Internet erscheint. In der Tat haftet der Verbreitung von Unwahrheiten etwas erschreckend Kommerzielles an: Sie bringt Geld und setzt sich daher immer weiter fort. Eine Information, die für wahr gehalten wird, obwohl sie es nicht ist, wirkt sich oft zum Nachteil der beteiligten Personen aus. Ein Beispiel dafür ist die exzessive und sensationslüsterne Berichterstattung über den Mann, den man – zu Unrecht, wie sich später herausstellte – des Bombenanschlags bei den Olympischen Spielen 1996 in Atlanta verdächtigte. Sein Ruf und sein gewohntes Leben erlitten dadurch irreparablen Schaden.

scher Körper fällt sein Urteil auf der Grundlage des unechten Ego. Die Intuition ist das Sprachrohr des spirituellen Körpers.

Hier ist ein einfaches Beispiel: Sie treffen auf einen Bekannten, den Sie schon seit vielen Jahren nicht mehr gesehen haben. Ihr physischer Körper wirft einen Blick auf ihn und stellt fest, daß er ganz schön zugenommen hat. Das unechte Ego sagt: «Es ist meine Pflicht, dieses Problem zu lösen und dem Mann zu helfen, indem ich ihm mein Geheimnis verrate, wie man schnell abnimmt.» Wenn Sie jedoch abwarten, was Ihr spiritueller Körper zu sagen hat, dann läßt Sie Ihre Intuition vielleicht wissen, daß eine Bemerkung über die Leibesfülle des Mannes ein gewaltsamer und unnötiger Akt wäre.

Wenn Sie sich an beide Körper wenden, können Sie einen Kanal zwischen dem Physischen und dem Spirituellen herstellen, und der spirituelle Körper kann Ihnen helfen, ganz ohne Gewaltsamkeit zu sprechen. Versuchen Sie es mit folgender Phantasie-Technik: Stellen Sie sich einen Tunnel vor, der den physischen mit dem spirituellen Körper verbindet. Versuchen Sie nun, sich auszumalen, was passiert, wenn der Tunnel blockiert ist. Sie werden sicherlich merken, daß keiner der beiden Körper kompetent funktionieren kann, weil ihre Kraftquelle zur Hälfte abgeschnitten ist. Wenn Sie das visualisieren können, wird Ihnen klarwerden, daß diese Blockaden beiden Körpern Schmerz bereiten. Wenn Sie den Kanal öffnen, werden Sie sofort Erleichterung verspüren.

Die Geschichte von Kassandra zeigt, wie zerstörerisch die blockierte Wahrheit sein kann. Als Kind, das in der großen Stadt Troja lebte, schlief Kassandra im Tempel des Gottes

Die Macht der Wahrheit

Die meisten Menschen würden bejahen, daß ein bißchen Wahrheit einen weiten Weg zurücklegt. Wie viele Male haben Sie Leute sagen hören: «Ich wollte nicht die ganze Wahrheit sagen, weil das zuviel für ihn gewesen wäre»? Die klassische Ansicht ist die, daß die Wahrheit in ihrer reinsten Form so machtvoll ist, daß sie Menschen verletzen kann. Geschichten wie die von der rosaroten Brille (siehe Seite 233 f.) illustrieren dies.

Lakshmanjoo erzählte mir, daß der große Weise Patanjali, wenn er Yoga unterrichtete und darüber sprach, hinter einem Kupferschild saß, um seine Zuhörerschaft von der Macht und Kraft seiner Belehrungen abzuschirmen. Man sagt, er habe beim Sprechen die Gestalt der Kundalini angenommen, des Nervensystems des Rückgrats des spirituellen Körpers, das durch eine Schlange symbolisiert wird. Und man glaubt, daß ein Zuhörer, der ohne Schutz dieser machtvollen Gestalt ansichtig wird, zu Asche verbrennt, so, als stehe er einem Blitz im Wege.

Apollo. Jeden Morgen fand man sie von Schlangen umwunden, die ihr die Ohren ausleckten und ihr so die Gabe der Prophezeiung und die Fähigkeit, die Sprache der Tiere zu verstehen, verliehen.

Als Kassandra zur jungen Frau herangewachsen war, wurde Apollo von ihrer Schönheit derart entflammt, daß er sie zu verführen versuchte. Doch die keusche Priesterin wehrte ihn ab. Wutentbrannt belegte sie Apollo mit dem Fluch, daß ihre Prophezeiungen von nun an auf taube Ohren stoßen würden. Kassandra war es, die erkannte, was es mit dem hölzernen Pferd der Griechen auf sich hatte, aber keiner glaubte ihr. Sie war ein Kanal für die Wahrheit. Und als dieser Weg blockiert war, kam es zur Katastrophe.

Die Kraft der Wahrheit

Eine großartige Beschreibung der Auswirkungen der Kraft der Wahrheit findet sich in dem Film *Satyricon*, und zwar in der Szene, in der ein hermaphroditisches Kind in einer dunklen, stillen Höhle liegt. Es ruht in einer Wiege, wo es die Sonderaufseher, die es bewachen, ständig mit Wasser begießen, damit es sich wohl fühlt. (Der Hermaphrodit, halb Mann, halb Frau, steht für den Zustand des Gottesbewußtseins oder für den kosmischen Körper. In dieser Geschichte repräsentiert das Kind das noch nicht vollentwickelte Stadium dieser spirituellen Kraft.)

Zwei Diebe entdecken das Kind, erkennen, daß es die Quelle großer Macht ist, und stehlen es. Sie zerren es aus der Höhle ins Sonnenlicht, wo es ohne den Schutz des Wassers, der Stille und der ständigen Nahrung von der heißen Sonne getötet wird. Die Sonne steht hier für das volle Licht der Wahrheit, die das Kind nicht ertragen kann, weil es noch nicht voll entwickelt ist.

Die Wahrheit kann Gestalt annehmen

Es ist wichtig, daß Sie beim Praktizieren der Wahrhaftigkeit genau darauf achten, was Sie sagen. Den Yoga-Schriften zufolge haben Ihre Worte, wenn Sie in der Wahrhaftigkeit fest gegründet sind, die Kraft, Gestalt anzunehmen. Es ist sehr schwierig, beim beiläufigen Sprechen diese Art von Achtsamkeit ständig walten zu lassen. Lakshmanjoo und ich unterhielten uns darüber.

LAKSHMANJOO: Die Folge der Ausübung der Disziplin des *satya* (Wahrhaftigkeit) ist die, daß alles, was du sagst, wahr wird. Ich habe das viele Male beobachtet. Was immer du sagst, und sei es auch nur beiläufig, wird wahr. Das ist die Macht der Befolgung des Prinzips der Wahrhaftigkeit. Wenn ein Meister die Verkörperung der Wahrhaftigkeit ist und zu seinem Schüler sagt: «Mit dir wird alles in Ordnung gehen; du wirst die Verwirklichung erlangen», dann wird es wahr.

ALICE: Die Wahrheit selbst ist so machtvoll, daß sie Gestalt annimmt, oder? Man kann dann nicht impulsiv zu jemandem sagen: «Geh zur Hölle.» Das wäre unverantwortlich, nicht wahr?

LAKSHMANJOO: Das ist nicht Wahrheit. Das ist gewalttätige Wahrheit. Das ist eine Attacke.

ALICE: Würde es, wenn man so etwas sagte, die eigene Grundlage der Wahrheit ins Wanken bringen?

LAKSHMANJOO: Ja, so ist es. Auch wenn du in dieser Weise durch Witzeleien die Wahrheit beleidigst, befolgst du nicht die Ethik der Wahrhaftigkeit im wirklichen Sinn.

Die vielen beschönigenden Ausdrücke, die unsere Sprache zu bieten hat, spiegeln das unbewußte Wissen wider, daß ein Ding durch seine Benennung ins Sein gerufen wird. In manchen Religionen wird der Name Gottes nie geschrieben oder ausgesprochen, weil dadurch Gott Gestalt annehmen würde und der physische Körper diesen Anblick ungeschützt nicht ertragen kann. Und so muß auch jedes Wort, das Ihren spirituellen Körper Gestalt annehmen lassen kann, mit großem Respekt behandelt werden.

Wahrheit und Nichtschädigen

Sie haben erfahren, daß das Erkennen der Wahrheit Ihnen beim Vermeiden von selbstzerstörerischem Denken und Verhalten helfen kann. Wir haben auch darüber gesprochen, wie machtvoll die Wahrheit sein und wie leicht sie dazu verwendet werden kann, jemandem ein Leid zuzufügen, wenn Sie nicht, bevor Sie sprechen, sowohl Ihren physischen als auch Ihren spirituellen Körper zu Rate ziehen. Lakshmanjoo ging in unserem Gespräch auf die Verbindung zwischen Wahrhaftigkeit und Nichtschädigen ein.

LAKSHMANJOO: Wahrheit ist die Wahrheit, die niemals die Gefühle von irgend jemandem verletzt. Das ist die wirkliche Wahrheit. Sie ist die Verkörperung von Demut und Bescheidenheit. Wie Gandhi sagte: «Die Welt zertritt den Staub unter ihren Füßen, aber wer die Wahrheit spricht, sollte bescheidener sein als der Staub.»
ALICE: In der westlichen Welt sagen die Menschen: «Wie kann ich je Gott erkennen? Ich bin nicht gut genug.» Und dann sagen sie, das sei Demut und Bescheidenheit.
LAKSHMANJOO: Das ist keine Demut oder Bescheidenheit. Das ist Ignoranz. Demut und Bescheidenheit sind da; du mußt sie entwickeln. Du mußt sie anrufen. Dieses ganze Universum ist nicht von Gott erschaffen. Dieses Universum ist im Grunde der Kommentar Gottes. Du kannst also nicht sagen: «Ich bin nicht gut genug, um die Wahrheit zu erlangen, um die Nähe Gottes zu erreichen.» Du selbst bist Gott. Du bist schon dort. Du hast dich durch deine eigene Entscheidung ferngehalten. Durch deine eigene Ignoranz.

Versuchen Sie zu erkennen, wenn eine Wahrheit mit Gewaltsamkeit zum Ausdruck gebracht wird. Lakshmanjoo sagte: «Sei sicher, daß die Wahrheit, die du sprichst, eine sanfte und lindernde Wahrheit ist. Du solltest dafür sorgen, daß in diese Wahrheit keine Gewaltsamkeit eindringt.» Er erzählte mir eine Geschichte von einem Weisen, der im Wald lebte. Eines Tages sah der ein Rehkitz vorbeispringen, das offensichtlich auf der Flucht war, und kurz darauf erschien ein Jäger. Dieser näherte sich dem Yogi und fragte ihn, ob er ein Rehkitz habe vorbeikommen sehen, und wenn ja, welchen Weg es genommen habe.

Der Weise antwortete: «Meine Augen haben gesehen, aber meine Augen können nicht sprechen. Meine Zunge kann sprechen, aber meine Zunge hat nichts gesehen.»

Auf diese Weise vermied er es, die Wahrheit zu sagen, die der Jäger von ihm hören wollte und die dem Rehkitz Schaden zugefügt hätte. Denn das wäre Wahrheit in Verbindung mit Gewaltsamkeit gewesen.

ALICE: Die Wahrheit hängt vom Nichtschädigen ab?
LAKSHMANJOO: Die beiden können sich nicht voneinander entfernen.

6

Ethisches Prinzip Nr. 3
Nichtstehlen

Bestehlen Sie nicht sich selbst oder andere

Wenn in diesem Kapitel vom Stehlen die Rede ist, dann meine ich nicht dessen augenfälligste Form, den Diebstahl von materiellen Dingen, sondern den von solchen Gütern wie Zeit, Aufmerksamkeit, Kraft und Zuversicht. Ich werde darauf eingehen, wie wir andere und, noch wichtiger, uns selbst bestehlen.

Was verursacht überhaupt den Drang zum Stehlen? Die Menschen verspüren ihn nur dann, wenn es ihnen ihrem Empfinden nach an etwas mangelt. Sie haben das Gefühl, nicht vollständig zu sein, und nehmen in dem Versuch, Vollständigkeit zu erlangen, anderen etwas weg.

Das Sichselbstbestehlen manifestiert sich vor allem im Konzentrationsmangel. Wenn Ihre Gedanken zunehmend zersplittern, können Sie Ihre Ziele nicht erreichen, und Sie werden so nie die Person, die Sie werden möchten. Sie haben die Stärke gestohlen, die Ihnen dazu verhilft, an Ihr Ziel zu gelangen.

Nehmen wir zum Beispiel an, Sie haben beschlossen, sich auf Diät zu setzen. Ihr Ziel drückt sich in Ihrer Vorstellung davon aus, wie Sie aussehen möchten. Wenn Sie nicht die Selbstdisziplin aufbringen, an Ihrem Diätplan festzuhalten, bestehlen Sie sich selbst. Ihre Selbstsabotage beraubt Sie der Befriedigung, Ihr Ziel erreicht zu haben. Das Praktizieren des ethischen Prinzips des Nichtstehlens (in Sanskrit *asteya*) hilft Ihnen, sich stetig auf das zu konzentrieren, was und wer Sie sind und was Sie tun.

Es läßt Sie zu der Erkenntnis gelangen, daß Sie alles, was Sie brauchen oder wollen, bereits haben. Ihnen wird klar, daß Ihr physischer Körper zwar zuweilen Mangel verspüren mag, Ihre Bedürfnisse aber immer aus dem Innern heraus erfüllt werden, wenn Sie sich für das, was Sie brauchen, an Ihren spirituellen Körper wenden. Um zu diesem Gefühl der Vollständigkeit in sich selbst zu kommen, gibt es nur einen Weg: Sie müssen durch die ethische Praxis Ihren physischen Körper mit dem spirituellen Körper verbinden. Wenn Sie gemerkt haben, daß Sie sich darauf verlassen können, daß Ihr spiritueller Körper alle Ihre Bedürfnisse erfüllt, gibt es keinen zwanghaften Impuls zum Stehlen mehr.

Das Begehren ist in diesem Zusammenhang ein wichtiger Aspekt, weil beide, das Begehren und das Stehlen, ein Gefühl von Getrenntsein widerspiegeln. Wenn Sie etwas begehren, das Sie Ihrer Ansicht nach nicht haben, fühlen Sie sich von diesem Etwas getrennt, und aus diesem Verlangen entsteht der Drang zu stehlen. Wenn Sie sich gezwungen fühlen, eine bestimmte Sache zu haben oder zu tun, dann halten Sie inne und sagen sich: «Stehle ich, wenn ich diesem Verlangen nachgebe? Ich brauche nicht zu stehlen. Ich habe selbst alles in mir.» Dieses ständige Befragen kann Ihnen durch viele Situationen hindurchhelfen.

Wie Sie mit dem Praktizieren
von Nichtstehlen beginnen können

Lernen Sie aus der Geschichte von Sisyphus. Nachdem er sich gegen die Götter vergangen hatte, wurde Sisyphus dazu verurteilt, immer wieder einen großen Stein einen Hügel hinaufzurollen, der dann, sobald er den Gipfel erreicht hatte, sofort wieder auf der anderen Seite hinunterrollte. Er war zu dem Glauben verdammt, dies tun zu müssen. Nie hielt er inne, um herauszufinden, warum er hiervon überzeugt war. Sein inneres Zwiegespräch hieß es ihn tun, und er veränderte nie den Inhalt dieses Dialogs.

Wie viele Dinge machen Sie, weil Sie glauben, sie machen zu müssen? Das ist ein ganz klarer Fall von Diebstahl an sich selbst, da Sie an einem falschen Glaubenssystem festhalten. Sisyphus' Geschichte beschreibt einen Menschen, der sein unechtes Ego agieren läßt. Er sagt sich: «Ich muß diesen Stein den Hügel hinaufrollen.» Was würde passieren, wenn er diesen Glauben aufgäbe? Er wäre von dem Fluch befreit. Ganz ähnlich glaubt das unechte Ego, daß Erfolg die materielle Erfüllung eines endlosen Stroms von Wünschen bedeutet. Du mußt dies tun, du mußt das haben, oder du wirst es nie schaffen. Das ist genau der Fluch, an dem Sisyphus zu tragen hatte. «Ich muß es machen.» Das lädt alle Verantwortung dem physischen Körper auf.

Was, wenn das alles so nicht stimmt? Versuchen Sie, wenn Sie den zwanghaften Impuls verspüren, etwas Bestimmtes zu tun, das unechte Ego beim Agieren in Ihrem physischen Körper zu beobachten. Wenn Ihnen das gelingt, wird sich Ihnen fast sofort eine aus Ihrem spirituellen Körper kommende Alternative anbieten. Das ist so ähnlich, als holten Sie bei einem hochgeachteten Arzt eine zweite Meinung über Ihre gesundheitliche Verfassung ein. Wenn Sie darauf warten, daß Ihr spiritueller Körper zu Ihnen spricht, wird Ihnen klarwerden, daß Sie eine andere Wahl haben.

Setzen Sie diesen Gedanken in die Tat um, wenn Sie das

nächstemal sich selbst sagen hören: «Ich muß das tun.» Bringen Sie sich zunächst zur Ruhe. Fragen Sie sich dann: «Was würde passieren, wenn ich das nicht täte?» Hören Sie auf die Stimme Ihres spirituellen Körpers, der Ihnen eine Alternative anbieten wird.

Üben Sie sich in kleinen Entbehrungen. Versuchen Sie, sich irgend etwas Geringfügiges zu entziehen, und erleben Sie, welche Vorteile das mit sich bringt. Verzichten Sie zum Beispiel eine Woche lang auf das Dessert, und Sie werden möglicherweise feststellen, daß Sie besser aussehen und sich wohler fühlen. Oder lassen Sie die Finger von der dritten Tasse Kaffee, und Sie werden vielleicht entspannter sein.

Wenn Sie sich etwas Belangloses wegnehmen, wird es sofort ersetzt. Bei den simplen obigen Beispielen bestand der Ersatz in einer neuen gefühlsmäßigen Zuversicht und der Fähigkeit, sich zu entspannen. Wenn Sie dieses Spiel weiterhin betreiben, wird es Ihnen demonstrieren, daß Sie nie zu stehlen brauchen.

Wenn Sie durch ständiges Üben immer wieder erleben, daß Sie, wenn Sie eine Kleinigkeit brauchen, zur Befriedigung Ihres Bedürfnisses nicht stehlen müssen, wird Ihnen das zeigen, daß Ihren Bedürfnissen aus Ihrem Innern heraus von Ihrem spirituellen Körper Rechnung getragen wird. Wenn Sie sich etwas wegnehmen, dann schauen Sie genau hin, um festzustellen, womit Sie statt dessen versorgt werden. Die Natur verabscheut das Vakuum, wie man sagt.

Innere Räuber

Lakshmanjoo nennt unkontrollierte Gedanken Diebe des Geistes und sagt, daß sie der praktizierenden Person wertvolles Gewahrsein und kostbare Konzentration rauben, indem sie einen Schleier aus zufälligen Ablenkungen und Zerstreuungen bilden, der die Bewußtheit zusammenbrechen läßt.

Achten Sie auf Ihre inneren Dialoge. Der größte Diebstahl, den Sie an sich selbst begehen, ist der unkontrollierte innere Dialog. Da konzentrieren Sie sich gerade auf einen Gedanken, und schon kommt Ihnen etwas anderes in den Sinn und stiehlt Ihre Aufmerksamkeit. Dieser kontinuierliche Diebstahl verhindert die volle Konzentration, und wer die Konzentration verloren hat, hat Mühe, irgendeine Aufgabe zu vollenden. Diese Konzentrationsfluktuation kann als eine Art Selbstquälerei, als selbstzerstörerische Haltung betrachtet werden, die man selbst oft gar nicht bemerkt.

Letztlich ist das Stehlen also ein Allgemeinzustand, bei dem Sie in Ihrem Innern kräftig gegen sich selber agieren. Nehmen Sie sich einen Augenblick Zeit, um folgende Fragen zu beantworten: Was stehle ich mir selbst? Was stehlen mir, mit meiner Erlaubnis, meine Denkmuster? Was stehle ich durch meine Gedanken meinem Leben?

Die Praxis des Nichtstehlens hilft Ihnen, daß Sie nicht von den Winden der Impulse umgetrieben werden und nicht gedankenlos auf potentiell zerstörerische Weise jeder Laune und jedem Zwang nachgeben. Sie besitzen die Stärke der bewußten Wahl und das Wissen um die Konsequenzen und den Lohn Ihrer Entscheidungen.

Das Prinzip des Verlangens

Verlangen ist ein Urgefühl. Die Welt lebt vom Verlangen: Vom Verlangen, zu leben, sich zu paaren, zu essen und das eigene Territorium zu schützen und zu verteidigen. Jeder Atemzug ist ein Ausdruck Ihres Verlangens nach Leben. In der Yoga-Literatur wird davon ausgegangen, daß sich die schöpferischen Zyklen des ganzen Universums auf die Anziehung – das wechselseitige Verlangen – zwischen den männlichen und den weiblichen Prinzipien des Bewußtseins gründen.

Das zwanghafte Bedürfnis des physischen Körpers, ein Verlangen, ein Begehren, um jeden Preis zu befriedigen – was bedeutet, daß man sich etwas von einem anderen oder aber von sich selbst nimmt –, stellt die Verbindung zwischen Verlangen und Stehlen her. Es ist wichtig, daß Sie beim Praktizieren von Nichtstehlen Ihre Wünsche und das, was Sie tun, um sie zu erfüllen, genau beobachten. Dann kann das Verlangen zu einem wichtigen Instrument für das Erreichen Ihrer Ziele werden.

Das Verlangen oder Begehren hat auch etwas Erweiterndes an sich, weil es die Veränderung fördert. Der physische Körper benutzt es als Peitsche, weil er von sich erwartet, daß er auf alle seine Wünsche eingeht. Doch das kann er nicht, und deshalb steht er oft unter großem Druck. Wird das Verlangen jedoch an den spirituellen Körper abgegeben, sind keine Anstrengungen damit verbunden und es wird kein Druck erzeugt. Der spirituelle Körper liefert mühelos die Antwort auf alle Wünsche. Sie brauchen sich nur daran zu erinnern, woher das Geschenk gekommen ist.

Die Verbindung zwischen Verlangen und Stehlen läßt sich in zwei wichtigen Lebensbereichen aufzeigen, über die ich schon im Zusammenhang mit dem Nichtschädigen gesprochen habe: Essen und Liebe.

Die Macht des Verlangens

Die Macht der Anziehung zeigt sich allerorten. Künstler und Dekorateure wissen, daß bestimmte Farben andere Farben komplementieren. Chemiker wissen, daß bestimmte Substanzen mit anderen Substanzen harmonisch interagieren. Köche wissen, daß bestimmte Gewürze sich mit bestimmten Speisen am besten vertragen. Das Wasser findet automatisch zu seiner Ebene – man könnte sagen, es sehnt sich danach, strebt danach, fließt darauf zu. Alles das sind Beispiele für das Prinzip des Verlangens in Aktion.

Verlangen und Essen

Das Essen ist eine natürliche Grundfunktion und basiert immer auf Verlangen. Wir verlangen nach Essen, entweder weil der Körper es zu seiner Aufrechterhaltung braucht oder weil es sehr verführerisch aussieht und riecht. Normalerweise machen wir uns keine Gedanken darüber, woher das Essen kommt oder was genau auf unser Verlangen reagiert.

Eines der Probleme, auf das der physische Körper bei seiner Unternehmung, an Essen zu kommen, stößt, ist der Schutz der Nahrung, damit sie nicht von einem anderen gestohlen wird. Es gehört zu den Gepflogenheiten der Gastfreundschaft, daß dem Besucher Essen angeboten wird. Diese uralte Stammessitte entsprang dem Glauben, daß ein zufriedengestellter Besucher dich nicht bestiehlt. Andererseits hat die Geschichte auch gezeigt, daß man einen Gast durch die Erfüllung seines Wunsches nach Nahrung dazu verleitet, nicht mehr auf der Hut zu sein, wodurch sich dem Gastgeber die Möglichkeit bietet, ihn zu übervorteilen. Menschen werden verletzlich, wenn ihr Verlangen befriedigt worden ist.

Das ethische Training hält Sie dazu an, die Nahrung – im Grunde alles – als göttliche Gaben Ihres spirituellen Körpers anzusehen. Diese Einstellung setzt dem hektischen Grapschen und Bewachen von seiten des physischen Körpers ein Ende, weil Sie allmählich erkennen, daß die Nahrung von Ihrem spirituellen Körper bereitgestellt wird und Sie sich keine Sorgen darüber machen müssen, wie Sie sie bekommen, bewahren oder schützen können. Ihr physischer Körper wird nach wie vor die damit verbundenen Funktionen wie Einkaufen, Kochen und Essen ausführen müssen, aber Sie werden merken, daß Sie nicht allein sind, daß Ihr spiritueller Körper ebenfalls involviert ist. Wenn Sie sich dessen ständige Beteiligung an der Grundfunktion der Nahrungsaufnahme vergegenwärtigen, werden Sie besser essen und genährt werden, weil Sie über die Stärke zweier Körper verfügen, die weise Entscheidungen fällen können.

Eine neue Erfahrung von Liebe

Meine persönliche Erfahrung von Liebe ist in den vielen Jahren, während derer ich diese ethischen Prinzipien praktiziert habe, viel aufregender geworden und übersteigt bei weitem jene Schmalspurversion, die in den Magazinen und im Fernsehen dargestellt wird. Wenn Sie diese Art der Liebe erfahren möchten, dann ist hier eine leichte Übung, die Sie ausprobieren können: Sitzen Sie still und ruhig. Lassen Sie Ihren Geist in Phantasien über die Liebe und all ihre Möglichkeiten schwelgen. Stoppen Sie dann einfach sämtliche Gedanken, und beobachten Sie, was passiert. Das wird Ihren spirituellen Körper dazu ermuntern, Ihnen eine andere Art von Liebe zu zeigen, eine Liebe, die frei ist von jeglichem Ansatz einer Forderung.

Verlangen und Liebe

Liebesbeziehungen sind, wie unser Bedürfnis nach Essen, unausweichlich, eine natürliche Gegebenheit des Lebens. Doch die meisten Beziehungen gründen sich auf das, was man von der anderen Person «bekommen» und was diese von einem erhalten kann. Diese Art von Beziehung impliziert eine Forderung, die eine Form von Diebstahl ist. Beispiele dafür sind Beziehungen, in denen ein Partner ständig die Aufmerksamkeit des anderen anfordert oder immer die Rolle des Trösters und Ernährers innehat oder auf subtile Weise oder ganz offen verlangt, daß der andere sich ändern soll, um irgendeinem Ideal zu entsprechen. In allen diesen Fällen ist der andere Partner ein Diebstahlsopfer. Ihm oder ihr wird Zeit, Aufmerksamkeit, Identität oder Stärke gestohlen. Er oder sie wird einfach als Vehikel zur Erfüllung einer Wunschphantasie benutzt.

Die meisten von uns wollen den Menschen, die wir lieben, etwas von uns selbst geben, und es kommt uns hart an, uns einem geliebten bedürftigen Partner zu verweigern. Doch eine solche Beziehung wird nicht von Dauer sein, weil niemand ständig geben kann, ohne wieder aufgefüllt zu werden.

Liebe, die sich auf ethisches Verhalten gründet, stellt keine Forderungen, weil den Bedürfnissen und Wünschen jedes Partners durch den spirituellen Körper im Innern entsprochen wird. Woran immer es ihnen auch mangeln mag, es wird ständig aus dem Innern wieder ergänzt. Das bedeutet, daß jeder und jede für sein oder ihr eigenes Glück verantwortlich ist. Es besteht keine Notwendigkeit, Trost, Lob, Aufmerksamkeit oder irgend etwas von der anderen Person zu fordern.

Die Beziehung wird zu einer echten Partnerschaft zweier Menschen, die sich bedingungslos so lieben, wie sie sind. Beide tragen dazu bei, daß die Beziehung stark bleibt. Mit anderen Worten, die Liebesbeziehung hängt nicht von der einen oder anderen Person ab, weil sie ihre Stärke von beiden Parteien bezieht.

Wenn Sie sich durch die ethische Praxis des Nichtstehlens einer forderungslosen Liebe nähern können, werden Sie großen Frieden finden. Die Tatsache, daß Sie nichts verlangen, schenkt Ihnen Ruhe, und die Teilnahme Ihres spirituellen Körpers erneuert ständig und mühelos Ihre Teilhabe an der Beziehung.

Das Ergebnis von Nichtstehlen

In Yoga-Schriften steht zu lesen, daß die große Macht, die man durch die Meisterung des ethischen Prinzips des Nichtstehlens gewinnt, darin besteht, daß einem automatisch alle Schätze zur Verfügung stehen. Mit anderen Worten, wenn Sie auf die große Kraft des Verlangens achten, können Sie eine bewußte Wahl in bezug auf Ihr Verhalten treffen. Und wenn Sie das zuwege bringen, wird schließlich alles, was Sie brauchen oder wollen, durch Ihren spirituellen Körper für Sie bereitgestellt.

Das ist ein ziemlich ungewöhnlicher Gedanke für alle, die gelehrt wurden, daß sie alles nur durch ihre eigenen Bemühungen und Anstrengungen bekommen, das heißt, durch die physischen Anstrengungen des physischen Körpers. Durch das Praktizieren von Nichtstehlen können Sie zu der Erkenntnis gelangen, daß der spirituelle Körper die Quelle jeder Erfüllung von Wünschen ist.

Haben Sie die ethische Disziplin des Nichtstehlens gemeistert, brauchen Sie nicht ständig Ihre Habe zu schützen, weil Ihnen unmöglich etwas weggenommen werden kann. Rama erzählte mir von einem Erlebnis, das er hatte, als er in einer oberhalb von Rishikesh gelegenen Höhle lebte. Eines Tages ging er aus, um sich Essen zu besorgen, und als er nach ein paar Stunden zurückkam, fand er einen jungen Mann stocksteif und wie angewurzelt in seiner Höhle stehen. In dessen Armen erblickte er seine wenigen Habseligkeiten, einen Wassertopf, einen kleinen Teppich und ein paar Bücher.

Als der junge Mann Rama sah, rief er: «Ach, Sir, bitte befreien Sie mich! Ich kam hierher, um zu stehlen, aber ich konnte mich in den letzten Stunden nicht mehr bewegen!»

Rama versicherte dem jungen Mann ganz gelassen, daß er haben könne, was immer er wolle, wenn das sein Leid lindern würde, und daß er, Rama, ihn nicht gegen seinen Willen festhalte. (Die Macht der Meisterschaft, zu der es Rama im

---

Sorgfältig getroffene Entscheidungen

Lakshmanjoo erklärte mir: «Wer nicht das ethische Prinzip des Nichtstehlens praktiziert, versinkt in Schrott.» Was für eine wunderbare Art zu sagen, daß es notwendig ist, Entscheidungen sorgfältig zu treffen. Oftmals landen wir bei etwas, das wir überhaupt nicht wollten.

Nichtstehlen gebracht hatte, hielt den Mann dort fest.) Rama befreite den Mann, der sich nun wieder bewegen konnte. Er legte die Dinge nieder, die er hatte stehlen wollen, verbeugte sich tief und verabschiedete sich.

Alles ist ein göttliches Geschenk

Die Kraft, die dem Nichtstehlen innewohnt, gründet sich auf die Erinnerung daran, daß alles von Gott kommt. Lakshman-joo sagte: «Denkt immer an die Tatsache, daß ihr, wenn ihr eine so schwierige Kunst wie das ethische Verhalten prakti-ziert, euch dem Gottesbewußtsein nähert. Euer erster Ge-danke, wenn ihr etwas erhaltet, ist dann: ‹Dies ist von Gott gekommen. Gott hat mir das geschickt.› Der Gedanke, daß alles von Gott kommt, bedeutet eine Transformation der Ge-setze, die das Erhaltene umgeben.»

Mit anderen Worten, alles, was wir haben, ist ein göttliches Geschenk, und wir können es mit Wonne und ehrfürchtigem Staunen betrachten und feiern. Es gibt nicht die Angst, irgend etwas zu verlieren. Und ebenso haben Sie, wenn Ihnen alles zur Verfügung steht, auch nicht das Bedürfnis, irgend jeman-den zu bestehlen. Eine Person, die das weiß, ist von einer Atmosphäre tiefen Friedens umgeben. Wenn Sie alles haben, sind Sie nie bedürftig.

Heimlichtuerei und Stehlen

Heimlichtuerei ist eine infame Form des Diebstahls, die ich manchmal bei Menschen beobachte, die glauben, es zeuge von ethischem Verhalten, wenn sie Dinge geheimhalten, weil sie dann andere nicht in Unruhe versetzen. Heimlichtuerei stiehlt anderen Zeit und Aufmerksamkeit, weil sie sie zwingt, müh-sam herauszufinden, was Sie eigentlich sagen wollen und wer Sie wirklich sind.

An die großen Romantiker unter Ihnen gerichtet, die an der Heimlichtuerei Gefallen finden: Sie können sicherlich Wege finden, romantisch und zugleich direkt zu sein. Wenn Sie Ihre Gedanken mehr im geheimen genießen, dann belassen Sie sie dort. Aber achten Sie darauf, daß Sie nicht aus dieser Einstellung heraus Rache nehmen. Ethisches Verhalten lehrt Sie, direkt und wahrhaftig in allem zu sein, was Sie sagen und tun.

7

Ethisches Prinzip Nr. 4
Sexuelle Enthaltsamkeit

Gehen Sie respektvoll und bewußt mit Ihrem sexuellen Verlangen um

Viele von Ihnen würden wohl am liebsten dieses Kapitel über-schlagen, denn sexuelle Enthaltsamkeit ist nicht gerade popu-lär. Den meisten Menschen macht diese Vorstellung angst. Sie meinen, eine solche Praxis würde sie all dessen berauben, was das Leben erträglich und süß macht: Berührung, Liebe, Kame-radschaft, die Freuden einer Beziehung. Sie betrachten die sexuelle Enthaltsamkeit oder das Zölibat als ein tragisches, leidvolles Opfer, so wie ein Leben im Kloster, barfuß auf kalten Steinböden. Doch darum geht es bei der ethischen Dis-ziplin der sexuellen Enthaltsamkeit ganz und gar nicht. Wenn Sie all Ihren Mut zusammennehmen und weiterlesen, werden Sie feststellen, daß das Thema letztlich doch nicht so angstein-flößend ist.

Brahmacharya, so der Sanskrit-Begriff, der im Deutschen mit Zölibat, reiner Lebenswandel, Keuschheit oder Enthalt-samkeit übersetzt wird, kann als Baustein verwendet werden, um Sie wunderbar frei zu machen, Ihnen Zeit zu geben, sich selbst zu beobachten und sich auf Ihr inneres Selbst zurück-zuziehen, sich auszuruhen und zu erneuern, um dann wieder in voller Stärke hervorzutreten.

Das Praktizieren sexueller Enthaltsamkeit kann Sie lehren, sich an den sexuellen Gefühlen zu erfreuen, ohne ständig Angst zu haben, daß sie Ihnen verlorengehen, oder davor von irgend jemand anderem abhängig zu sein.

Wie Sie mit dem Praktizieren von sexueller Enthaltsamkeit anfangen können

Beginnen Sie mit fünf Minuten pro Tag. Für den Anfang kann sexuelle Enthaltsamkeit ganz kurz geübt werden. Ich spreche nicht von Jahren der Abstinenz. Wenn Sie es gerne mit dieser Praxis versuchen möchten, können Sie sich für jede gewünschte Zeitdauer entscheiden, doch mein Vorschlag ist, daß Sie mit sehr kurzen Phasen beginnen: vielleicht fünf Minuten pro Tag.

Wählen Sie für dieses Experiment einen Zeitpunkt, an dem Sie für sich sein können. Die Art sexueller Enthaltsamkeit, von der ich hier spreche, bedeutet, daß Sie sich des inneren Dialogs über Sexualität enthalten. Sie sollen sich in diesen fünf Minuten keinen Phantasien über Sex hingeben.

Eine solche Enthaltsamkeit kann von jedermann praktiziert werden, und niemand muß wissen, daß Sie es tun. Wenn Sie gegenwärtig eine sexuelle Beziehung haben (die zu sich selbst ausgenommen), brauchen Sie Ihren Partner oder Ihre Partnerin nicht mit einer barschen Ankündigung zu verletzen, daß Sie sich nun sexuell zurückziehen.

Wenn Sie Ihre Gedanken fünf Minuten lang in dieser Weise zügeln und sie beobachten, werden Sie deutlich sehen, wie stark Ihre mentalen Muster von sexuellen Gedanken durch-drungen sind. Und das führt zu einem intensiven Gewahrsein Ihrer inneren Denkmechanismen. Die Wahrnehmung Ihrer inneren Dialoge über Sex wird für Sie ganz einfach. Und wenn

Sie erst einmal mit dieser kleinen Übung angefangen haben, werden Sie merken, daß all Ihre Handlungen, Tag und Nacht, diesem sexuellen Inhalt unterworfen sind und Ihr Verhalten dadurch entsprechend beeinflußt wird.

Um dieses Enthaltsamkeitsexperiment richtig durchzuführen, müssen Sie sich einen festen Zeitpunkt für den Beginn und das Ende setzen, gleich, ob es sich nun um fünf Minuten, einen Tag oder einen anderen Zeitraum handelt, und sehen, ob Sie es durchhalten können. Versuchen Sie, sich kein allzu schwer zu erreichendes Ziel zu stecken. Es ist jedoch ein großer Unterschied, ob Sie sich auf sexuelle Gedanken einlassen oder sie nur haben. Wenn Sie sexuelle Enthaltsamkeit üben, lassen Sie sich auf keine sexuellen Gedanken ein. Damit ist nicht gesagt, daß Sie sie nicht haben; es bedeutet nur, daß Sie das Agieren Ihrer Gedanken beobachten, ohne sich auf diese Gedanken einzulassen. Sie werden feststellen, daß Sie mit großem Vergnügen andere Leute bei ihren sexuellen Tändeleien und Unterhaltungen beobachten können.

Gehen Sie am Freitag- oder Samstagabend aus, und schauen Sie einfach nur zu. Haben Sie Spaß am Ausdruck der Sexualität. Achten Sie auf ihre Macht. Hören Sie, was sie sagt. Versuchen Sie zu verstehen, was die Leute empfinden, das allerdings nur in ganz privater Weise im Rahmen Ihrer eigenen Beobachtungen.

Eine erholsame neue Perspektive

Ich hielt eine Zeitlang Vorträge über mein Buch *The Joy of Celibacy*. Ich werde nie vergessen, wie ich einmal vor den Angestellten einer Maschinenbaufabrik im südlichen Ohio sprach und anschließend einen der Teilnehmer beim Verlassen des Saals sagen hörte: «Mann, kannst du dir vorstellen, wie erholsam es wäre, fünf Minuten lang nicht an Weiber zu denken?»

So werden Sie allmählich die Tatsache zu schätzen lernen, daß sich die Sexualität in allem ausdrückt. Die Grundlage der sexuellen Kraft wird in der göttlichen Erdmutter dargestellt, der Manifestation aller Schöpfung. Das ist die Kraft, die uns alle am Leben erhält. Von ihr können Sie sich nicht fernhalten. Wie der Kaschmir-Shivaismus lehrt, soll man nicht vor ihr davonrennen, sondern versuchen, sich mit ihr zu vereinen.

Wenn Sie diese allumfassende Vorstellung von Sexualität aufrechterhalten könnten, würde Ihnen die sexuelle Erfahrung ein Bewußtsein ihrer ganzen Größe und Herrlichkeit vermitteln und dem sexuellen Verhalten so seine Plattheit nehmen. Ihr Wissen um die Verbindung von sexueller Ekstase mit jener großartigen Qualität, die die Lebensessenz selbst ist, und um die ihr zugrundeliegende universelle Kraft verleiht allen sexuellen Beziehungen eine neue Dimension. Es gibt keine Verlustängste und keine Einsamkeit mehr. Sie brauchen keinen sexuellen Partner, um zu erkennen, daß die Grundkräfte der Sexualität in Ihrem Innern liegen; sie sind nicht von irgendeiner anderen Person abhängig.

Dehnen Sie den Zeitraum Ihrer Praxis aus. Wenn Sie sich mit den fünf Minuten Enthaltsamkeit pro Tag wohl fühlen, dann dehnen Sie diese Zeit auf vielleicht einen Tag im Monat oder einen Tag in der Woche aus. Nun fangen Sie an, nicht nur Ihre Gedanken, sondern auch Ihren Körper zu beobachten. Viele Menschen unterliegen der irrigen Ansicht, daß sie nur, weil sie sich in dieser Zeit nicht bewußt auf Sex eingelassen haben, auch schon abstinent gewesen sind. Die Praxis der sexuellen Enthaltsamkeit braucht einen präzisen Zeitpunkt des Anfangs und Endes. Für sie wird eine bestimmte Zeit reserviert. Dann beginnt der Spaß!

Die meisten meiner Schülerinnen und Schüler waren anfänglich nicht imstande, diese Verpflichtung mehr als ein paar Stunden durchzuhalten. Sie sollten darauf gefaßt sein, daß Sie viele Male scheitern, bevor Sie Erfolg haben. Es bedarf der Übung und einer Menge Humor.

Die Kraft der sexuellen Enthaltsamkeit

Man erzählt, daß der große Gott und Held Krishna sexuelle Enthaltsamkeit praktizierte und doch 1800 Frauen hatte. Und darüber hinaus gab er sich noch mit jeder Person, der er begegnete, der Liebe hin. Männer waren von ihm ebenso hingerissen wie Frauen. Bemerkenswert ist, daß Krishna sich nie Sorgen darüber machte, ob er fähig sei, so viele Leute zu befriedigen. Er war sich seiner Potenz immer sicher. Ich denke, daß Menschen, die ziemlich lange immer wieder für einige Zeit sexuelle Enthaltsamkeit praktiziert haben, sich ihrer selbst sehr sicher werden, und zwar nicht nur in sexueller, sondern in jeder Hinsicht.

Wie konnte Krishna auf perfekte Weise sexuelle Enthaltsamkeit üben und sich gleichzeitig mit so vielen Menschen der Liebe hingeben? Krishnas physischer Körper war extrem aktiv, funktionierte aber ganz und gar aus dem spirituellen Körper heraus, weshalb alles, was er tat, nie einen Verlust oder Schaden zur Folge hatte.

Es gibt eine Geschichte über einen Mann, der Krishnas Praxis der sexuellen Enthaltsamkeit anzweifelte. Er und Krishna warteten darauf, den mächtigen Fluß Jumna überqueren zu können, der vom Hochwasser angeschwollen und sehr tief und tückisch war. Krishna rief den Fluß an, damit er seine vollkommene Praxis der sexuellen Enthaltsamkeit bestätige. «Wenn Krishna die sexuelle Enthaltsamkeit auf vollkommene Weise praktiziert hat, dann möge der Fluß sich teilen und zu einem Weg werden», sagte er. Woraufhin sich die Wasser sofort zu beiden Seiten zurückzogen und einen trockenen Weg freigaben. (Diese Geschichte mag Sie an die im Alten Testament erinnern, in der Moses die Wasser des Roten Meers teilte. Ist es möglich, daß Moses dieselbe Disziplin lehrte? Wir wissen es nicht, aber wir wissen, daß es der Lehre des Shivaismus zufolge unmöglich ist, *brahmacharya* auf intellektuelle Weise zu begreifen; sie muß erfahren werden.

Sie werden sich während der Zeit Ihrer Enthaltsamkeits-Praxis nicht persönlich auf die Sexualität einlassen, können sich aber doch ständig an ihrer Beobachtung erfreuen. Ich erinnere mich an einen frommen Mann, dem ich im Flugzeug begegnete: Er verband sich auf Reisen die Augen, damit er seinen Blick nicht auf eine Frau richtete. Ein solches Verhalten hat überhaupt nichts mit Yoga zu tun.

Das Ergebnis des Praktizierens von sexueller Enthaltsamkeit

Kurze Phasen der Enthaltsamkeit helfen, den spirituellen Körper aufzubauen, und Lakshmanjoo hat beschrieben, welches die Folgen dieses geeinten Körpers, dieser Gemeinsamkeit von Physischem und Spirituellem, sind. Nach seinen Worten wirkt sich die sexuelle Enthaltsamkeit auf die Bewahrung des mentalen und physischen Charakters aus. «Bewahrung» meint in diesem Zusammenhang den Rückzug aus Beziehungen, die ein Opfer der eigenen Kraft bedeuten. Warum ist es wichtig, diesen Charakteraspekt zu kultivieren? Weil man so *viryalabha* erlangen kann, das Speichern von großer Kraft.

In den Yoga-Schriften wird gesagt, das Praktizieren sexueller Enthaltsamkeit habe zur Folge, daß unser «Wort wahr wird». Lakshmanjoo führte das weiter aus und erklärte, daß uns diese Praxis Stärke für das spirituelle Wachstum verleiht. Das heißt, sie unterstützt den spirituellen Körper, den wir zum Erscheinen einladen.

Lakshmanjoo sagte auch, daß wir in den späteren Stadien

Erfahrungen mit der sexuellen Enthaltsamkeit

Eines Morgens beschloß einer meiner Schüler, daß er es für kurze Zeit mit der sexuellen Enthaltsamkeit probieren wolle. «Schön», sagte ich, wann willst du damit anfangen?»

«Heute», erwiderte er, «und ich werde sie drei Tage lang praktizieren.»

Als er am Abend zu uns nach Hause zum Essen kam, fragte er, ob er mich sprechen könne. Er wollte nicht vor den anderen Leuten reden, und so gingen wir in den Keller hinunter. Damals lebte ich in einem großen, alten, verschachtelten Haus mit einem ganzen Labyrinth von dunklen Räumen im Keller.

Ich kann mich noch entsinnen, wie er mich über die Heizungsrohre hinweg ansah und sagte: «Ich möchte Sie wissen lassen, daß ich meine Verpflichtung zur sexuellen Enthaltsamkeit nicht einhalten konnte. Als ich heute morgen wegfuhr und aus der Ausfahrt kam, stand da merkwürdigerweise eine alte Freundin von mir an der Ecke und wartete auf eine Mitfahrgelegenheit, und damit war alles vorbei.» Wir lachten beide. Die Verpflichtung, auch nur drei Tage sexuelle Enthaltsamkeit zu üben, war ein schwierigeres Unterfangen, als er angenommen hatte. Nach fünf oder sechs weiteren Versuchen hielt er schließlich einen Tag lang durch.

Dann war da ein Ehepaar, das beschloß, gemeinsam eine Zeitlang sexuelle Enthaltsamkeit zu praktizieren. Beide dachten, sie würden ihr Versprechen erfüllen, wenn sie nur masturbierten. Doch das ist es nicht, wovon wir hier sprechen. Sexuelle Enthaltsamkeit bedeutet, daß Sie sich keinerlei körperlicher sexueller Aktivität hingeben.

der sexuellen Enthaltsamkeit – nachdem wir sie ziemlich lange Zeit immer wieder praktiziert haben – ein Bewußtsein dessen entwickeln, daß wir hinsichtlich unserer sexuellen Einstellung eine Wahl haben. Das ist eine Erkenntnis, über die man in Diskussionen nicht sprechen oder die man nicht dazu benutzen soll, um andere mit dem eigenen Erkenntnisstand zu beeindrucken. Sie ist nur für das Streben nach Gottesbewußtsein gedacht, das sich dann leicht erreichen läßt. Wenn eine Person, so sagt man, die sexuelle Enthaltsamkeit korrekt praktiziert und von ihrem Lehrer oder ihrer Lehrerin in der Meditation unterwiesen wird, so führt die Meditation leicht und schnell zu Resultaten. Mit anderen Worten, das Praktizieren sexueller Enthaltsamkeit versorgt Sie mit allem, was Sie brauchen, um die Gestalt des spirituellen Körpers sichtbar werden zu lassen.

Lakshmanjoo und ich sprachen einmal in seinem Garten über die Praxis der sexuellen Enthaltsamkeit.

LAKSHMANJOO: *Brahmacharya* füllt deinen Körper mit Kraft. Deine Kraft wird bewahrt.

ALICE: Dann wird alles, was du sagst, wahr?

LAKSHMANJOO: Ja. Wenn das Gottesbewußtsein eintritt, dann weißt du, was für eine Art von Freude (der Yogi) erlebt: diese allerhöchste Freude des Gottesbewußtseins, die so ist wie die Freude der Sexualität.

ALICE: Ist das jenes überragende sexuelle Gefühl, von dem du sprichst?

LAKSHMANJOO: Ja. Und dieses sexuelle Gefühl geht nie verloren. Es ist nicht nur ein sexuelles Gefühl für zwei oder drei Minuten, und dann ist es verschwunden. Nicht das. Es ist jenes immerwährende sexuelle Gefühl. Du glaubst nur, daß du ihm fern bist. Es ist immer da. Wenn du also diese *brahmacharya* in dir bewahrst, gibt dir das die Kraft für diese Freude.

ALICE: Dann ist die sexuelle Freude also nicht vergänglich; sie ist konstant?

LAKSHMANJOO: Ja. Wenn du der äußeren sexuellen Freude verfallen bist, wird dieser innere sexuelle Zustand allmählich immer weniger und weniger. Von daher ist (die Praxis der) *brahmacharya* ein Muß. Der Atem setzt aus, und du bekommst den inneren Fluß. Dann ist die sexuelle Freude wie ein Springbrunnen, eine Quelle.

Wer sagt, daß sexuelle Enthaltsamkeit langweilig ist? Was Lakshmanjoo hier beschreibt, ist die höchste Erfahrung des Gottesbewußtseins. Er erzählte mir, wenn man das ekstatische Gefühl des Orgasmus beim Sex mit einer Million multipliziere, komme man annähernd an das sexuelle Gefühl der Freude heran, die im Gottesbewußtsein erfahren werde. Er sagte auch, daß der menschliche Körper diese höchste Erfahrung nicht aushalten könne und sie deshalb zunächst nur immer ein wenig da sei und dann allmählich zunehme. Deshalb werden Sie nie einen echten Yogi erleben, der unglücklich aussieht. Wer je auch nur einen Vorgeschmack von dieser Erfahrung bekommen hat, verändert seine Einstellung zur Sexualität völlig.

Eine perfekte Illustrierung dieser Erfahrung findet sich in den wunderschönen Versen des *Hohenlieds*. Es klingt wie ein Liebesgedicht, wie die Darstellung der Liebe zwischen einem Mann und einer Frau, aber aus mystischer Sicht beschreibt es die Anziehung zwischen dem Männlichen und dem Weiblichen und die Komplexität des Universums, die aus ihrer Vereinigung hervorgeht. Es handelt von der Vereinigung mit sich selbst, die die Tür zum ungeheuren Ausdruck von Individualität öffnet, von der wir durchströmt werden, wenn wir uns selbst begegnen. Diese Erfahrung hat ihre eigene Musik und ihr eigenes Zwiegespräch.

Wenn Sie sich selbst gefunden haben, können Sie die Liebe nie verlieren. Sie kann nicht verlorengehen, da sie in Ihnen ist, und die Liebe Ihrer selbst zu sich selbst verläßt Sie nie. Sie kann Ihnen durch die Liebe zu einer anderen Person nie abhanden kommen, und Sie sind nie völlig von einem anderen abhängig, um Liebe zu bekommen. Wenn sexuelle Enthaltsamkeit nur einen Vorzug hätte, dann wäre es der, daß sie Sie vor dem Verlust schützt, während Sie diesen Verlust durch Mut transformieren. Das bringt eine neue, erweiterte Freude und Freiheit in Ihre Beziehungen. Sie gehen nicht mit leeren Händen eine neue Beziehung ein und werden nicht vom Gespenst des Verlusts heimgesucht. Sie bringen etwas in die Beziehung ein und erwarten nicht, daß ein anderer den Hauptbeitrag leistet. Mit anderen Worten, Sie tragen ohne Angst die Verantwortung für Ihre Beteiligung an einer Beziehung in allen ihren Phasen.

Heilung eines gebrochenen Herzens

Sexuelle Enthaltsamkeit kann auch eingesetzt werden, um ein gebrochenes Herz zu heilen. Mit «gebrochenem Herzen» meine ich hier jedes Gefühl von Verlust, Trennung oder Traurigkeit. Es beschränkt sich nicht auf den Schmerz einer gescheiterten Liebesaffäre oder Ehe. Wenn Sie zum Beispiel Ihren Arbeitsplatz verloren haben oder ein geliebter Mensch gestorben ist oder wenn Sie sich mit einer schweren Krankheit konfrontiert sehen, dann empfinden Sie einen Verlust von Kraft und das Gefühl von Hilflosigkeit und Ohnmacht – Symptome eines gebrochenen Herzens. Die Leute setzen oft das Gefühl von Versagen mit einem gebrochenen Herzen gleich, aber für mich beinhaltet es einen sehr viel ernsteren Zustand.

Viele Menschen wenden sich in Zeiten der Krise dem Yoga zu, um ihre Lage zu verbessern. Die Yoga-Praxis jedoch erfordert die volle Aufmerksamkeit. Und wenn Sie an einem gebrochenen Herzen leiden, ist die Wunde so schmerzhaft, daß Sie sich auf nichts anderes als auf diesen Schmerz konzentrieren können. Die Praxis yogischer Ethik, und hier vor allem kurze Phasen der sexuellen Enthaltsamkeit (auch wenn es nur fünf oder zehn Minuten am Tag sind), hilft Ihnen jedoch, diese innere Wunde zu heilen und sich wieder in Balance zu bringen. Dann kann die Erfahrung des Yoga frei fließen und Sie bei Ihren künftigen Unternehmungen unterstützen.

Ich habe festgestellt, daß kurze Phasen der sexuellen Enthaltsamkeit vor allem für jene Menschen außerordentlich hilfreich sind, die gerade eine Scheidung oder sonstige Verlusterfahrungen durchmachen. Mir ist völlig klar, daß wir uns in extremen Streßzeiten vor dem Energieverlust in und durch Beziehungen schützen müssen. Wir müssen uns unsere Stärke und Intimsphäre bewahren, und nur sehr wenige Beziehungen sind hierfür geeignet. Sexuelle Enthaltsamkeit schenkt Ihnen einen inneren Ort, an dem Sie sich verstecken und heilen können.

Oft versuchen Menschen, die gerade einen Verlust erlitten haben, die Leere sofort wieder durch eine neue Beziehung zu füllen – auch unter Umständen, die potentiell selbstzerstörerisch sind, wie zum Beispiel die Aufreißerszene an Freitag- und Samstagabenden –, oder sie umgeben sich mit materiellen Dingen. Diese Art von «medizinischer Eigenversorgung» kann nie von Dauer sein. Die flüchtigen sexuellen Beziehungen, auf die sich so viele Leute, aus welchen Gründen auch immer, einlassen, führen im allgemeinen zu Verlust statt zu Gewinn. Ich glaube, daß man dieses Verlustgefühl nur dadurch ausgleichen kann, daß man in sich selbst Stärke und Schutz sucht. Die wirkliche Heilung kommt aus dem eigenen Innern, und die sexuelle Enthaltsamkeit bietet Ihnen Schutz, während Ihre Wunde heilt. Nach und nach wird Ihnen klar, daß Ihre Stärke schon immer in Ihnen existierte. Und diese Erkenntnis gibt Ihnen die Kraft, wieder eine befriedigende Beziehung eingehen zu können.

Die sexuelle Enthaltsamkeit verschafft Ihnen die Möglichkeit, Tiefe und Bedeutung in allen möglichen Arten von Beziehungen zu finden, von den intimsten sexuellen bis hin zu den unpersönlichsten sozialen Beziehungen. Die männlichen/weiblichen Prinzipien des Universums sehnen sich immer nacheinander und suchen sich. Wenn wir sexuelle Abstinenz üben, wird uns allmählich klar, daß dieses Gesamtbild des

Universums uns selbst innewohnt und daß unsere wichtigste Beziehung die zwischen unseren beiden Hälften ist: zwischen unserem inneren und unserem äußeren Wesen – dem spirituellen und dem physischen Körper.

Im Gegensatz zu den religiösen Traditionen verbinden sich im Yoga mit der sexuellen Enthaltsamkeit keine moralischen Vorstellungen. Sie wird einfach praktiziert, um ein bestimmtes Resultat zu erzielen: das machtvolle Einssein des Individuums. Kurze Perioden sexueller Abstinenz können das peripherische Gewahrsein ungeheuer steigern, ein wesentlicher Faktor bei wichtigen Lebensentscheidungen. Wenn Sie sexuelle Enthaltsamkeit praktizieren, entwickeln Sie eine erhöhte Sensibilität bei der Wahl sexueller Beziehungen. Da sich die meisten sexuellen Beziehungen auf den Impuls gründen, nehmen sie oft einen selbstzerstörerischen Charakter an. Dagegen bringt die Praxis der sexuellen Enthaltsamkeit eine wirklich reife und erwachsene Person hervor, die die Verantwortung für Ihr eigenes Glück übernimmt.

Ich stelle mir die sexuelle Enthaltsamkeit gerne als einen grundlegenden und perfekten Schutz vor, auf den wir uns jederzeit verlassen und in den wir uns immer wieder begeben können, um Ruhe zu finden und Beobachtungen anzustellen, als einen Ort mit einer unangreifbaren und friedvollen Atmosphäre, an dem wir uns an die totale Beschütztheit im ungeborenen Zustand erinnern können – schwebend, träumend, ganz und gar umsorgt.

Die Liebe erkennen

Ich fand Phasen der sexuellen Enthaltsamkeit außerordentlich nützlich, wenn es darum ging, Liebe zu finden und zu erkennen.

Abstinenz kann auch die sexuellen Beziehungen verbessern, weil das damit verbundene neue Bewußtsein die in der heutigen Gesellschaft so allgegenwärtige Angst vor Verlust und

Impotenz ausräumt. Wenn man lernt, sich der Hunderte von Kommunikationsmöglichkeiten, die die Sexualität bietet, zu bedienen, erlebt man in den Liebesbeziehungen eine wundervolle Tiefe. Im Yoga betrachtet man den Sex als die wunderschöne, machtvolle Grundlage des menschlichen Lebens. Eine Person, die mit einigem Training in sexueller Enthaltsamkeit eine Beziehung eingeht, ist sich dessen bewußter, und das kommt dieser Beziehung zugute. Woran liegt das? Haben Sie, wenn sich Ihnen eine sehr bedeutungsvolle Beziehung anbietet, die Kraft, sich darauf einzulassen, oder fürchten Sie sich vor einem solchen Schritt? Haben Sie Ihre wahre Energie auf bedeutungslose Dinge verschwendet?

Sex, sexuelle Enthaltsamkeit, Religion und Gesellschaft

Unsere Kultur ist von widersprüchlichen Ansichten über Sex und sexuelle Enthaltsamkeit durchdrungen. Sex wird sowohl als eigentliche Quelle des Lebens gefeiert als auch zu etwas Schmutzigem, Schlechtem und Sündhaftem herabgewürdigt. Die sexuelle Enthaltsamkeit, oder das zölibatäre Leben, wird im allgemeinen mit religiösen Disziplinen assoziiert und häufig als einziger Weg postuliert, um für spirituelle Erfahrungen ausreichend «rein» zu werden. Gleichzeitig gilt sie als eine sehr harte und strenge Disziplin.

Die Kirche hat das Zölibat als einen Schwur dargestellt, sich von der stärksten Kraft des Lebens, der Sexualität, zu trennen. Ein Gelübde, das unveränderlich für das ganze Leben gilt – ein Kraftakt, der im Grunde beinahe unmöglich ist, weil er den Urgrund des Lebens selbst in Frage stellt. Mit der Forderung, ein zölibatäres Leben zu führen, impliziert die Kirche, daß die einzige reine Liebe die Liebe zu Gott ist und daß die Liebe nichts mit Sex zu tun hat.

Daraus ergibt sich die logische Schlußfolgerung, daß Einsamkeit, Entsagung und Leiden letztlich gut für dich sind und daß Gott das alles will, denn wenn du das alles durchleben und lange genug aushalten kannst, wirst du zwar nicht göttlich, kommst aber vielleicht Gott näher. Natürlich hat die Kirche das Recht zu äußern, was sie für den Aufbau ihres Glaubens für wünschenswert hält. Und bei manchen Menschen – sehr wenigen, vermute ich mal – funktioniert es auch. Doch die meisten von uns sind sehr viel stärker körperorientiert und auf die natürlichen Instinkte eingestimmt.

Es ist bedauerlich, daß das Zölibat auf diese Weise einen so negativen Beiklang bekommen hat. Die Religion besitzt kein Monopol auf die Praxis sexueller Enthaltsamkeit, aber sie hat erkannt, welche Macht sie sich durch Individuen aneignen kann, die bereit sind, diesen Diebstahl persönlicher Stärke zuzulassen. Die sexuelle Enthaltsamkeit, dieses potentiell so wertvolle Instrument, wird ignoriert, ist uns verlorengegangen, wird uns verheimlicht, so wie der Fund der Schriftrollen am Toten Meer, die nur einigen Auserwählten zugänglich gemacht werden. Die Sexualität wohnt uns inne, ist bereit zu fließen, sich in all ihrer Schönheit zu zeigen und sich in der Sprache der Dichtung und Gesänge zu artikulieren, aber sie wird vom Pfropfen der Angst und der Schuldgefühle zurückgehalten, wodurch die Gesellschaft um die volle Auswirkung des Einsatzes ganzheitlicher starker Personen betrogen wird, die sie zum Ausdruck bringen.

Eine weitverbreitete gesellschaftliche und religiöse Anschauung besagt, daß man sich Gott einzig durch die Selbstverleugnung nähern kann. Diese Einstellung kann zu schrecklichem Leiden führen, weil sowohl Männer als auch Frauen den Druck verspüren, immer nur zu geben, ihr ganzes Leben der Gemeinschaft oder der Kirche opfern zu müssen, ohne Zeit für die Familie oder ihre Selbsterneuerung zu haben. Wenn Sie Ihre ganze Existenz auf die Erfahrung von Verlust abstellen, führen Sie bald ein leeres und unerfülltes Dasein. Ich glaube, daß wir die uns umgebende Freude und Schönheit genießen sollten. Wir müssen unser Wohlsein aufrechterhalten, um starke und machtvolle Individuen werden zu können.

Wir müssen lernen, wie wir unsere Verluste ersetzen können. Und kurze Phasen der sexuellen Enthaltsamkeit bieten dazu die Möglichkeit.

Viele Menschen glauben, daß die sexuelle Abstinenz einen so schrecklichen Verlust bedeutet, daß sie sie nicht einmal in Erwägung ziehen können. Einer der vielen Übersetzer des *Yoga-Sutra* des Patanjali schreibt in seinem Kommentar: «Von allen im *yama-niyama* versammelten Tugenden scheint sie (die sexuelle Enthaltsamkeit) die abschreckendste zu sein, und viele ernsthafte Schüler, die zutiefst an der yogischen Philosophie interessiert sind, scheuen vor ihrer praktischen Anwendung zurück, weil sie befürchten, daß sie dann alle sexuellen Vergnügen aufgeben müssen.» Auch hier also wird Sex mit dem Schreckgespenst von Angst, Verlust und «Aufgeben» verbunden.

Die Angst vor Verlust grassiert in unserer Welt. «Nutze oder verlier es» war ein gängiger Spruch in den 50er und 60er Jahren. Ich habe so viele Leute kennengelernt, die sich – Männer und Frauen gleichermaßen – mit Problemen der Impotenz herumschlagen mußten, die alle auf Verlustängste zurückzuführen waren. Verlustangst kann nur dann eintreten, wenn Sie glauben, etwas zu besitzen, eine Einstellung, die eine Funktion des unechten Ego ist. Wenn Sie sich dessen bewußt werden können, wer und was Sie sind und welche Macht Sie haben, werden Sie nicht von Verlustängsten eingekerkert. Der spirituelle Körper versorgt Sie unbegrenzt mit allem, was Sie brauchen.

Sexualität im Yoga

Als eine in der Shivaismus-Tradition ausgebildete Yogini bin ich an der Verbindung mit meiner angeborenen spirituellen Natur interessiert. Ich denke, daß dieser herrliche ursprüngliche Schatz der Sexualität in uns nicht nur oft ignoriert, sondern faktisch ganz offen verachtet wird. Ich glaube fest daran,

Gott ist von nichts getrennt

Mitte der 6oer Jahre befand ich mich mit Rama im Yoga-Training im Dschungel oberhalb von Haridwar. Dort sah ich oft Menschen, die sich in dieses Gebiet zurückgezogen hatten, um harte Buße zu tun und sich zu «reinigen», um auf diese Weise zu Gott zu gelangen, so, als sei Gott von ihnen getrennt und erscheine ihnen nur im Leiden.

Unser Lager befand sich am Ufer des Ganges, und eines Tages beobachtete ich einen Mann, der in den eiskalten Fluß stieg, um zu beten, die Arme der Sonne entgegengestreckt. Zu meinem Entsetzen sah ich, daß Blut an seinen Beinen herunterlief. Zuerst dachte ich, er sei verletzt, und rannte auf ihn zu, um ihm zu helfen. Er zog sich hastig zurück und versuchte, über die Flußsteine stolpernd, mir zu entkommen. Ich blieb stehen, als ich merkte, daß er mich mied, weil ich eine Frau war, der Urquell der Sünde, der er zu entfliehen suchte. Er hatte seine Genitalien und seine Beine mit Dornenranken umwickelt, so daß auch nur die geringste Andeutung einer Erektion zum Bluten und zu Schmerzen führte. Ich erinnere mich, daß Rama lachte und sagte: «Diese Leute haben eine falsche Vorstellung. Gott ist von nichts getrennt.»

daß ein machtvolles Individuum der Religion und Gesellschaft sehr viel mehr von Nutzen ist als ein leidender und abhängiger Mensch.

Im Yoga, und ganz besonders in der Tradition des Kaschmir-Shivaismus, steht die Darstellung von Sexualität und sexueller Enthaltsamkeit im völligen Gegensatz zu der von Scham und Abscheu geprägten gesellschaftlichen Einstellung. Der Shivaismus betrachtet die Sexualität und das Zölibat als

Hauptquelle der Stärke einer Persönlichkeit. Die Sexualität, deren wunderbare Eigenschaften oft unrichtig dargestellt werden, kann nie verleugnet werden. Die yogische Philosophie kennt keine urteilende Beschreibung, nur die Wertschätzung und das Bewußtsein ihrer Kraft und Macht. Wenn sich Yoga-Schülerinnen und -Schüler dieser Kraft mehr und mehr bewußt werden, können sie allmählich ihre konstante Stärke und Stützkraft realisieren.

Einige Erfahrungen von Schülerinnen und Schülern

Lassen Sie mich Ihnen einige Erfahrungen meiner Schülerinnen und Schüler mit der sexuellen Enthaltsamkeit mitteilen. Eine jede ist einzigartig und verdient einen Kommentar.

Vor einigen Monaten hatte ich folgende immer wiederkehrende Vision. Kurz bevor ich einschlief, packte mich eine riesige männliche Hand im Schritt, als wäre mein Körper ein Koffer. Ich hatte das Gefühl, über dem Bett zu schweben, wobei die Hüften höher lagen als der Rest des Körpers, und erst dann schlief ich ein. Das passierte mehrmals in der Woche. Mir kam es immer mehr so vor, als sei mein Leben in diesem Bereich außer Kontrolle geraten.
Etwa eine Woche vor dieser Unterrichtsstunde hatte ich entschieden, daß ich nicht mehr Yoga praktizieren oder irgend etwas anderes weiterverfolgen konnte, solange ich mich nicht dieses übermächtigen Verlangens, mit einem männlichen Gegenpart zusammenzusein, angenommen hatte. Dann mußte ich feststellen, daß es in Ihrem Unterricht – worum sonst – um sexuelle Enthaltsamkeit ging. Ich wurde hysterisch. Ich weinte. Und das taten auch alle Freundinnen, denen ich das erzählte, als sie die Ironie der Situation begriffen.
Ich finde, daß mein Leben ohne dieses Spiel zwischen den

Geschlechtern relativ wertlos ist. Ich meine nicht nur den körperlichen Sex, sondern auch die mentale und emotionale Verbundenheit und die Gespräche und den Spaß. Vor allem ist da dieses Bild von einem perfekten Paar, das in absoluter Harmonie vereint ist.

Diese einfache Vision von perfekter Harmonie zwischen dem Männlichen und dem Weiblichen entspricht genau der Yoga-Erfahrung der Vereinigung des weiblichen Prinzips der Handlung mit dem männlichen Prinzip der Unterstützung. Diese Einswerdung, kosmischer Körper oder Gottesbewußtsein genannt, kann nur in Ihrem Innern zustande kommen. Gleich, ob Sie ein Mann oder eine Frau sind, das Ihnen vor Augen stehende Bild einer vollkommen harmonischen Liebesbeziehung wird von Ihrer eigenen Phantasie erschaffen.

Die Phantasie wurde nie als ein wichtiges Werkzeug für unser Leben angesehen. Tatsache ist, daß Menschen oft dafür gescholten werden, wenn ihre Phantasie sie von der Lebensrealität zu entfernen scheint. Das ethische Verhalten kann Sie vor dieser Form potentiell zerstörerischer Phantasie bewahren.

Nimmt die Phantasie keine Gestalt an und bleibt sie in Ihrem Geist verborgen, kann sie nie mit anderen geteilt werden. Es verlangt Mut, ganz man selbst zu sein. Wenn Sie Ihren Phantasien eine Gestalt geben, zeigen Sie der anderen Person, wer Sie wirklich sind, nicht nur, wie Sie aussehen. Mit anderen Worten, Ihre tiefsten Gefühle in bezug auf die Liebe können sich leicht in Ihrer Persönlichkeit entfalten. Das schafft eine ganz andere Art von Beziehung als die, die sich auf eine impulsive körperliche Anziehung gründet und dann oft damit endet, daß beide Partner merken, daß sie den anderen im Grunde gar nicht kennen. Wenn Sie Ihren Phantasien auf konstruktive Weise Gestalt verleihen, bedeutet das, daß Sie Ihr ganzheitliches Selbst sein können; Sie sind imstande, Ihre Phantasien gefahrlos auszuagieren, angeleitet von der ethischen Praxis kurzer Phasen sexueller Enthaltsamkeit.

Brauchen Sie also nur eine einzige Beziehung? Können Sie sich sehen, wie Sie herumwandern, sich jedermann anschauen und in sexueller Hinsicht außerordentlich glücklich sind? Wenn Sie mit jemandem schlafen, gut. Wenn nicht, auch gut. So verhielt sich Krishna (siehe S. 126f.). Er hatte keine Angst, irgend etwas zu verlieren, weil er sich vollkommen dessen bewußt war, daß die Liebe da war, gleich, ob mit seiner oder ohne seine Beteiligung. Das ist eine völlig andere Anschauung als die des «eines Tages wird mein Prinz daherkommen». Anders ausgedrückt, Sie sind nicht davon abhängig, daß Ihnen das Glück aus äußeren Quellen zufließt.

Versuchen Sie es mit dem Praktizieren von sexueller Enthaltsamkeit. Sie werden für Gefühle, die Sie unter Umständen bislang ignoriert haben, sehr sensibel werden. Und Sie werden erkennen, daß diese mächtigen Empfindungen nicht von jemand anderem abhängig sind. Wenn Sie immer mehr mit der Quelle Ihrer Gefühle, Ihrem spirituellen Körper, verbunden sind und diesen ethischen Richtlinien folgen, werden Sie sich schließlich als außerordentlich machtvoll erleben – und ich bezweifle, daß Sie Ihre Sexualität oder Ihre Macht irgend jemandem beweisen müssen.

Hinter der Praxis der sexuellen Enthaltsamkeit steht der Gedanke, daß Sie sich nicht im sexuellen Notstand befinden, sondern vielmehr die Beobachtung der Sexualität so sehr genießen, daß das physische Ausagieren zur zweitrangigen Angelegenheit wird. Das bedarf der Subtilität. Wenn Sie zu einer Party gehen, können Sie sich an der Sexualität aller Anwesenden erfreuen, ohne daß es zu einem körperlichen Involviertsein Ihrer oder irgendeiner anderen Person kommt. Sie können ganz einfach die Schönheit und Kraft der sexuellen Energie genießen.

Nachdem ich in einer Liebesbeziehung die sexuellen Aktivitäten wiederaufgenommen hatte, stellte ich fest, daß ich Sex sehr viel mehr zu schätzen vermochte, obgleich mein Bedürfnis danach geringer geworden war. Mir scheint, daß ich nun weniger die Tendenz habe, mich bei einer sexuellen Begegnung zu verlieren. Ich glaube, daß dies ein Nebenprodukt der sexuellen Enthaltsamkeit ist.

Absolut nicht! Denken Sie, wenn Sie eine großartige Liebesaffäre haben, ständig darüber nach, wie Sie sich dabei fühlen? Wenn ja, dann kann man das nicht als eine Liebesaffäre bezeichnen; Sie sollten es eine Egoaffäre nennen. In einer echten Liebesaffäre denken Sie an die andere Person. Sie denken überhaupt nicht mehr an sich selbst. Das macht ja gerade eine Liebesaffäre zu etwas so Großartigem. Sie denken bei diesem völligen Genießen der Vereinigung überhaupt nicht mehr daran, was Sie brauchen und was Sie tun. Offensichtlich ist die Sichtweise dieses Schülers nicht korrekt, denn die Praxis der sexuellen Enthaltsamkeit läßt die ganz und gar umfassende Freude an den Handlungen der anderen Person zu, ohne daß man sich dabei selbst verliert. Daraus läßt sich die Schlußfolgerung ziehen, daß die Liebesbeziehung dieser Person offensichtlich nicht befriedigend ist. Woran denken Sie, wenn Sie Liebe machen?

Als meine Frau schwanger war, hatten wir einige Monate lang keinen Sex, weil der Arzt davon abgeraten hatte; es war also eine Art «erzwungene» sexuelle Enthaltsamkeit. Ich stellte fest, daß ich von Wogen sexuellen Verlangens erfaßt wurde, was mir zunächst eine Menge Kummer bereitete. Eines Abends saß ich vor dem Fernseher, als mich ein sexuelles Verlangen überkam. Es war so überwältigend, daß ich es kaum aushalten konnte. Und dann wurde mir klar, daß ich im Grunde gar nichts zu unternehmen brauchte. Zum erstenmal in meinem Leben saß ich einfach da und genoß das Gefühl. Es war die unglaublichste Erfahrung, die ich je hatte.

Als das sexuelle Verlangen diesen Mann überkam, konnte er es beobachten und genießen, ohne aktiv darauf zu reagieren.

Er hatte kein Gefühl von Verlust, Entbehrung, Schmerz oder forderndem Anspruch – sondern einfach nur eine erfreuliche Erfahrung.

Meine Erfahrungen mit sexueller Enthaltsamkeit

Meine sexuelle Aufklärung bestand einzig in dem Spruch meiner Mutter: «Sex ist eine große Sache.» Niemand redete mit mir über die Liebe, aber sie blühte in meinem Innern auf, und so träumte ich weiter. Ich nahm selbstverständlich an, daß Liebe und Sex mein wären, sobald ich jemanden heiratete. Vielleicht verließ ich mein Elternhaus, um die Liebe zu finden. Ich war jung, erst 18, als ich heiratete.

Womöglich würde ich mich immer noch in einem Wirbelwind von Bedürfnissen und mich umgebender Einsamkeit bewegen, doch als ich Mitte Zwanzig war, verließ mich mein Mann. Ich war eine junge Mutter mit zwei Söhnen. Es war nicht so, daß mein Mann auszog; er verließ mich, indem er sich anderen Frauen zuwandte. Es war das immer gleiche alte amerikanische Leiden der Doppelmoral: Fühle auf die eine, handle auf die andere Weise. Wir taten immer noch so, als wären wir ein Paar, gingen zu Partys, unternahmen das gleiche wie zuvor, aber es war sehr schwierig, diese äußere Fassade aufrechtzuerhalten.

Ich wußte nicht, was ich tun sollte. Ich sah mich mit schwierigen Fragen konfrontiert: «Was ist mit den Kindern? Kann ich es allein schaffen? Ich hatte noch nie einen Job. Ich habe keine Ausbildung. Wer würde mich einstellen? Vielleicht legt sich das Ganze wieder» – und so weiter und so weiter.

Mir wurde klar, daß ich eine Wahl hatte. Ich konnte selbstzerstörerisch werden, zu Alkohol und Drogen greifen, um mein gebrochenes Herz zum Schweigen zu bringen, oder ich konnte mich auf etwas verlegen, das mir die Stärke gab, diese Situation durchzustehen und meine Kinder und mich selbst vor den Konsequenzen meines Grams und meines Schmerzes zu beschützen. Mein Kummer war so stark, so überwältigend, daß er uns alle hätte zerstören können.

Ich hatte zu dieser Zeit bereits fünf oder sechs Jahre Yoga praktiziert. Man konnte mich zwar kaum eine Expertin nennen, aber mir fielen doch unvermeidlich all die Hinweise auf die sexuelle Enthaltsamkeit in den Büchern, die ich las, auf. Ich hatte nie das Gefühl, daß dieser Aspekt des Yoga etwas für mich war. Schließlich war ich Amerikanerin und glaubte, daß es keinerlei Verbindungen zwischen all meinen Bedürfnissen und Beziehungen und diesen alten Texten aus der Welt des Ostens gab. Tatsache aber war, daß ich mich nicht nur mit meinem Kummer darüber, daß sich mein Partner von mir abgewandt hatte, sondern auch mit meinen sexuellen Bedürfnissen konfrontiert sah. Ich erkannte, daß ich auch hier wieder zwei Optionen hatte: zu leiden und selbstzerstörerisch zu werden oder meine Erfahrung in etwas Sinnvolles und Bedeutsames zu verwandeln.

Ich mußte etwas tun, weil mich meine ständigen inneren Dialoge verfolgten. Wann immer ich versuchte, davon weg und innerlich zur Ruhe zu kommen, wurden sie nur um so heftiger. Ich war eine komplette Versagerin. Was mich rettete, war die Tatsache, daß ich nicht glauben konnte, daß dies wirklich Liebe war und daß mir die Liebe solche Schmerzen bereiten konnte. Mein ganzes Leben lang hatte ich davon geträumt, zu lieben und geliebt zu werden. Ich weigerte mich, die Liebe für meine Lage verantwortlich zu machen. Tatsächlich rettete mich meine angeborene innere Vorstellung von der Liebe, weil sie Gestalt angenommen hatte und sich weigerte, zu sterben.

Statt weiter zu leiden, entschloß ich mich, es mit der Transformierung zu versuchen.

Mir wurde klar, daß ich im Grunde die Liebe überhaupt nicht kannte oder verstand. Ich hatte gedacht, daß ich es täte, aber offensichtlich irrte ich mich. Es war nicht ihre Schuld, daß meine Ehe in die Brüche ging. Ich beschloß, die Liebe kennenzulernen, statt ihr die Schuld zu geben oder sie zu verfluchen. Ich begann, ihr Prinzip in meiner Phantasie auf eine Weise zu erforschen, die es der Gestalt der Liebe möglich machte, sich von der emotionalen, egoistischen Form, die ich ihr gegeben hatte, abzukoppeln und, frei von Manipulation, ihre eigene Gestalt anzunehmen – eine großartige, goldene Gestalt. Mit anderen Worten, ich gab die Liebe als mein persönliches Eigentum auf.

Ich wollte auf meine Situation nicht wie in den Fernsehmelodramen reagieren – «Na gut, wenn du mich nicht liebst, dann such ich mir einen anderen, der es tut!» – und damit einfach nur das alte gängige Rezept für gebrochene Herzen anwenden. Ich beschloß, mich auf keine der altbekannten Weisen auf Sex und Liebe einzulassen, weder mental noch physisch, und statt dessen den Versuch zu machen, die Liebe so kennenzulernen, so zu fühlen und zu erkennen, wie ich es noch nie zuvor getan hatte. Ich fing an, sexuelle Enthaltsamkeit zu praktizieren. Niemand erfuhr davon. Es blieb eine völlig private Angelegenheit.

Ich hielt an den Ritualen und routinemäßigen Prozeduren meines Lebens fest, aber ich ging anders an sie heran. Zuerst war ich schrecklich einsam. Ich sehnte mich nach Sex, doch die sich bietenden Möglichkeiten gefielen mir nicht. Also ging ich als beginnende Praktizierende der sexuellen Enthaltsamkeit zu Partys, und allmählich war ich imstande, mich an der Schönheit der Sexualität in allem, was mich umgab, zu erfreuen. Die Blicke, die Kleidung, das Essen, das Wechselspiel in den Unterhaltungen, ja sogar die Körperbewegungen wurden mir zum Unterricht in neuen Herangehensweisen an die Liebe. Ich versuchte, Freude in der beobachteten Liebe finden zu lernen. Ich versuchte, sie in mir selbst zu fühlen.

Ich führte ein langes Gespräch mit mir. Wer, so fragte ich mich, ist die Person, die für die einzige sexuelle (Liebes-)-Beziehung in meinem Leben verantwortlich ist? Wen kann ich, wenn ich so einsam bin, um Hilfe bitten? Ich erkannte, daß es allein in meiner Verantwortung lag, daß ich die Liebe in meinem Leben kennenlernte. Eine Abhängigkeit von irgend jemandem half da gar nichts. Die Liebe existierte, damit man höchste Freude an ihr fand, und konnte nicht eingefordert werden. Sie war immer da, und es lag an mir, war ausschließlich meine Wahl, mich an ihr zu erfreuen. Ich war allein mit der Liebe.

Mir wurde klar, daß ich keinen Besitzanteil an den Fortpflanzungsplänen der Natur hatte. Ich war innerhalb dieses Entwurfs nur einfaches Werkzeug. Ich hatte versucht, die Liebe mein eigen zu nennen, ihre Schönheit zu genießen, so, wie es mir gefiel, und mich der Phantasie hinzugeben, daß sie mir immer gehörte und ich ein Recht auf sie hätte. Das stimmte auch. Mein Fehler bestand in der Forderung, daß mir das alles von einer anderen Person geliefert werden sollte, und in dem Glauben, daß es mir je nach Lust und Laune eines anderen entzogen werden, ich also die Liebe jederzeit verlieren konnte. Ich mußte mir sagen: «Warte mal einen Augenblick. Liebe kann nicht verlorengehen.» Statt meine langen, schmerzlichen inneren Dialoge über meine Traurigkeit oder meinen Verlust fortzusetzen, fing ich an, mit der Liebe als einem gesonderten Wesen eine Unterhaltung zu führen.

Ich begann in allem nach ihr Ausschau zu halten. Ich war eine Beobachterin der Sexualität und des Spiels der Liebe, und ich sah, daß sie die unsichtbare Stütze in allem ist. Die Liebe verlangt nie, daß man von irgend etwas Besitz ergreift. Sie existiert mit all den verschiedenen Manipulationen von unserer Seite und ohne sie. Aus ihr besteht die ganze Show, und sie weiß es. Und die sexuelle Enthaltsamkeit lädt Sie ein, ihre Anwesenheit zu genießen.

8

Ethisches Prinzip Nr. 5
Nichtbesitzergreifen

Vereinfachen Sie die Dinge, die Sie wollen und brauchen

In einem der von einem Gelehrten namens Aranya verfaßten Kommentare zum *Yoga-Sutra* Patanjalis steht über das Nichtbesitzergreifen (in Sanskrit *aparigraha*): «Es macht Mühe, Annehmlichkeiten zu erwerben, Mühe, sie sich zu erhalten und es macht unglücklich, wenn sie nicht mehr vorhanden sind.» Ich führe hier dieses Zitat an, weil ich mich zu Beginn dieses Kapitels mit den weitverbreiteten Einstellungen und irreführenden Äußerungen in bezug auf das Besitztum auseinandersetzen möchte, die so viele Diskussionen über dieses Thema beherrschen.

Der Yoga betrachtet den Besitz für sich genommen nicht als Problem; die Schwierigkeiten entstehen aus unserer Haltung ihm gegenüber – mit anderen Worten, durch das Gefühl, daß uns diese Dinge gehören.

Die meisten religiösen Gemeinschaften sehen die Fähigkeit, alle materielle Habe aufgeben zu können, als großes Verdienst an, weil uns das, so wird behauptet, Gott näher bringt. Die

Traditionen des Ostens respektieren jede Person, die eine orangefarbene Robe trägt und eine Almosenschale bei sich hat, weil man davon ausgeht, daß sie sich auf der spirituellen Suche befindet; und deshalb verdient und erhält ein solcher Mensch Unterstützung durch die Gesellschaft. Viele Leute mißbrauchen diese Einstellung. In den frühen 70er Jahren traf ich einen amerikanischen Jugendlichen, der sich eine orangefarbene Robe angezogen hatte und das so begründete: «Jeder nimmt sich deiner an, wenn du das trägst. Das Leben ist viel leichter auf diese Weise.»

In der subtilen Tradition des Kaschmir-Shivaismus sind zur Demonstration des ethischen Prinzips des Nichtbesitzergreifens keine besonderen Roben nötig. Der Schüler oder die Schülerin arbeitet daran, jegliches Eigentumsgefühl in bezug auf materielle Dinge und nicht unbedingt die Dinge selbst aufzugeben. (Ich werde etwas später in diesem Kapitel auf das Problem des Besitzes von subtileren Dingen, wie zum Beispiel Beziehungen und Macht, zu sprechen kommen.) Materielle Dinge werden als Gaben Gottes respektiert, weshalb die Aspiranten sie nie entwürdigen, sondern sich eine höchste Wertschätzung all dieser Dinge bewahren und sie als eine Leihgabe Gottes betrachten, die ihnen auf ihrem spirituellen Weg helfen soll. Wenn Sie eine solche Einstellung praktizieren, werden Sie weder zum Verschwender noch zum Geizhals. Sie kümmern sich um Ihr Geld und Ihren Besitz, ohne viel Zeit auf ein Nachdenken darüber zu verschwenden, wie Sie das alles schützen und vermehren können, und Sie haben auch keine Angst, es zu verlieren. Wenn Sie das Nichtbesitzergreifen praktizieren, versuchen Sie, sich ungeachtet Ihrer Besitztümer selbst treu zu bleiben.

Eine derartige Haltung zeigt sich sehr deutlich in der Handlungsweise von Lakshmanjoos Großmeister Rama und seinem Meister Mahatabkak, die beide das Nichtbesitzergreifen praktizierten und nach Aussage Lakshmanjoos Gottesbewußtsein erlangt haben.

LAKSHMANJOO: Das Wort *aparigraha* setzt sich aus zwei Teilen zusammen: «a» bedeutet Aufgabe, Abtretung, Verzicht; «parigraha» bedeutet Ansammlung, Anhäufung.

ALICE: Sollte ein Schüler das Nichtbesitzergreifen durch das Weggeben von Dingen praktizieren, oder wäre es besser, sich auf die Entwicklung einer anderen Haltung gegenüber den Dingen zu konzentrieren?

LAKSHMANJOO: Es dürfen keine Gedanken auf diese Dinge gerichtet werden.

ALICE: Sollte er die Dinge, wenn er von ihnen Gebrauch machen muß, behalten? Wenn zum Beispiel das Haus voller Kinderspielzeug ist, sollte er das Spielzeug behalten? Wenn er Essensgeschirr hat, sollte er es behalten?

LAKSHMANJOO: Nicht alles Geschirr. Wir sind wieder auf denselben Punkt gekommen. Mein Großmeister (Rama) hatte keine *parigraha*. Er praktizierte *aparigraha*. Er hatte nur eine Robe (*faran*), das ist alles. Wenn ihm Dinge geschenkt wurden, tat er sie alle in einen Schrank (*almira*). Er berührte sie nicht, er gab sie nicht weg, er ignorierte sie völlig, so, als gebe es sie überhaupt nicht.

ALICE: Denn wenn er sie weggegeben hätte, hätte das eine gewisse Verbindung mit dem Wunsch des Empfängers gezeigt. Und das hätte ihn bestürzt?

LAKSHMANJOO: Ja. Sein Essen kam auch von außen. Er kochte nicht; er hatte keine Küche.

ALICE: Er aß also, was immer ihm gegeben wurde?

LAKSHMANJOO: Was immer ihm von jemandem gebracht wurde. Jeden Morgen um die Zeit des Sonnenaufgangs nahm er sich davon, was er wollte, das ist alles. Er machte sich keine Sorgen wegen der nächsten Mahlzeit. Mein Meister (Mahatabkak) war da ganz anders; er genoß den Luxus.

So kann also auch, wie Lakshmanjoo es erlebt hat, ein großer Meister den Luxus genießen. Der Unterschied liegt darin, wie die betreffende Person auf diese Dinge emotional reagiert. Wir können alles genießen, was die Welt uns zu bieten hat, wenn uns dabei ständig bewußt bleibt: «Dies ist nicht mein; es wurde mir geliehen, damit ich mich daran erfreue.» Eine derartige Aussage entspringt dem echten Ego des spirituellen Körpers. Dem unechten Ego würde es nicht einfallen, so etwas zu sagen, da es glaubt, daß es materielle Dinge besitzt, und ihm nicht klar ist, woher sie in Wirklichkeit kommen.

ALICE: Wird jemand, der das Nichtbesitzergreifen praktiziert, sehr glücklich?

LAKSHMANJOO: Er wird sehr glücklich und hat überhaupt keine Sorgen.

ALICE: Es macht nicht unglücklich, wenn er alle diese Dinge aufgibt, weil sie ihm nie gehörten, stimmt das?

LAKSHMANJOO: Er besitzt sie nicht – er genießt sie nur, solange er hier ist.

Wie Sie mit dem Praktizieren von Nichtbesitzergreifen beginnen können

Untersuchen Sie Ihre Einstellung gegenüber materiellen Dingen. Es ist nicht leicht, mit materiellen Dingen zu leben und das ethische Prinzip des Nichtbesitzergreifens zu praktizieren. Ich schlage vor, daß Sie mit der Praxis beginnen, indem Sie ein paar schöne Dinge behalten, an denen Sie Freude haben, aber nicht Schränke und Kisten mit Sachen vollstopfen, die Sie nicht benützen oder brauchen. Das bedeutet nicht, daß Sie über großen Reichtum verfügen müssen. Ich versuche, meine Wohnung so angenehm und attraktiv wie möglich zu gestalten, weil ich in einer solchen Atmosphäre glücklich bin.

Als ich mit Rama im Dschungel lebte, bestand unser Quartier aus einer Grashütte, deren Boden und Wände mit verflüssigtem Kuhdung überzogen waren. Zweimal in der Woche kam eine nette kleine Dame, um Boden und Wände frisch damit zu bestreichen. Und während die Tünche trocknete, verzierte sie den ganzen Raum mit Ornamenten und Bildern, die ein verschlungenes Muster ergaben. Das Ergebnis war nicht nur wunderschön anzusehen, sondern es roch auch frisch und sauber wie frisch gemähtes Heu. Mein einziges Möbelstück war ein *charpai*, eine Bettstelle, und ich verteilte überall im Raum Blumen in Wassergläsern. Ich war dort glücklich.

Alles hängt davon ab, wo Sie sich befinden und womit Sie arbeiten können. Beim Nichtbesitzergreifen geht es hauptsächlich darum, keine Dinge anzuhäufen, die man nicht braucht oder benutzt. Sich um zusätzliche Habseligkeiten kümmern zu müssen erfordert Energie – Energie, die Sie auf bessere und produktivere Weise einsetzen können. Warum nicht etwas, das Sie ein Jahr und länger nicht benutzt haben, jemandem geben, der es brauchen und damit Ihre Lebensumstände vereinfachen kann? Machen Sie Ihr Wohnquartier zu einem lichten und freien Raum.

Verfolgen Sie Ihren inneren Dialog. Die mentale Praxis des Nichtbesitzergreifens ist ein bißchen komplizierter. Der Kernpunkt ist, daß Sie Ihr ständiges inneres Gespräch über die Vergangenheit aufgeben. Lassen Sie die gehorteten Erfahrungen der Vergangenheit sachte los; versuchen Sie nicht, an ihnen festzuhalten. Das ist eine Art von Besitzergreifen, die Sie langsamer werden läßt und die zu einer Bürde wird. Schleppen Sie sie nicht mit sich herum. Versuchen Sie, im Augenblick zu leben, frei und unbeschwert, unbehindert durch das, was vorher war. Freuen Sie sich an allem Spontanen in Ihrem Alltagsleben, und lernen Sie, sich mit diesen neuen Erfahrungen wohl zu fühlen. Genießen Sie das Unerwartete. Beobachten Sie Ihre Gedankenmuster so, als würden Sie Ihre Schränke entrümpeln und säubern. Wenn Ihnen ein Gedanke, eine Idee oder eine Einstellung über ein Jahr nicht mehr dienlich war, dann werden Sie sie los; lassen Sie sie gehen.

Verlustangst

Die meisten von uns verbringen viel Zeit mit der Sorge um den Erwerb von Dingen und mit noch mehr Sorgen darüber, wie sie sie bewahren und schützen können. Diese ganze mit dem Besitz verbundene Angst verursacht viel Streß. Können Sie die Verbindung mit der Verlustangst erkennen, über die wir im Verlauf dieses Buches immer wieder gesprochen haben? Es läßt sich leicht einsehen, daß mit der Praxis des Nichtbesitzergreifens diese Verlustangst ausgelöscht wird. Wenn Sie nichts besitzen, können Sie auch nichts verlieren. Die sorgsame, ständige Beobachtung wird Ihnen zeigen, daß Sie durch Ihren spirituellen Körper mit allen Dingen versehen werden.

Für die meisten von uns ist Verlust gleichbedeutend mit Verletzlichsein, Gedemütigtwerden und Impotenz. Doch jene, die im Nichtbesitzergreifen fest gegründet sind, haben, obgleich sie anscheinend nichts haben, etwas sehr viel Wertvolleres und Machtvolleres als gewöhnliche materielle Besitztümer. Angehörige religiöser Gemeinschaften tragen zum Beispiel im allgemeinen schlichte Kleidung und leben ein einfaches Leben, was zeigt, daß sie ihre Aufmerksamkeit auf spirituelle statt auf physische Belange richten. Darin ist impliziert, daß wahre Macht keiner äußerlichen Zurschaustellung bedarf.

Auch einige Aspekte unserer Alltagskultur zeugen von einer solchen Einstellung. Denken Sie an den beliebten Spruch «weniger ist mehr», der sich auf die Erfahrung bezieht, daß Einfachheit dynamischer ist als Wirrwarr. Ein Kochkunsttrend in den 8oer Jahren basierte auf der Erkenntnis, daß ein protzig angerichtetes, kalorienreiches Essen Körper und Geist weniger anspricht als ein paar nahrhafte, kunstvoll arrangierte Happen. Und wie viele Teenager sind stolz darauf, in alten, klapprigen Autos mit auf Touren gebrachten Motoren herumzufahren? In all diesen Fällen sind keine Gedanken an Entbehrung oder Verlust im Spiel, ganz im Gegenteil: Die Vorzüge leiten sich von etwas anderem als der äußeren Erscheinung ab.

Eine Lektion über Besitz

Die Einstellung, daß wir nie wirklich etwas besitzen können – nicht einmal unseren Körper –, wurde mir sehr
eindringlich durch eine Geschichte veranschaulicht, die
mir Lakshmanjoo einmal erzählte, als wir über das
Nichtstehlen sprachen. Vor einigen Jahren, so berichtete
er, schlenderte er über eine Wiese in der Nähe seines
Hauses und traf auf einen muslimischen Nachbarn. Da er
wußte, daß gerade ein islamischer Feiertag war, fragte er
ihn: «Wieviel Fleisch hast du für den heutigen Festtag
gekauft?»

«Ich habe kein Fleisch gekauft», antwortete dieser.
«Ich will heute Menschenfleisch.»

Lakshmanjoo sagte: «Auf der anderen Seite des Sees
lebt ein großer muslimischer Heiliger; geh zu ihm und
bitte um Speise.»

«Nein», erwiderte der Nachbar, «er ist zu alt. Ich
möchte frisches, junges Fleisch von einem Heiligen wie
dir.»

Daraufhin breitete Lakshmanjoo seine Arme aus und
sagte: «Dann nimm dir von meinem Körper.» Da entbot
ihm der Mann ehrerbietig seinen Gruß und ging davon.

Der Gedanke, daß uns nichts gehört – nicht einmal
unser eigener Körper –, ist schwer zu begreifen, doch
wenn Sie die ethischen Prinzipien weiterhin praktizieren,
werden Sie allmählich erkennen, daß das Bewußtsein weit
über die Grenzen des Körpers hinausreicht.

Auf der ganzen Welt finden wir Mythen und Geschichten von Menschen, die in Lumpen gekleidet und scheinbar
mittellos am Königshof auftauchen. Sie werden wegen ihrer
Weisheit und Macht hoch geachtet, die das Ergebnis ihrer
spirituellen Suche sind. Und diese Macht übersteigt die aller

materiellen Güter, die dem König und seinem Hof so lieb
sind.

Daher steht in den meisten asiatischen Ländern der Hof des
Königs dem heiligen Mann, der eine Almosenschale bei sich

Der fehlerhafte Diamant

Ich entsinne mich, daß mir Rama von einem Besuch erzählte, den er einem Prinzen in der südindischen Stadt
Poona abstattete. Dessen Familie hatte unter Mißernten
zu leiden, und ihr Vermögen schwand dahin. Der Prinz
zog, während er mit Rama gerade über eine Brücke fuhr,
einen riesigen Diamanten aus seiner Manteltasche. Er war
faustgroß und hatte in seiner Mitte eine wunderschöne
Darstellung der auf ihrem Tiger reitenden Göttin Durga
eingraviert.

Der Prinz erklärte: «Dieser hier ist seit Generationen
im Besitz unserer Familie, und ich habe ihn jeden Tag bei
mir, um zu ihm zu beten.»

Rama nahm dem Prinzen den Diamanten aus der
Hand und sagte: «Aber er ist nicht gut. Er hat einen
Sprung.» Und er warf ihn in den Fluß.

Der Prinz war über den Verlust des Juwels schrecklich
aufgebracht und versuchte sogar, aus dem Auto zu klet-
tern, um es zurückzubekommen – aber es war verloren.
Rama tröstete ihn, und nach einer Weile nahm der Wohl-
stand der Familie wieder zu. Da der Diamant einen
Sprung hatte und somit unvollkommen war, waren auch
die ihm dargebrachten Gebete unvollkommen. Ein Gebet
verdient die allerbeste Gabe. Ich erinnere mich immer an
diese Geschichte im Zusammenhang mit dem Nichtbesitzergreifen. Rama war es völlig gleichgültig, daß es sich
um einen riesigen Diamanten handelte. Ihn kümmerte
nur, ob es mit der Gabe für Gott seine Richtigkeit hatte.

> Man spricht vom Yogi, dem ein Klumpen Erde,
> ein Stein und ein Stück Gold gleich gelten,
> als von einer gottverwirklichten Seele.
> *Bhagavadgita*

hat, immer offen. Damit verbindet sich die Überzeugung, daß seine spirituelle Kraft machtvoller ist als das Königreich selbst. In der Tat steht der heilige Mann für die Quelle aller Macht, und alle Herrscher verneigen sich vor dieser Präsenz. Der Bescheidenheit und Demut des heiligen Mannes, der scheinbar nichts besitzt, wird eine Achtung erwiesen, wie man sie jenem zuteil werden läßt, der alles besitzt. Gandhi, der einfache Gewänder aus selbstgesponnenem Garn und Riemensandalen trug, lebte dieses Prinzip.

Lakshmanjoo erzählte mir von einem Heiligen in Kaschmir, der dafür berühmt war, daß er nichts besaß. Er hatte nur ein Lendentuch und einen Baumwollschal. Wenn er jemanden sah, der einen aus *pashmina* gewebten Schal trug (der wertvollste und teuerste Stoff aus der weichsten Wolle der Kaschmirziege, die hoch oben im Himalaya lebt), bat er ihn, ihm diesen Schal zu geben, und warf seinen Baumwollschal weg. Wenn er dann ein paar Tage später jemanden mit einem Stück Sackleinwand sah, bat er irgend jemanden, ihm das zu kaufen, und warf dafür seinen Pashminaschal weg. Für ihn war alles ein und dasselbe; es war alles ein Geschenk Gottes.

Andere Eigentumsaspekte

Das Problem des Eigentums kann auch bei subtileren «Besitztümern» wie zum Beispiel bei Beziehungen beobachtet werden. Lakshmanjoo sagte mir, daß wir, wenn wir wirklich an jemandem hängen, der gestorben ist, mit ihm sterben möchten. Das würde bedeuten, daß wir unser Leben aufgeben, ohne je das ganze in unserer Reichweite befindliche Spektrum von Macht und Kraft kennengelernt zu haben. Wir würden unser Potential ganz und gar opfern. Das wäre selbstzerstörerisch und widerspräche dem Prinzip des Nichtschädigens.

Ähnlich habe ich viele Paare erlebt, die ihre Beziehungen hamstergleich horteten und viel Zeit mit Ängsten verbrachten, was wohl passieren würde, wenn sie sich trennen würden, statt die Zeit zu nutzen und das Glück des Augenblicks zu genießen. Eine auf dem unechten Ego beruhende besitzergreifende Einstellung bedeutet, daß Sie sich immer Sorgen machen, etwas zu verlieren, das Sie gar nicht besitzen können. So wie der König in den Geschichten, die sich in Joseph Campbells wundervollen Büchern über die großen Mythen finden, sind Sie an einen Baum gekettet, eine Keule in der Hand und ständig auf der Hut, ohne je ruhen oder schlafen zu können, damit nicht jemand kommt und Ihnen Ihre Position wegschnappt. Eine solche Einstellung bedeutet, daß Sie vom physischen Körper erwarten, daß er für alles die Verantwortung übernimmt, was seiner Obhut unterliegt; Sie lassen nicht zu, daß der spirituelle Körper auf den Plan tritt. Der König, auf der Hut vor jedem Neuankömmling, könnte den spirituellen Körper nicht erkennen, wenn er in Erscheinung träte.

Das unechte Ego des physischen Körpers fürchtet den Tod, doch der Tod des physischen Körpers ist, wie die *Bhagavadgita* sagt, ein unvermeidliches Ereignis. Warum nicht alle Mühe darauf verwenden, den Teil von sich kennenzulernen, der nie stirbt? Der spirituelle Körper kennt keinen Tod, und wenn Sie Ihren spirituellen Körper kennen, wissen Sie das auch.

Ergebnisse der Praxis des Nichtbesitzergreifens

Im *Yoga-Sutra* des Patanjali steht zu lesen, daß derjenige, der im Nichtbesitzergreifen fest gegründet ist, das Wesen des Lebens erkennt und von drei Leben Kenntnis hat: dem gerade vergangenen, dem gegenwärtigen und dem künftigen Leben. Das mag merkwürdig klingen, aber stellen Sie sich vor, was Sie für ein Leben führen würden, wenn Sie über diese andere Lebensperspektive verfügten. Ihnen wäre klar, daß es nicht nur dieses Leben gibt und daß Sie für das Erreichen Ihrer Ziele viel mehr Zeit haben. Dieses Wissen würde zudem Ihre Angst vor dem Tod mindern.

Sie könnten auch wertvolle Informationen bekommen, die Auswirkungen auf Ihr gegenwärtiges Leben hätten. Wenn Sie zum Beispiel auf diese Weise erführen, daß Sie in Ihrem vorangegangenen Leben ein Musiker waren, ließe Sie das Ihre gegenwärtige Liebe zur Musik besser verstehen und Sie könnten sogar lernen, sich diese Erfahrungen der Vergangenheit für die Entwicklung Ihrer Fähigkeiten zunutze zu machen.

ALICE: Es scheint, daß ein Mensch, der an *aparigraha* arbeitet und sich darin fest begründet, Großzügigkeit und Furchtlosigkeit erwirbt. Gibt es noch andere Eigenschaften, die auf einen Fortschritt in *aparigraha* verweisen?

LAKSHMANJOO: Ja, Fortschritt. Er kommt in seiner spirituellen Entwicklung sehr rasch und unfehlbar voran. Und er hat ein sich auf drei Leben erstreckendes klares Erinnerungsvermögen.

ALICE: Er kann also die Zukunft und die Gegenwart sehen.

LAKSHMANJOO: Und die Vergangenheit.

ALICE: Und das ist sehr wertvoll?

LAKSHMANJOO: Ja. Sein sich auf drei Leben erstreckendes Erinnerungsvermögen ist klar, weil es nicht durch Besitztümer blockiert ist.

ALICE: Er klammert sich also nicht an das eine und wird blind für das andere?

LAKSHMANJOO: Ja. Er kann sehen, was sich in meinem vergangenen Leben abspielt, was ich in diesem Leben zu tun habe und was ich, nach dem Tod, im nächsten Leben tun werde. Er sieht. Er wird hellsichtig. Das ist die Frucht von *aparigraha*.

Dieses Gespräch setzt die Vertrautheit mit dem Reinkarnationsgedanken voraus. Im Yoga, wie in weiten Teilen der östlichen Welt, glaubt man, daß es mehr als ein Leben gibt. Der unsterbliche spirituelle Körper heftet sich an eine Folge von physischen Körpern, während das Individuum an der Verwirklichung des kosmischen Körpers arbeitet.

Ich ermuntere meine Schülerinnen und Schüler nie, darüber nachzugrübeln, was sich in ihren vorangegangenen Leben zugetragen haben könnte oder nicht, oder eine Menge Zeit auf Spekulationen über ihr künftiges Leben zu verwenden, weil es bis zu dem Zeitpunkt, zu dem diese Erkenntnisse ganz natürlich als Resultat des Meisterns der ethischen Disziplin des Nichtbesitzergreifens erlangt werden, nützlicher ist, sich auf die Bewußtheit in bezug auf das gegenwärtige Leben zu konzentrieren. Ich erwähne dies nur, weil alle großen Lehrer davon sprechen und ich der Ansicht bin, daß Sie erfahren sollten, was durch die Praxis dieses ethischen Prinzips möglich wird, auch wenn es sich weit hergeholt anhört. Einer der Punkte, in denen sich der Yoga von der Religion unterscheidet, ist der, daß man von Ihnen nicht erwartet, irgend etwas zu glauben, solange Sie es nicht selbst erfahren haben.

Lakshmanjoo sprach einmal mit mir über die Bedeutung des Nichtbesitzergreifens im Zusammenhang mit den Kräften, die man durch das Praktizieren aller zehn ethischen Prinzipien erlangt. Und er erklärte, daß so, wie man alle Prinzipien zugleich praktizieren sollte, sich auch die Ergebnisse dieser Praxis zugleich einstellen würden.

ALICE: Wir hören so oft von Menschen, die diese Kräfte mißbrauchen. Kannst du etwas zu der Verantwortung sagen, die mit dem Erlangen dieser Kräfte einhergeht?

LAKSHMANJOO: Du solltest weder erregt noch niedergeschlagen sein. Wenn diese Kraft sich einfach verflüchtigt, dann sei unbekümmert. Wenn sie zu stark wächst, sei nicht aufgeregt. Dann bleibt sie gleich. Aber die Kraft schwindet, wenn man sie sich zunutze macht.

ALICE: Mit anderen Worten, sie gehört dir nicht, damit du sie benutzt. Sie hat ihre eigenen Pläne in bezug auf das, was sie tun wird.

LAKSHMANJOO: Ja.

Dieses Gespräch mit meinem großen Lehrer über Kräfte und Macht verwirrte mich zunächst, weil ich, als Amerikanerin, glaubte, daß, wenn ich übte und lernte, machtvoll zu sein, es eine der größten Freuden sein würde, dies dann auch zu nutzen und zu fühlen. Unsere Kultur mißt allen möglichen Arten von Macht großen Wert bei. Handelsgeschäfte hängen oft von der Person ab, die mit ihrer Macht den Markt am meisten beherrscht, und die Verlockung der politischen Macht ist wahrscheinlich die Antriebskraft hinter den meisten politischen Kampagnen. Einige der erfolgreichsten Filme handeln vom Erlangen der Macht und ihrem Gebrauch. Ein Beispiel dafür ist die Filmserie *Der Pate*.

Diese Sichtweise von Macht steht in völligem Gegensatz zum ethischen Prinzip des Nichtbesitzergreifens, weil alle Macht letztlich aus dem spirituellen Körper hervorgeht. Der Versuch der Machtmanipulation durch das unechte Ego des physischen Körpers wird immer in Kummer und Leid enden, weil das unechte Ego nur über eine beschränkte Perspektive verfügt.

Ich habe das viele Male bei Interaktionen zwischen Eltern und Kindern beobachtet. Einmal hörte ein dreizehnjähriges Mädchen Radio und sagte träumerisch zu seiner Mutter: «Ich möchte später einmal Sängerin werden.» Ihre Mutter reagierte sofort mit einer Antwort, die sie für pragmatisch hielt: «Oh, du hast nicht die Stimme dafür.» Das Mädchen sprach nie wieder davon und war von da an weniger geneigt, seiner Mutter Hoffnungen und Träume anzuvertrauen. Deren unechtes Ego hatte sich auf ein völlig unnötiges Urteil gestürzt, ein Machtgebrauch, der das ethische Prinzip des Nichtschädigens verletzte und die Freiheit der Phantasie des Kindes blockierte, die sehr wohl ein Bild von seiner künftigen Entwicklung hätte zeichnen können.

Uns ist dann am besten gedient, wenn wir beiseite treten und den spirituellen Körper einladen, von der aus der ethischen Praxis entstehenden Macht und Kraft ohne Einmischung des physischen Körpers Gebrauch zu machen. Wenn die Mutter im oben geschilderten Fall auf den Input ihres spirituellen Körpers gewartet hätte, bevor sie reagierte, hätte sie wahrscheinlich statt einer abschätzigen eine ermunternde Antwort gegeben und die Beziehungskanäle zu ihrer Tochter offengehalten.

Meine Einstellung zur Macht begann sich zu ändern, als ich

Der Zauberlehrling

Das Märchen vom Zauberlehrling veranschaulicht den Mißbrauch von Macht. Der Lehrling wünschte sich mehr als alles andere, die Macht zu haben, über die sein Meister verfügte, aber er sah nur deren äußerliche Manifestation und nicht, woher sie kam oder wie man sie weise zu gebrauchen hatte. Eines Nachts, nachdem der Zauberer schlafen gegangen war, stahl der Lehrling den Zauberstab seines Meisters und wiederholte den Zauberspruch. Die Folge war Chaos, bis der Meister erwachte und die Dinge wieder in Ordnung brachte. Dem Lehrling war es gelungen, für kurze Zeit Macht auszuüben, aber er wußte nicht, wie man sie kontrolliert.

mit meiner Meditationspraxis anfing, denn in diesem Zustand, als mein Atem aussetzte und mein Geist schwieg, erfuhr ich, daß neben meinem physischen Körper noch etwas anderes die Show am Laufen hält. Ich war keineswegs in Panik. Ich fühlte mich ziemlich wohl und war mir der großen Unterstützung und Kraft bewußt, die mir aus dem Innern zukam.

Ich glaubte nicht länger, daß mein physischer Körper mich am Leben erhalten müsse, und auch nicht, daß er im Besitz meines Lebens sei. Ich gab diese Vorstellung auf, und damit öffnete sich der Kanal zwischen meinem physischen und meinem spirituellen Körper, und die Kraft floß mühelos in mich ein. Nachdem ich erst einmal dieses aus meinem spirituellen Körper kommende Gefühl von Kraft und Macht erlebt hatte, wurde mir klar, daß ich die Möglichkeit habe, mich je nach Wunsch zwischen meinem physischen und meinem spirituellen Bewußtsein hin- und herzubewegen. Dies bedeutete eine neue Flexibilität des Denkens, die mich sehr glücklich machte. Alle Trennung war aufgehoben. Ich hatte mein äußeres Selbst mit meinem inneren Selbst vereint.

9

Ethisches Prinzip Nr. 6
Reinheit

Machen Sie aus sich eine reine, klare und kraftvolle Person

Bei dem ethischen Prinzip der Reinheit (in Sanskrit *shaucha*) geht es im wesentlichen darum, daß man zu hundert Prozent man selber ist: ungebrochen, stark und zuversichtlich. Die meisten von uns zeigen verschiedenen Menschen unterschiedliche Gesichter. Wir sagen das eine und tun das andere und sind uns nicht immer im klaren darüber, wer wir sind oder welche Richtung unser Leben nehmen soll.

Diese Fragmentierung hindert uns daran, so kraft- und machtvoll zu werden, wie wir sein könnten. Sie können zum Beispiel kein Konzertpianist werden, wenn Sie nur eine halbe Stunde am Tag üben. Sie müssen, um ein hervorragender Pianist zu werden, Ihr ganzes Leben dieser Sache widmen. Und selbst, wenn Sie nicht am Klavier sitzen, denken Sie an die Musik, planen Sie Ihre Konzerte und bereiten sich auf vielerlei Weise auf sie vor, ganz und gar darauf konzentriert, ein herausragender Pianist zu werden.

Die Praxis der Reinheit lehrt Sie, wie Sie das Getrennte und

Die Kraft, man selbst zu sein

Im Verlauf meiner Karriere als Yoga-Lehrerin habe ich mit vielen Schülerinnen und Schülern gearbeitet, die von häufigen Angstanfällen geplagt wurden, die dazu führten, daß sie sich gebrochen und kraftlos fühlten. Ich fand heraus, daß diese Gefühle in allen Fällen dadurch ausgelöst wurden, daß sie keine Vorstellung davon hatten, wer sie waren oder was sie mit ihrem Leben anfangen wollten. Es gab kein klares Bemühen, irgendein Ziel zu erreichen, und somit auch keine Chance, daß sich irgendein Ziel herauskristallisierte.

Denken Sie an die Menschen, die einen starken Einfluß auf die Welt ausübten, so wie Gandhi, Mutter Teresa oder Albert Einstein. Ihre Ziele waren zwar sehr unterschiedlich, aber sie hatten alle eines gemeinsam: Sie waren zutiefst auf das konzentriert, was sie als ihren Lebenssinn und -zweck ansahen. Eine klare Vision von ihren Zielen gab ihnen Stärke. Sie praktizierten eine Art Reinheit von Körper, Geist und Rede, weil alles, was sie taten, dachten oder sagten, dem gewidmet war, an das sie glaubten.

Isolierte im Leben reduzieren, damit Sie sich auf Ihr Ziel konzentrieren und sich entschlossen darum bemühen können, es zu erreichen. Daran müssen beide Körper beteiligt sein: der physische und der spirituelle. Reinheit macht den Kanal zwischen beiden Körpern frei, so daß sie stark und machtvoll zusammenarbeiten können.

Wie Sie mit dem Praktizieren
von Reinheit beginnen können

Die yogischen Schriften nennen drei Bereiche, in denen man Reinheit zu praktizieren hat: Körper, Geist und Rede. *Machen Sie Ihren Körper so gesund wie möglich.* Reinheit des Körpers beinhaltet körperliche Reinlichkeit und eine saubere und schöne Umgebung. Yoga-Übungen und Atemtechniken können eine Menge zur Bewahrung einer optimalen Gesundheit und Stärke beitragen. Atemtechniken sind besonders hilfreich, weil sie Ihr Nervensystem für den Umgang mit der zusätzlichen Energie, die mit dem Erscheinen des spirituellen Körpers erzeugt wird, stärken.

LAKSHMANJOO: Es gibt ein Element im Körper, das besonders rein ist. Das ist der Atem. Er ist das reinste Element im Körper. Und durch den Atem kannst du Gott erreichen.
ALICE: Bringt die Reinheit des Körpers mit sich, daß man sich nicht mehr vor dem Tod fürchtet?
LAKSHMANJOO: Ja.

Wenn Sie Ihren Körper stark, gesund und sauber halten, bildet das einen natürlichen Ausgangspunkt für das Praktizieren von Reinheit, da Sie ja den spirituellen Körper zu einer Verbindung mit Ihnen auffordern, und als gute Gastgeberin oder guter Gastgeber möchten Sie Ihr Ambiente so einladend wie möglich gestalten. Ein Gespräch beginnt, bei dem Sie sich innerlich an den spirituellen Körper wenden: «Ich versuche, dich dazu zu bewegen, in deiner ganzen Schönheit hervorzutreten. Ich versuche, aus mir etwas zu machen, mit dem du dich liebend gerne verbinden würdest.» Sie wollen Ihr spirituelles Selbst führen und versuchen alles Erdenkliche, um es dazu zu überreden, sich zu zeigen. Sie machen sich selbst schön und denken: «Magst du diese Kleider? Gefällt dir diese Farbe?»
Diese Unterhaltung erstreckt sich auch auf Ihre Nahrung.

Sie essen im Grunde für zwei und wollen, daß die Nahrung, die Sie diesem sich entwickelnden spirituellen Körper zukommen lassen, so rein wie irgend möglich ist. Das wird zu einem bezaubernden Spiel: «Magst du das? Würdest du das lieber haben?» Und schließlich essen und trinken Sie ganz intuitiv. Fasten um der Reinheit willen wäre unmöglich. Man läßt den physischen Körper nicht hungern, wenn man den spirituellen Körper dazu überreden möchte, sich mit ihm zu verbinden. Das Resultat wäre katastrophal: Wenn Sie hungern und den physischen Körper in einen geschwächten Zustand versetzen, muß der spirituelle Körper die ganze Last tragen. Das funktioniert nie. Der spirituelle Körper zieht sich zurück, wenn der physische Körper nicht stark genug ist, um seinen Anteil beisteuern zu können.

Erweitern Sie nun Ihre Perspektive ein wenig, und betrachten Sie alles, was Sie «essen», durch die Linse Ihrer anderen Sinne. Eine achtsame mentale Diät ist nötig, um den Geist zu reinigen und zu stärken. Das ist keine religiöse Vorschrift, die sich gegen gewalttätige Filme, laute Musik und so weiter richtet. Es geht um die Frage, wie sich das, was Sie sich ansehen, anhören, was Sie riechen und berühren, auf Ihre Gedanken und Gefühle auswirkt. Wie reagieren Sie? Gefällt Ihnen die Reaktion? Wie lange hält sie vor? Ein Schüler oder eine Schülerin der ethischen Praxis versucht immer, zu beobachten und eine auf diese Wahrnehmungen – und nicht auf die Meinungen anderer – gegründete Wahl zu treffen. Das erfordert ständige Wachsamkeit, um angesichts der vielen Ablenkungen standhaft zu bleiben.

Schützen Sie Ihren Geist vor der Fragmentierung. Reinheit des Geistes wurde beschrieben als «sich nicht durch die Unzahl von Gedanken stören oder beeinträchtigen lassen». Eine der leichtesten Praxismöglichkeiten mentaler Reinheit ist das einfache Beobachten der eigenen Gedanken, ohne sie zu beurteilen oder zu zensieren. Das bringt Sie automatisch zu einer Losgelöstheit vom Aufruhr oder dem Unbehagen, die mit Ihren Gedanken einhergehen.

Lakshmanjoo schrieb in einem seiner Bücher, daß wir, wenn wir zum Beispiel spazierengehen, alle Merkmale und Eigenschaften der Landschaft, das Gras, die Bäume, die Wolken, wahrnehmen, sie aber keinen Eindruck in unserem Geist hinterlassen. Er empfiehlt, in unserer Welt ebenso zu handeln: Tu alles, aber laß die Eindrücke zurück. Der Shivaismus lehrt, nur zu beobachten und dann weiterzugehen. Lassen Sie sich von den Eindrücken nicht binden.

Das machen Sie, indem Sie lernen, die Gegensatzpaare (wie Schmerz und Freude, kalt und heiß, glücklich und traurig, wütend und liebevoll) zu akzeptieren und zu tolerieren, damit sie keine Eindrücke hinterlassen. Wenn diese Gegensätzlichkeiten nicht länger ein Ungleichgewicht verursachen und Sie behaglich in der Mitte zwischen ihnen ruhen können, fühlen Sie sich mit aller Existenz verbunden. Und wenn dies geschieht, hat sich alle Erfahrung von Getrenntheit und Isolation verflüchtigt.

Sprechen Sie achtsam und wahrhaftig. Reinheit der Rede meint, daß Sie, wenn Sie sprechen, sich selbst gegenüber aufrichtig sind und dabei niemanden verletzen oder schädigen. Wenn Ihre Rede mit Ihren inneren Gedanken und Gefühlen übereinstimmt, praktizieren Sie Reinheit der Rede. Für kleine Kinder ist dies ganz natürlich. Sie sagen genau das, was sie fühlen. Sie haben noch nicht gelernt, andere zu täuschen, und drücken sich rein und unverfälscht aus. Raffinesse, der unsere Erwachsenenkultur einen so hohen Wert beimißt, wird dadurch erlangt, daß man Schichten falscher Darstellungen auftürmt. So gesehen, beinhaltet die Reinheit der Rede ein gewisses Selbstbewußtsein, das dem Wissen und dem Vertrauen darauf entspringt, daß der physische und der spirituelle Körper gemeinschaftlich agieren. Wenn Sie die Reinheit der Rede praktizieren, sprechen Sie nicht falsch oder unachtsam. Sie sagen nicht das eine und tun das andere. Wenn Ihre inneren und Ihre geäußerten Gedanken übereinstimmen, verleiht Ihnen diese Reinheit ein Höchstmaß an Gelassenheit, Entschlußkraft und Zielbewußtheit.

Die Macht zu wählen

Eines Tages saß ich bei Lakshmanjoo, um meine Belehrungen zu erhalten, als ich merkte, daß er offensichtlich Zahnweh hatte. Es tat mir leid, daß er Schmerzen hatte, und ich sagte ihm das auch. «Oh, vergeude keine Energie darauf», erwiderte er. «Ich habe zwei Möglichkeiten: Ich kann es hassen, oder ich kann es genießen. Ich entscheide mich für das Genießen.» Ich glaube, daß die Macht, in einer solchen Situation zwischen Leiden und Genießen wählen zu können, ein ungeheures Geschenk ist, für das wir alle dankbar wären.

Wenn Sie Körper, Geist und Rede in harmonischen Einklang bringen, führt das zur Reinheit, die die beiden Körper zu einem soliden Körper der Kraft und Macht vereint. Große Sportler bereiten sich auf die genau gleiche Weise auf einen Wettkampf vor. Sie machen sich alles ihnen Verfügbare zunutze, um ihr Ziel, eine Spitzenleistung, zu erreichen. Ihre intensiven körperlichen und mentalen Vorbereitungen sind einsgerichtet; und dieselbe intensive Vorbereitung ist nötig, um ethisches Verhalten zu praktizieren.

Machen Sie sich die Gegensätze zunutze, um zur Mitte zu gelangen

Beginnen Sie damit, alle Ihre Gedanken und Gefühle gegensätzlich wahrzunehmen. Sie hören zum Beispiel einen alten Song im Radio, der Sie an ein mit Zärtlichkeit verbundenes Erlebnis erinnert. Die Musik wird vom Vehikel der Erinnerung an Emotionen getragen. Achten Sie genau auf das Gefühl, das die Musik in Ihnen erweckt. Lassen Sie dann das gegenteilige Gefühl entstehen. Empfinden Sie, wenn der Song in

Ihnen Traurigkeit aufkommen läßt, ganz bewußt Freude. Versetzen Sie sich, wenn er Sie aufregt, in eine Stimmung, die zu einem Schlaflied paßt. Diese Praxis zeigt Ihnen, daß Sie in beiden Fällen die- oder derselbe sind. Sie treffen nur die Wahl, von einer Emotion zu einer anderen überzuwechseln.

Gehen Sie nun noch einen Schritt weiter: Stellen Sie sich den Song von vorhin wieder vor, aber versuchen Sie, überhaupt nicht darauf zu reagieren. Entscheiden Sie sich dafür, absolut still und bewußt in der Mitte zwischen den beiden Gegensätzen zu verharren, statt nur an einer Art von Gefühl kleben zu bleiben. Das wird Ihrem Fragmentiertsein abhelfen.

Eine Schülerin, die die Übung praktizierte, schrieb mir über ihre Erfahrungen:

Ich war mir über die Gefühle für einen Mann, mit dem ich ausging, nicht im klaren und probiere es deshalb mit dieser Arbeit mit Gegensätzen. Ich begann mit meinen gegenwärtigen Gefühlen und bezeichnete dieses Extrem als Wahl A, die ich als ein Verlangen formulierte: «Ich möchte einen Mann, der gemein, nur mit sich selbst beschäftigt, unerreichbar ist, wenn ich ihn brauche, der Angst vor Intimität hat und mich herabwürdigt.» Dann formulierte ich das Gegenteil, Wahl B: «Ich möchte einen Mann, dem zutiefst an mir liegt, der mich würdigt, mich unterstützt, mich liebt und da ist, wenn ich ihn brauche.»
Ich pendelte zwischen diesen beiden Extremen hin und her, und ich weiß nicht, wie es geschah, aber plötzlich wurde mir klar, daß mein Gefühl von Unglücklichsein nicht durch diesen Mann verschuldet wurde; ich selbst hatte diese Wahl getroffen. Obwohl mir sehr viel an ihm lag, steckte ich doch in einer Beziehung, die ich nicht wollte. Diese Übung der Wahrnehmung in Gegensatzpaaren brach meinen emotionalen Panzer auf, und die Dinge entwirrten sich allmählich. Ich wußte nicht, wie ich mich angesichts meiner starken Gefühle für ihn aus der Beziehung zurückziehen sollte, aber

nachdem ich die Situation überblickte, konnte ich nicht so weitermachen wie bisher, immer darauf hoffend und wartend, daß sich etwas änderte.

Am nächsten Morgen wachte ich mit einem unglaublichen Gefühl von Verlust auf. Ich weinte den ganzen Tag. Mir schien, ich könnte auf keinerlei Weise anstreben, was ich wollte, ohne das zu verlieren, was ich hatte. Ich setzte mich hin und schrieb ihm einen Brief, in dem ich formulierte, was ich wollte, und das war einfach und klar. Ich weiß noch nicht, was sich daraus ergibt, aber ich habe eine Entscheidung getroffen, mit der ich leben kann.

Ich war völlig verblüfft über das Licht, das diese Übung auf meine wirren Gedanken warf, und über ihre Auswirkung, wodurch ich klar zu sehen vermochte, was ich von einer Beziehung wollte. Natürlich will niemand Wahl A, so wie ich sie oben formuliert habe. Und wer möchte nicht Wahl B? Doch die Situation hatte sich, ohne daß ich es merkte, zu Wahl A hinentwickelt. Mir wurde klar, daß ich einen Großteil meines Lebens so verbracht hatte: Ich wußte nicht genau, was ich wollte, blieb an dem hängen, was ich hatte, und ließ nicht los, auch wenn ich dabei unglücklich war. Und wie hätte ich sehen können, was ich wollte, wenn ich so damit beschäftigt war, an dem festzuhalten, was ich hatte, und es zu etwas zu machen, was es gar nicht war?

Ich habe in den letzten Tagen diese Übung mehrfach wiederholt. Bin ich über etwas unglücklich, dann formuliere ich mein gegenwärtiges Gefühl jedesmal als Wahl: «Ich möchte...» Dann formuliere ich das Gegenteil. Ich möchte nie Wahl A. Doch immer wieder finde ich mich bei ihr angelangt. Diese Übung ist für mich ein großartiges Instrument, um zu sehr bewußten und erfolgreichen Entscheidungen kommen zu können.

Durchbrechen Sie zwanghafte Denkmuster

Meditation ist eine andere Möglichkeit, um geistige Reinheit zu praktizieren. Sie hilft, die zwanghaften Denkmuster zu durchbrechen, die ein Beispiel für fragmentiertes Denken sind. Damit meine ich, daß Sie ewig nur auf eine bestimmte Weise an etwas denken können, so etwa, wenn Sie glauben, daß sich jede Diskussion mit Ihrem Chef nachteilig auf Sie auswirken wird.

Die Meditation, die einfach nur das Praktizieren von «eine Weile lang über nichts nachdenken» ist, lehrt Sie, wie Sie, zwischen zwei gegensätzlichen Gedanken, in Ihrer Mitte ruhen und Ihrem spirituellen Körper die Chance zum Sprechen geben können. (Auf Seite 176 finden Sie eine kurze Anleitung, wie Sie mit dem Meditieren anfangen können.) Je mehr Sie dies praktizieren, desto besser werden Sie zwanghafte Denkmuster durchbrechen und alternative Wege und Möglichkeiten erkennen können. Die Meditation verschafft Ihnen einen Einblick in jenen Zustand, in dem der spirituelle und der physische Körper eins sind.

Reinheit

«Selig sind, die reinen Herzens sind, denn sie werden Gott schauen.» Dieses berühmte Bibelzitat verweist auf die Kraft der Reinheit. Die, die «reinen Herzens» sind, befinden sich inmitten der Gegensätze in Balance. Da sie nicht gebrochen und zersplittert sind, ist der Kanal zwischen ihrem physischen und ihrem spirituellen Körper frei. Sie sehen kein Getrenntsein von sich und irgendeinem anderen oder etwas anderem, und auch kein Getrenntsein von sich und Gott. Deshalb ist ihnen Gott, ihr spiritueller Körper, immer zugänglich.

Das Ergebnis des Praktizierens von Reinheit

Reinheit von Körper, Geist und Rede hilft, das Gefühl von Getrenntsein und Isoliertheit zu beseitigen, das wir alle von Zeit zu Zeit haben. Die Sehnsucht nach der Aufhebung des Getrenntseins ist ein ständiges Thema in der Literatur des Westens, vor allem in Büchern über Utopien. Das Ziel der Ganzheitlichkeit scheint vage und unerreichbar zu sein, aber wenn Sie das ethische Prinzip der Reinheit praktizieren, gelangt die Ganzheitlichkeit in Ihre Reichweite. Sie empfinden sich nicht mehr als geschwächt und verwässert, als gebrochen oder zersplittert, und Sie fühlen sich mit Ihrem spirituellen Selbst verbunden.

Ein weiteres wunderbares Ergebnis des Praktizierens der Reinheit ist die Entwicklung des peripherischen Gewahrseins, wie ich es nenne: die Fähigkeit, über Ihre unmittelbaren Reaktionen und Wahrnehmungen, die nur von Ihrem physischen Körper ausgehen, hinauszusehen.

Lakshmanjoo fragte mich einmal: «Schmeckt der Gesang dieses Vogels nicht köstlich?» Wie konnte er den Gesang eines Vogels schmecken? Ganz einfach, er war nicht nur an eine einzige sinnliche Wahrnehmungsmöglichkeit gebunden, weil sein spiritueller Körper so gut wie sein physischer Körper funktionierte. Manche Menschen erleben ganz natürlich und spontan eine derartige Überkreuzung der Sinne, Synästhesie genannt, aber diese Form von dem spirituellen Körper entspringender intuitiver Erfahrung ist anders und jeder Person zugänglich, die über Praxis verfügt.

Peripherisches Gewahrsein bedeutet, daß Sie alle Dinge vollkommen bewußt wahrnehmen können, jeden Gedanken, jede Reaktion, jedes Gefühl, und daß Sie dann in der Lage sind, von der Involviertheit zur klaren Beobachtung überzugehen. Diese Fähigkeit ergänzt die oben skizzierte Praxis, die Sie erkennen läßt, daß Sie in Gegensätzen gefangen sind, weil Ihnen durch das peripherische Gewahrsein gezeigt wird, daß Sie über Wahlmöglichkeiten verfügen. Lakshmanjoo be-

Das Praktizieren peripherischen Gewahrseins

Sie sind gebeten worden, an einer Cocktailparty teilzunehmen, die mit Ihrem Unternehmen in Zusammenhang steht. Sie kommen an und stellen fest, daß Sie keine Ihnen bekannte Person entdecken können. Zunächst sind Sie etwas nervös und verstört, Ihre ganze Aufmerksamkeit ist auf Ihre Ängstlichkeit gerichtet. Das hindert Sie daran, viel von dem wahrzunehmen, was um Sie herum vorgeht. Doch dann besinnen Sie sich auf das ethische Prinzip der Reinheit. Sie rufen in sich ein Gefühl auf, das das Gegenteil von Angst ist, zum Beispiel Wohlbehagen oder Genießen. Das hilft Ihnen, Ihr anfängliches Unbehagen zu mindern, während Sie sich auf die Position zwischen zwei entgegengesetzten Gefühlen zubewegen.

Wenn Ihre Ängste nachlassen, können Sie sich umsehen und erspüren, wo Sie sich wohl fühlen und die nötige Gelassenheit aufbringen, um Ihre Person und Ihre Arbeit vorzustellen. Sie gewinnen immer mehr Zuversicht, während Sie mit Leuten ins Gespräch kommen, da Sie wissen, daß Sie Ihr wahres Selbst zum Ausdruck bringen können.

schrieb diesen peripherischen Gewahrseinszustand, als er sagte, es sei wichtig, ein Gewahrsein aufrechtzuerhalten, das weder ein äußeres noch ein inneres Gewahrsein ist, sondern das Zentrum der tiefsten Aspekte von beidem. Er nannte das die allerfeinste Art von Gewahrsein. In der Position der Mitte, im mittleren Gewahrseinszustand, zwischen den Gegensätzen, wird die Reinheit gefunden.

∎

10

Ethisches Prinzip Nr. 7
Zufriedenheit

Üben Sie sich darin, im gegenwärtigen Moment glücklich zu sein

Normalerweise ist mit dem Begriff Zufriedenheit das Zufriedensein mit dem, was man hat, gemeint. Doch im Kontext der yogischen Ethik verbindet sich das Praktizieren von *santosha* (so in Sanskrit) nicht mit einer Emotion, sondern mit einem Bewußtseinszustand. Die Fähigkeit, stets im gegenwärtigen Augenblick zu verweilen, beschreibt dies wohl am besten.

Eines Tages, als ich gerade nirgendwohin mußte und auch nichts zu tun hatte, beschloß ich, mich im ethischen Prinzip der Zufriedenheit zu üben. Ich sagte mir, daß ich an nichts aus der Vergangenheit denken – mich keinerlei Erinnerungen hingeben – und auch nicht an die Zukunft rühren, nichts für sie planen oder erhoffen würde. Ich setzte mich still in Meditationshaltung hin und gestattete meinem Geist nicht, sich in eine rückwärts oder vorwärts gewandte Richtung zu bewegen. Ich hielt ihn eisern in der Mitte.

Nach ein paar Minuten dieser intensiven Konzentration

> Ich werde zunehmend glücklicher in mir selbst.
> Ich bin einer großen, stillen Kraft gewahr, so,
> als sei sie der innerste Kern meiner selbst.
> Manchmal ist sie ganz entschieden da. Manchmal nehme
> ich sie nur schwach im Hintergrund wahr.
> *Auszug aus dem Brief einer Schülerin*

merkte ich, daß ich mich nur unter großen Schwierigkeiten bewegen konnte. Das Strecken der Arme und Beine bedurfte einer ungeheuren Anstrengung, in mir regte sich nicht der geringste Impuls zum Aufstehen oder zu einer Bewegung in irgendeine Richtung. Es war, als sei ich in einen Sumpf geraten, wo jeder Schritt Mühe macht. Mein Körper schien meine mentale Übung nachzuahmen, indem er sich gegen jede Bewegung sträubte. Das Gefühl, praktisch gelähmt zu sein, übermannte mich.

Dann fand ich mich, von einem goldenen Gefühl der Stärke getragen, in einem mystischen Zustand der Losgelöstheit schwebend, in dem ich alles, was um mich herum vorging, ganz klar beobachten konnte, ohne selbst involviert zu sein. Ich vermag es nicht mit Worten zu beschreiben, doch kann ich mich auch jetzt, da ich mich nicht mehr in diesem Zustand befinde, noch genau an ihn erinnern.

Meine Geschichte mag den Anschein erwecken, daß ein solches Praktizieren der Zufriedenheit einen in einen nutzlosen Klumpen verwandelt und einen unfähig macht, seinen Lebensunterhalt zu verdienen oder seine Arbeit zu tun. Doch ich habe festgestellt, daß mich das Praktizieren dieser Übung befähigt, eine völlig neue, aus meinem spirituellen Körper hervorgehende Quelle der Unterstützung und Kraft in Anspruch zu nehmen. Mein Erlebnis ließ mich entdecken, daß Zufriedenheit ein Bestandteil des spirituellen Körpers ist. Diese mir bis dahin unbekannte unterstützende Kraft hatte immer in meiner Reichweite existiert; sie wartete nur darauf, daß ich mir ihrer ausreichend bewußt wurde, um den Kanal zu meinem spirituellen Körper öffnen zu können. In den Büchern über Yoga steht zu lesen, daß es genau das ist, was geschieht, wenn der spirituelle Körper allmählich in Erscheinung tritt.

Die Macht der Zufriedenheit

Vor langer Zeit, während der Monate meiner Ausbildung bei Rama in Indien, begleitete ich ihn auf einer sehr anstrengenden Vortragsreise, die uns von Delhi nach dem Hunderte von Kilometern südlich gelegenen Dharwar führte. Als wir schließlich wieder in Delhi anlangten, waren wir erschöpft. Ein Anhänger Ramas bot uns sein Auto an, um damit zu Ramas Domizil, das im Dschungel oberhalb von Haridwar lag, zurückkehren zu können. Ich wußte nicht, welches Opfer das zu jener Zeit bedeutete. Autos waren in Indien überaus kostbar, und abgesehen davon würde ich, eine Frau, am Steuer sitzen, da Rama nicht fahren konnte. Dies war kurz nach dem Rückzug der Briten aus Indien, und weibliche Autofahrer waren noch etwas sehr Ungewöhnliches.

In meiner amerikanischen Art fragte ich, ob ein Ersatzreifen vorhanden und das Auto für die lange Reise überprüft worden sei. Mir wurde versichert, alles sei in Ordnung, und in meiner Unwissenheit glaubte ich das auch. Wir verließen Delhi am Spätnachmittag. Rama las die Wegweiser für mich, und wir kamen gut voran.

Die Nacht sank herab, und wir verlangsamten unsere Fahrt. In tiefer Dunkelheit durchfuhren wir im Kriechtempo dichtbewachsene, einsame Dschungelgegenden. Als wir auf einer Lichtung anhielten, um unsere Richtung zu überprüfen, platzte ein Reifen. Ich öffnete den Laderaum, um den Ersatzreifen herauszuholen, und stellte fest, daß er kaputt war. Ich bekam große Angst.

Nachts an solchen Orten festzusitzen ist kein Spaß. Ich fürchtete um unser beiden Leben. Rama hingegen hatte keinerlei Ängste. Er wies auf die Schönheit des Mondes hin. Er bot mir etwas Wasser an und ließ sich mit mir nieder, um die Nacht zu genießen. Er lehnte sich, auf seine Hände gestützt, zurück – ich kann ihn noch vor mir sehen – und sagte: «Weißt du, Alice, es ist eine herrliche Nacht.» Ich konnte nicht viel sagen.

Nach etwa zwanzig Minuten hörten wir in der Ferne ein Gebimmel. Ein Mann kam auf uns zugeradelt. Er erzählte uns, daß er auf dem Heimweg von der Arbeit sei – er war Mechaniker – und zufällig hinten auf dem Fahrrad seine Werkzeugkiste bei sich habe. Er machte sich daran, den Reifen zu wechseln und zu flicken. Er weigerte sich, irgendeine Bezahlung anzunehmen. Gott habe ihn auf diesen Weg geschickt, sagte er, um zu dienen, und er habe das Glück gehabt, uns zu finden. Wir setzten unsere Fahrt durch die Nacht fort. Ich war sehr still.

Sie fragen sich vielleicht, ob es denn möglich oder überhaupt wünschenswert ist, nicht an die Vergangenheit oder die Zukunft zu denken. Nun, ich fand heraus, daß meine auf die Zukunft gerichteten Hoffnungen und Träume und das Haften an der Vergangenheit den Großteil meiner Zeit in Anspruch nahmen. Durch das Praktizieren dieser Übung wurde mir klar, daß mir die großen Freuden der Gegenwart entgingen, wenn ich mit meinen Gedanken in der Vergangenheit oder der Zukunft herumwanderte. Der im Shivaismus als Wonne und ehrfürchtiges Staunen bezeichnete Bewußtseinszustand ist die einfache Beschreibung von etwas Wunderbarem und uns bislang Unbekanntem: der Freude am gegenwärtigen Augenblick. Dem Shivaismus zufolge kann sich das ethische Prinzip der Zufriedenheit nur im gegenwärtigen Augenblick manifestieren, nie in der Zukunft oder in der Vergangenheit. Wenn es uns gelingt, unsere Aufmerksamkeit dem gegenwärtigen Moment zu schenken, kann uns das sehr glücklich machen, weil sie sich dann nicht mit Erfahrungen aus der Vergangenheit vermischt oder von den auf die Zukunft gerichteten Hoffnungen überlagert wird.

Wie Sie mit dem Praktizieren von Zufriedenheit beginnen können

Üben Sie das Ruhen im gegenwärtigen Augenblick. Setzen Sie sich einfach still hin, und beobachten Sie Ihren inneren Dialog. Lenken Sie Ihre Aufmerksamkeit, sobald Sie merken, daß sich Ihre Gedanken der Vergangenheit oder der Zukunft zuwenden, sacht auf den augenblicklichen Moment zurück. Es mag Ihnen eine Hilfe sein, wenn Sie die Augen schließen. Dies ist eine ausgezeichnete Übung, die Sie immer dann machen können, wenn Sie irgendwo, zum Beispiel in einer Arztpraxis, ein paar Minuten warten müssen. Allerdings würde ich sie Ihnen nicht anraten, wenn Sie im Auto sitzen und darauf warten, daß sich der Verkehrsstau auflöst.

Versuchen Sie es mit Meditation. Wenn Sie meditieren, bringen Sie Geist und Körper ganz zur Ruhe, versetzen Ihr Gewahrsein in die Stirn und versuchen, jeglichen inneren Dialog auszuschalten. Alle Wünsche verschwinden, und alle Gedankenprozesse haben ein Ende oder verlangsamen sich zumindest. Sie spüren kein Verlangen mehr, als sei es ein Peitschenhieb. Das beim Meditieren entstehende Empfinden ähnelt sehr dem Gefühl, das Sie erleben, wenn Sie in der Ethik der Zufriedenheit fest gegründet sind.

Gehen Sie, um das Beste aus Ihrer meditativen Praxis zu machen, sicher, daß Sie zehn oder fünfzehn Minuten lang ungestört bleiben. Nehmen Sie eine Sitz- oder Liegehaltung ein, bei der Rücken, Nacken und Kopf eine gerade Linie bilden. Tragen Sie lockere und bequeme Kleidung. Sorgen Sie dafür, daß Sie nicht frieren.

Rezitieren Sie ein Mantra. Yogis unterstützen die Herstellung des ruhevollen Raums des gegenwärtigen Augenblicks durch die ständige Wiederholung eines Mantras – einer besonderen Klangformel. Sollten Sie über kein spezielles Mantra verfügen, das Sie von einem qualifizierten Lehrer erhalten haben, dann benützen Sie die Silbe «Om». Wenn Sie sie – innerlich oder laut – ständig wiederholen, hilft Ihnen das, Ihren inneren Dialog zum Schweigen zu bringen und im Hier und Jetzt zu ruhen. Versuchen Sie es untertags immer mal wieder mit dieser Technik, um so die Aufmerksamkeit auf die Gegenwart zurückzulenken. Und überprüfen Sie ab und zu, wie sich diese Übung auf Sie auswirkt.

Zufriedenheit und Begehren

Begehren ist das Gegenteil von Zufriedenheit. Es setzt den Mechanismus in Gang, der unsere Aufmerksamkeit entweder auf die Vergangenheit lenkt, um sich ein glückhaftes Erlebnis zurückzuholen, oder auf die Zukunft, um in Wünschen und Träumen zu schwelgen. Das Begehren meidet den Zustand der Mitte, wo die Zufriedenheit zu finden ist.

Wünsche und Begehren geben den ständigen inneren Selbstgesprächen Nahrung, die eine Konzentration auf die Gegenwart so schwierig machen. Denken Sie zum Beispiel an das letzte Mal, als Sie einen wunderschönen Song hörten, der in Ihnen Erinnerungen auslöste. Ihre Aufmerksamkeit verlagerte sich sofort zurück in die Vergangenheit, um eine mit dem Song assoziierte Begebenheit wiederzuerleben. Oder Sie kommen an einem Schaufenster vorbei, in dem Sie etwas sehen, das Ihnen gefällt; dann stellen Sie sich vielleicht vor, daß Sie irgendwann in künftiger Zeit dieses Ding tragen oder benutzen werden.

Begehren hat immer mit etwas Bekanntem zu tun. Wenn Sie etwa den Wunsch nach einem neuen Auto haben, können Sie sich im allgemeinen auch vorstellen, welcher Wagentyp es sein wird und wie Sie damit herumfahren. Oder wenn Sie sich zum Beispiel an ein Lieblingshaustier aus Ihrer Kindheit erinnern, können Sie ziemlich sicher sein, daß Ihre Erinnerungen Sie nicht trügen. Alle diese Dinge sind bereits bekannt.

Zufriedenheit ist jedoch in der Mitte zwischen diesen beiden Extremen von Wünschen für die Zukunft und Erinnerungen an die Vergangenheit angesiedelt. In der Zufriedenheit liegt nichts, was Sie schon von früher kennen, sondern etwas Neues, Erstaunliches und Wundervolles; denn mit Ihrem Praktizieren fordern Sie Ihren spirituellen Körper auf, zu Ihnen zu sprechen, und seine Stimme spricht spontan, unvermutet und auf einzigartige Weise.

Wenn Sie Ihren Geist einfach in der Vergangenheit oder in der Zukunft herumwandern lassen und nie in der Gegenwart haltmachen, ist das so, als steckten Sie in einer Tretmühle fest. Sie gelangen nirgendwohin und können nie Ihr Muster oder Ihre Struktur durchbrechen. Vergangenheit und Zukunft gründen sich auf die Phantasie.

Denken Sie an die Parabel Platons von dem Mann, der sein ganzes Leben lang in einer Höhle wohnte. Eines Tages wagte er sich, voller Sehnsucht nach Befreiung aus der Beengtheit, ins Sonnenlicht hinaus, konnte aber das helle Licht und die Hitze nicht ertragen. Er lief zurück in seine vertraute Behausung, fest entschlossen, sie nie wieder zu verlassen. Ein Gleichnis, das auf viele von uns zutrifft. Wie dieser Mann fürchten auch wir uns vor jeglicher Veränderung unserer Wahrnehmungsart. Wir behalten unsere altvertraute Verhaltensweise bei, weil es die einzige ist, die wir kennen. Wir klammern uns an die Erinnerung (Vergangenheit) und das Begehren (Zukunft), weil wir nicht wollen, daß unsere Phantasien von der Vergangenheit oder der Zukunft gestört oder verändert werden.

Wenn Sie dieses Muster durchbrechen wollen, müssen Sie Ihre inneren Selbstgespräche immer mal wieder für einige Minuten ruhen lassen, so, wie ich es in meiner Übung tat. Wenden Sie sich nicht planend nach vorne und erinnernd rückwärts. Nehmen Sie die Position in der Mitte ein, wo es überhaupt kein Denken, kein Gespräch und keine Bewegung gibt. Hören Sie sachte mit allem Denken auf. Verweigern Sie sich jeder nach vorne oder rückwärts gerichteten Bewegung. Warten und beobachten Sie in Schweigen und Stille.

Der Ort, an dem Sie sich zum erstenmal Ihres spirituellen Körpers gewahr werden, ist der Ort der Zufriedenheit, wo Sie, in perfekter Balance zwischen Zukunft und Vergangenheit, in der Position der Mitte ruhend verweilen. Die große Freude der Zufriedenheit ist der Ausdruck des spirituellen Körpers, der nun imstande ist, zu sprechen. Die Stille, die Sie in Ihrem Geist hergestellt haben, öffnet den Kanal zwischen beiden Körpern.

Zufriedenheit ist nicht dasselbe wie das Ertragen und Erdulden der verschiedensten Lebensumstände. Viele von uns sind unerfreulichen und anstrengenden Lebensfaktoren unterworfen und lernen, mit diesem Bewußtsein zu leben. Manchmal vergessen wir sogar, daß sie nicht gerade das sind, was wir uns ausgesucht hätten, und gehen spielend damit um. Doch das darf nicht mit der Zufriedenheit verwechselt werden, wie sie in der Shivaismus-Literatur beschrieben wird. Diese Zufriedenheit verleiht Ihnen die Fähigkeit, sich wo immer Sie sind und unter allen Umständen, wohl zu fühlen und glücklich zu sein. Vergangenheit und Zukunft sind zum Schweigen gebracht, und Sie können sich voll und ganz am Augenblick erfreuen.

Ich habe in diesem Buch immer wieder auf die Tatsache

> Die Zukunft ist ungeboren, die Vergangenheit tot.
> Du mußt in der Gegenwart leben.
> *Lakshmanjoo, der dieses Prinzip jeden Tag lebte.*
> *Auch als seine Stadt von Aufruhr zerrissen war,*
> *verbrachte er den größten Teil des Tages mit der Arbeit*
> *in seinem wunderschönen Garten.*

hinzuweisen versucht, daß sich diese ethischen Prinzipien nicht intellektuell verstehen lassen. Wenn Sie das Prinzip der Zufriedenheit auf der Ebene des Intellekts beschreiben wollten, könnten Sie sagen: «Ich fühle mich zufrieden.» Sie würden sich somit einer adjektivischen Form bedienen. Ein intellektueller, adjektivischer Ansatz ist immer im physischen Körper begründet. Der spirituelle Körper hingegen ist mit Substantiven befaßt. Hier ist ein Beispiel, wie Sie sich dieses Prinzip vor Augen führen können.

Versuchen Sie, sich Zufriedenheit als konkrete Form, in einer Gestalt vorzustellen, als eine Blase vielleicht, innerhalb deren flexiblen Wänden Sie sich befinden, total geschützt, schimmernd im Raum, ausgestattet mit einem eigenen Energie- und Navigationssystem, wie ein Raumschiff. Diese konkrete Form und diese Kraft sind Bestandteile des spirituellen Körpers. Wer sich in der yogischen Ethik schult, versucht Teil dieses Körpers zu werden, um die Erfahrung seiner Form zu machen.

Lakshmanjoo sagt, daß ein Mensch nur dann zufrieden sein kann, wenn er es will. Mit anderen Worten, er muß bewußt nach Zufriedenheit streben. Die Praxis der Zufriedenheit erfordert Selbstbeherrschung und Toleranz. Es geht um einen schwierigen Balanceakt, der beinhaltet, daß man sich auf alles ein bißchen einläßt, aber nie unersättlich wird. Unersättlichkeit oder Begehren hindern den Geist an ständiger Wachsamkeit. Und ohne diese Wachsamkeit können Sie nicht die nötige Konzentration aufrechterhalten.

Selbstbeherrschung ist für westliche Ohren ein harsches Wort – es erinnert an sexuelle Enthaltsamkeit –, weil sich damit die Vorstellung verbindet, daß man in einen Käfig der Zurückhaltung eingesperrt ist und nicht tun kann, was man will. Es ruft das Gefühl von Unfreiheit hervor. Doch wenn Sie die Selbstbeherrschung richtig einsetzen, ohne Gewaltsamkeit, kann sie Sie in Ihrer Fähigkeit, Ihr Leben zu genießen und zu lenken, außerordentlich machtvoll werden lassen. Wenn Sie auf Ihrem Weg als starkes und sich selbst verwirkli-

chendes Individuum voranschreiten, wird diese Selbstbeherrschung zu einer geliebten Sucht bei all Ihren Alltagsaktivitäten
werden. Sie können sich erfolgreich auf das hindirigieren, was
Sie wollen, und Sie werden sehr stolz auf sich.

Der Umgang mit Verlust

Der Zustand der Zufriedenheit scheint in Zeiten des Verlusts
oder der Trauer, in denen man kaum an etwas anderes denken
kann, am schwersten erreichbar zu sein. Fast alle von uns
haben zu irgendeinem Zeitpunkt unter diesen Gefühlen zu
leiden, ob es sich nun um den Tod eines Kindes oder einer
anderen geliebten Person handelt, um Scheidungskummer
oder das Leid einer Krankheit.

Wir erleben den Verlust jeden Tag. Ein starker Mensch
hofft, daß er ihn, was auch immer geschieht, mit Haltung und
ohne aus dem Gleichgewicht zu geraten, ertragen kann, und
Zufriedenheit kann dabei eine Hilfe sein. Ich glaube, daß das
regelmäßige Praktizieren der ethischen Prinzipien und vor
allem das Üben der Zufriedenheit sehr stark die Art und Weise
beeinflussen kann, wie Sie mit Ihren Beziehungen umgehen.

Denken Sie darüber nach, wie Sie sich fühlen, wenn eine
von Ihnen geliebte Person stirbt. In diesem tiefen Kummer
weigert sich der Geist, im gegenwärtigen Moment zu verweilen. Er wandert ständig zurück in die Vergangenheit, um
kostbare Momente in der Erinnerung erneut zu durchleben,
oder aber in die Zukunft, weil ihm vor einem Leben ohne diese
Person graut. Wenn Sie versuchen, Zufriedenheit zu praktizieren, und Ihren Geist in die Position der Mitte und in den
gegenwärtigen Augenblick versetzen, trägt das zur Linderung
des Verlustgefühls bei. Das ist so, weil Sie dann den Kanal zu
Ihrem spirituellen Körper öffnen, der Ihnen die Unterstützung zukommen lassen kann, die Sie in dieser Zeit brauchen.
Seine Kraft und Stärke werden Ihnen helfen, den Verlust zu
ersetzen.

Eine Geschichte über Maya

Es gibt eine beliebte Geschichte aus der indischen Mythologie, in der der Weise Narada für den Gott Vishnu
spielt und singt und ihn damit so sehr erfreut, daß Vishnu
sagt: «Erbitte von mir, was immer du dir wünschst.» Narada erwidert: «Ich möchte das Geheimnis von Maya
verstehen.» Mit Maya bezeichnet man den Schleier, der
die wahre Wirklichkeit der Welt verhüllt.

Vishnu sagt: «Oh, das ist sehr schwer zu verstehen.
Wähle etwas anderes.» Doch Narada beharrt darauf, und
so sagt Vishnu schließlich: «In Ordnung, geh ins Dorf,
und hol mir etwas Wasser zum Trinken, dann werde ich
es dir erzählen.»

Also geht Narada zum Dorf und macht beim Haus des
Dorfvorstehers halt. Dessen schöne Tochter tritt ihm entgegen, und Narada ist vollkommen in die Betrachtung
ihres Liebreizes versunken. Dann fällt ihm ein, daß er sie
um Wasser bitten sollte. Während sie es holt, kommt der
Dorfvorsteher heraus, begrüßt ihn und bietet ihm eine
Erfrischung an. Da sie beide an spirituellen Dingen interessiert sind, kommen sie ins Gespräch, und bald wird es
Abend. Der Dorfvorsteher lädt Narada ein, die Nacht in
seinem Haus zu verbringen, da er Schwierigkeiten haben
würde, in der Dunkelheit den Weg zurück zu finden.
Narada nimmt die Einladung an.

Am nächsten Morgen bittet der Dorfvorsteher Narada
in einigen Dorfangelegenheiten um Rat und nimmt ihn
zu einem Rundgang durch den Ort mit. Narada vergißt
allmählich, aus welchem Grund er ursprünglich gekommen war. Nach einiger Zeit heiratet er die Tochter, hat
zwei reizende Kinder und übernimmt die Regelung der
Dorfangelegenheiten.

Eines Sommers setzt ein besonders heftiger Monsunregen ein, und das Dorf wird überschwemmt. Beim Versuch, mit seiner Familie zu entkommen, verliert Narada alles, und er selbst wird von den reißenden Fluten fortgerissen. Er schlägt sich den Kopf an einem Ast an und verliert das Bewußtsein. Als er wieder zu sich kommt, findet er sich unter einem Baum liegen, genau an der Stelle, an der er Vishnu verlassen hatte. Dieser sagt mit sanfter Stimme: «Narada, wo ist mein Wasser? Ich habe eine halbe Stunde lang gewartet.»

Ergebnisse des Praktizierens von Zufriedenheit

Einigen großen Mystikern zufolge gehört das Festgegründetsein in der Zufriedenheit zu den großartigsten und glanzvollsten Errungenschaften eines menschlichen Wesens. Das Ergebnis dieser Praxis wird in den klassischen Texten des Kaschmir-Shivaismus folgendermaßen beschrieben: «Die Frucht, die aus dem Meistern der Zufriedenheit erwächst, besteht darin, daß man in diesem Leben vollkommenen inneren Frieden erlangt.» Wenn Sie imstande sind, locker und leicht in der Gegenwart zu verweilen, fällt der Streß des Durchkauens vergangener Ereignisse oder der Ängste vor der Zukunft ganz einfach von Ihnen ab.

Lakshmanjoo sagte mir, daß wir, wenn wir unseren Geist in die mittlere, unbewegliche Position zwischen den Gegensätzen von Zukunft und Vergangenheit bringen, ganz und gar von unserem göttlichen Selbst getragen und unterstützt werden – mit anderen Worten, von unserem spirituellen Körper. Für mich bedeutet Zufriedenheit das Freisein von Gedanken, die mich von der Vereinigung mit mir selbst ablenken.

Ethisches Prinzip Nr. 8
Duldsamkeit

Fördern Sie Ihre Fähigkeit, heroisch zu sein

Tapas, das Sanskrit-Wort für dieses ethische Prinzip, wird manchmal mit «Hitze» übersetzt, seine Bedeutung mit Läuterung oder Reinigung assoziiert. Metalle zum Beispiel werden geläutert, indem man sie sehr starker Hitze aussetzt. Im Yoga bezieht sich die Hitze von *tapas* auf die Reinigung und Läuterung der Physis. Yogische Übungen und Atemtechniken drehen den Körperthermostaten hoch und reinigen die Physis durch die entstehende Hitze, so daß der Körper die durch das Erscheinen des spirituellen Körpers produzierte zusätzliche Energie aushalten kann. Die so erzeugte Energie wird oft als leuchtendes inneres Feuer beschrieben.

Wenn Lakshmanjoo über *tapas* sprach, benutzte er das englische Wort *tolerance,* das im Kontext dieses Kapitels mit «Duldsamkeit» im Sinne von Leidensfähigkeit, Geduld, Ausdauer, Ergebung übersetzt wird. Duldsamkeit ist eine wichtige Eigenschaft des Helden oder der Heldin. Die Fähigkeit zum «Heroismus», zur Heldenhaftigkeit, beinhaltet viel mehr als das normale Vermögen, dem Druck des Lebens mit Festigkeit, Ausdauer und Mut standzuhalten. Ein Held (gleich ob Mann oder Frau) tut sich als Führer hervor und fürchtet sich nicht davor, die Suche nach dem Sinn des Lebens aufzunehmen. Er oder sie weiß um den ständigen Rückhalt des spirituellen Körpers und kann diese zusätzliche Unterstützung aufrufen, wann immer es nötig ist.

ALICE: Ich erinnere mich an einen Spruch schweizerischer Bergsteiger: «Ein Held ist ein Mann, der es noch eine Minute länger aushalten kann.» Würdest du sagen, daß das *tapas* beschreibt?
LAKSHMANJOO: Das ist *tapas*.

Tapas wird auch oft mit Disziplin oder strenge Askese übersetzt, Begriffe, mit denen sich Vorstellungen von etwas Herbem und Unangenehmem verbinden. Viele Menschen glauben, daß schmerzvolle oder schwierige Praktiken für das spirituelle Wachstum oder auch nur für die körperliche Fitneß

Die Hitze von *tapas*

In den frühen Jahren meiner Praxis erlebte ich eine sehr starke Hitze-Reaktion. Mein Körper wurde so heiß, daß ich anfing, schon im Frühjahr im Eriesee schwimmen zu gehen, während noch die Eisbrocken darin herumschwammen. Ich umwickelte mich mit nassen Laken, um mich abzukühlen, und die Hitze war so stark, daß die Tücher am Leib trockneten. Dieser Zustand hielt fünf Jahre lang an. Lakshmanjoo erzählte mir, daß die Yogis gerne hoch in der Himalayaregion leben, weil es dort kalt ist. Die Hitzephasen wallen auf und ebben ab, während das zweite Nervensystem zusammen mit dem spirituellen Körper Gestalt annimmt.

– «ohne Schweiß kein Preis» – nötig sind. Es muß hier unbedingt klargestellt werden, daß das Wort Duldsamkeit, so wie ich es hier verstehe, kein Leiden impliziert. Yoga ist kein harter Test für die Grenzen physischer Belastbarkeit. Härte gegenüber dem Körper verstößt gegen das Prinzip des Nichtschädigens (siehe Kapitel 4). Die Duldsamkeit wächst mit der mit Freude ausgeführten Praxis. Sie werden es genießen, Ihre so erworbene Stärke zu spüren und sich mit dieser neuen Flexibilität Ihrer Persönlichkeit und Ihres Körpers wohl zu fühlen. Wie alle durch die ethische Praxis bewirkten Zustände wird dies zu einem Ruheort für Sie werden, gefestigt und sicher.

ALICE: Welche Einstellung sollte ein Anfänger haben, um *tapas* erfolgreich praktizieren zu können?
LAKSHMANJOO: Es muß geheimgehalten werden. Es darf nicht zur Schau gestellt werden. Er muß jeden Tag üben. Und er darf das nicht zeigen. Du wirst zu einem lebendigen Beispiel von *tapas* und mußt darin leben, das ist alles; du brauchst nicht zu predigen. Es geht nicht um Entsagung. Es geht darum, einfach darin zu leben. Du mußt nicht entsagen.
ALICE: *Tapas* ist also nicht Selbstverleugnung? Es bedeutet nicht, irgend etwas aufzugeben; es bedeutet die Wahl, wie man leben möchte.
LAKSHMANJOO: Ja, dein Verhalten. Ein sanftes Verhalten, es soll nicht hart, nicht streng sein. So sollst du leben. So mußt du leben; du mußt es nicht predigen.
ALICE: Dann hat also dieses ganze Leiden im Namen Gottes ganz sicher nichts mit *tapas* zu tun? Die Leute, die sich mit Dornenranken geißeln und mit hocherhobenen Armen im Ganges stehen, bis sie verdorrt sind, das ist nicht *tapas*, nicht wahr?
LAKSHMANJOO: Nein, das ist nicht *tapas*. Das ist nur wegen des Geldes. Wenn du nicht ins Büro gehst, dann mußt du was unternehmen. Du gehst zum Fluß und stehst da und sammelst Geld.

ALICE: In der Mythologie gibt es viele Geschichten über Leute, die sich große Härten auferlegten, um die Aufmerksamkeit Gottes auf sich zu lenken oder eine gewisse Macht zu erlangen. Ist das eine richtige Anwendung von *tapas*? LAKSHMANJOO: Nein, das ist nicht richtig. Man darf keine Show daraus machen.

Wie Sie mit dem Praktizieren von Duldsamkeit beginnen können

Transformieren Sie Ihre Einstellung gegenüber den weltlichen Pflichten und Aufgaben. Jede Pflicht oder Arbeit kann, vorausgesetzt, sie fügt nicht jemandem oder etwas Schaden zu, zu einer Übung in Duldsamkeit werden. Sie können ohne weiteres mit der Praxis dieser Disziplin bei Ihrem Berufs- und Familienleben und anderen Alltagsaktivitäten anfangen. Denken Sie an das Aufräumen der Küche nach einer Mahlzeit, eine profane alltägliche Aufgabe, vor der sich die meisten Menschen lieber drücken würden. Übernehmen Sie freudig diese Arbeit, und betrachten Sie sie als Übung in Duldsamkeit.

Sie können sie zu einer fröhlichen Angelegenheit machen, indem Sie ihr einen Sinn verleihen. Sie können sich Respekt erwerben und auch stolz auf sich sein, weil Sie damit beweisen, daß Sie sich klaglos regelmäßig dieser kleinen Mühe unterziehen und die Arbeit kompetent erledigen. Die Größe oder der Umfang der Aufgabe sind nicht wichtig; es zählt die flexible und unerschütterliche Haltung, die Sie entwickeln, indem Sie eine Verpflichtung eingehen und auch einlösen.

Als ich mit meiner Yoga-Praxis begann, suchte ich mir ganz bewußt die monotonsten Arbeiten aus, zum Beispiel das Enthülsen von Erbsen oder das Umsäumen von Tischtüchern von Hand. Beim Arbeiten konnte ich dann meine Einstellung gegenüber jeglicher Art von Job transformieren, so daß ich ihn nicht nur ertrug, sondern tatsächlich auch zu genießen begann. Duldsamkeit half mir, an den ausgedehnten und langweiligen

Stunden Vergnügen zu finden, weil ich meine Fähigkeit, eine Aufgabe zu vollenden, zu respektieren lernte.

Viele Male habe ich es erlebt, daß Schüler Geduld mit Duldsamkeit gleichsetzten. Doch das ist ganz und gar nicht dasselbe. Geduld hat mit der Fähigkeit zu tun, im gegenwärtigen Augenblick zu verweilen (siehe Kapitel 10). Das Entwickeln von Geduld hilft uns, im und beim gegenwärtigen Moment zu bleiben, statt schon den Augenblick vorwegzunehmen, in dem die Arbeit getan ist. Dieses spezifische Gegenwarts-Gewahrsein hilft uns beim Aufbau von Beständigkeit und Unerschütterlichkeit, die zu den heroischen Qualitäten der Duldsamkeit gehören.

Befolgen Sie täglich die neun anderen ethischen Prinzipien. Alle zehn ethischen Prinzipien sind wechselseitig miteinander verbunden. Ich habe schon mehrmals darauf hingewiesen, daß zum Beispiel das Nichtschädigen ein Fundament für jedes andere ethische Prinzip bildet. Duldsamkeit bietet eine ähnlich breite Grundlage. Ihre umfassendste Praxis besteht in der ständigen Beachtung *aller* ethischen Prinzipien. Wenn Sie es sich selbst zur Aufgabe machen, jede Ihrer Handlungen und jeden Ihrer Gedanken im Licht der ethischen Disziplinen, zum Beispiel Nichtschädigen, Wahrhaftigkeit und Nichtstehlen, zu überprüfen, entwickeln Sie den Mut zur Veränderung und die Ausdauer, es jeden Tag aufs neue zu versuchen.

Das sind die Eigenschaften eines Helden oder einer Heldin, die sich mit ihrem spirituellen Körper in Einklang befinden. Es ist eine fröhliche Herausforderung, flexibler zu werden und zu erkennen, daß Sie all das für sich selbst tun. Sie werden stolz sein auf die Person, die Sie werden.

Üben Sie Atemtechniken. Die yogischen Atemübungen können Ihnen dadurch, daß sie die Hitze in Ihrem Körper steigern, bei der Entwicklung von Duldsamkeit helfen. Ihr Nervensystem wird geläutert, was zu einer besseren Gesundheit beiträgt und zur Entfaltung einer neuen Sensibilität sich selbst und Ihrer Umwelt gegenüber. Sie müssen es nicht mit heftigen, fortgeschritteneren Atemtechniken versuchen, was ohne die entsprechende Supervision ein gefährliches Unterfangen sein könnte. Die besten Atemtechniken sind sanfte Übungen, so wie die im folgenden beschriebene Übung.

Setzen Sie sich so auf einen Stuhl, daß Ihr Rücken gerade bleibt. Hüften und Becken sollen höher gelagert sein als die Knie, weil auf diese Weise Ihr unterer Rückenbereich nicht ermüdet. Sie können sich bei dieser Übung auch flach auf den Boden oder aufs Bett legen, aber schieben Sie kein Kissen unter den Kopf. Wenn Sie gerne im Schneider- oder Lotossitz auf dem Boden sitzen, dann legen Sie ein stabiles Kissen unter, um die Hüften höher zu stellen und die Spannung aus der unteren Rückenpartie zu nehmen.

Legen Sie die Hände auf den Bauch, und atmen Sie durch die Nase aus. Fühlen Sie, wie sich Ihre Bauch- und Magenmuskeln anspannen, um alle Luft herauszudrücken. Entspannen Sie nun die Bauch- und Magenmuskeln, und spüren Sie, wie die Luft allmählich einströmt. Atmen Sie weiter ein, dehnen Sie dann den Bereich von Bauch, Magen, Rippen und Brust aus, bis Sie sich ganz und gar ausgefüllt fühlen. Atmen Sie langsam wieder aus, wobei Sie nun zunächst die Brust und dann den Rippenbereich entspannen und zum Schluß Bauch- und Magenmuskeln anspannen, um das Ausatmen abzuschließen.

Wiederholen Sie dies fünf- bis zehnmal. Versuchen Sie, die Phasen des Ein- und Ausatmens gleich lang zu halten, und atmen Sie, ohne Anstrengung, so langsam wie möglich. Atmen Sie immer durch die Nase ein und aus. Konzentrieren Sie sich auf den Atemlaut.

Diese Übung wird Ihnen nicht nur zu einer größeren Duldsamkeit verhelfen, sondern auch Ihre Konzentrationsfähigkeit steigern und zur Reduzierung von Ängsten, Streß, Depressionen und Schlaflosigkeit beitragen.

Setzen Sie die Phantasie ein. Ich habe mich oft einer Phantasie-Übung bedient, um meine Schülerinnen und Schüler zum

Praktizieren von Duldsamkeit zu ermuntern. Den meisten von uns wurde beigebracht, daß Phantasievorstellungen keine Realität besitzen und deshalb auch keinen realen Bezug zu unserem Leben haben können – sie bleiben ein Traum. Ich habe entdeckt, daß gelenkte Phantasien den Schülerinnen und Schülern helfen können, sich an eine Veränderung heranzuwagen. Durch das Einsetzen der Phantasie können wir den Wandel visualisieren, noch bevor er eingetreten ist. Und die Fähigkeit, Veränderungen zu begrüßen und zu akzeptieren, ist eine der zur Duldsamkeit gehörenden Eigenschaften.

Beginnen Sie diese Phantasie-Übung, indem Sie sich in bequemer Körperhaltung hinlegen und die Augen schließen oder mit geradem Rücken und entspannt auf einem Stuhl sitzen. Machen Sie ein paar tiefe Atemzüge durch die Nase. Entspannen Sie das Gesicht. Lassen Sie das Schlüsselbein nach unten sacken, und entspannen Sie es. Die Hände liegen locker und entspannt mit den Handflächen nach oben. Entspannen Sie Hüften und Beine, die Füße und den Rücken. Fühlen Sie sich sehr wohl, werden Sie innerlich sehr ruhig und still.
Stellen Sie sich vor, daß Sie am Ende eines langen Gangs stehen. Visualisieren Sie etwas, das Sie schon immer wollten, und versetzen Sie es an das andere Ende des Gangs. Visualisieren Sie alles bis ins kleinste Detail. Lassen Sie sich dazu ein paar Augenblicke Zeit.
Stellen Sie sich nun vor, daß plötzlich ein Gegner auftaucht und sich zwischen Sie und den gewünschten Gegenstand stellt. Sie können das Objekt Ihres Begehrens immer noch sehen, aber der Gegner blockiert den Zugang zu Ihrem Ziel. Was passiert? Wer oder was ist Ihr Gegner?
Beobachten Sie die Szene ein oder zwei Minuten sehr genau. Lösen Sie das Bild in Ihrer Phantasie nun langsam auf. Machen Sie einen tiefen Atemzug, öffnen Sie die Augen, und gehen Sie alles, was sich in Ihrer Phantasie ereignet hat, nochmals sorgfältig durch.

Die meisten Menschen, die sich wirklich nach einer Veränderung sehnen, haben Mühe, die Stolpersteine zu erkennen, die ihnen im Weg liegen. Diese Übung zeigt Ihnen, was Sie von Ihrem Ziel abhält, weil sie ihm eine Form oder Gestalt verleiht. Sie werden feststellen, daß diese Technik eine große Hilfe ist, wenn Sie gegen eine Sucht ankämpfen. Wir können nur schwer erkennen, was uns dazu drängt, zu trinken, Drogen zu nehmen oder zu rauchen. Diese Übung gibt diesem Drang eine Gestalt, die es uns, wenn wir ihrer ansichtig werden, ermöglicht, auf andere Weise mit ihm umzugehen.

Diese Technik hat vielen meiner Schülerinnen und Schülern geholfen. Ich möchte Ihnen ein paar Auszüge aus Briefen, in denen sie von ihren Erfahrungen berichten, mitteilen.

Mein Gegner war anfänglich ein großer schwarzer Ritter auf einem großen schwarzen Pferd, aber dann wurde aus ihm etwas sehr Nebulöses, einfach ein großes schwarzes Ding. Ich versuchte immer noch herauszufinden, wie ich es austricksen und an ihm vorbeikommen konnte, als Sie die Übung beendeten. Mir kam der Gedanke, daß der Gegner aus mir selbst herauskam.

Ich sah den Gegner dazwischentreten, und ich konnte das, was ich wollte, noch immer am Ende des Ganges stehen sehen, aber ich fühlte mich zu machtlos, um mich mit dem Gegner auseinanderzusetzen und zu bekommen, was ich wollte.

Als ich es zum erstenmal mit dieser Phantasie-Übung probierte, wollte ich mich selbst, so wie ich sein wollte, am Ende des Ganges stehen sehen, aber lange Zeit konnte ich gar nichts sehen. Vor mir schien überhaupt kein Gegner zu stehen. Später wurde mir klar, daß meine Unfähigkeit, mich so zu visualisieren, wie ich sein wollte, der Gegner war.

Ich begann, die Person zu visualisieren, die ich immer sein wollte. Nichts tauchte auf, um mich daran zu hindern, darauf zuzugehen. Doch dann stieg ein echtes Gefühl von Angst in mir auf, und ich fragte mich: Warum habe ich Angst? Und woher kommt sie? Und plötzlich hörte ich eine Stimme sagen: «Mach das nicht. Du willst das im Grunde gar nicht. Bleib zurück. Bleib zurück.» Das war nicht meine Stimme. Es war die Stimme meiner Tante (seines Vormunds).

Sie werden, ob Sie nun diese Übung zur Überwindung einer Sucht oder zur Einleitung einer notwendigen Veränderung in Ihrem Leben oder dazu, daß Sie Ihre spirituelle Natur zum Blühen bringen, einsetzen, in jedem Fall feststellen, daß es leichter ist, sich mit einer Form oder Gestalt als mit etwas Unsichtbarem zu befassen. Die Form gibt Ihnen etwas an die Hand, mit dem Sie arbeiten können.

Ergebnisse des Praktizierens von Duldsamkeit

Die Praxis der Duldsamkeit bewirkt eine innere Transformation, die sich nach außen hin als größere Flexibilität und Standhaftigkeit zeigt. Es mag zwar immer noch Aufruhr in Ihrem Leben geben, aber er wirkt sich weniger katastrophal aus, weil Sie sich der Unterstützung durch Ihren spirituellen Körper bewußt sind und wissen, daß Sie nicht allein sind. Sie werden vor allem auch eine sehr viel größere Flexibilität in all Ihren Beziehungen beobachten.

Ich habe diese Veränderungen auf vielerlei Weise an meinen Schülerinnen und Schülern wahrgenommen. Ein sehr profanes Beispiel bietet der Fall einer Schülerin, die in ihren Anschauungen so rigide war, daß sie sich immer furchtbar aufregte, wenn ihr Partner die Geschirrspülmaschine nicht genau nach Vorschrift einräumte. Nachdem Sie eine Zeitlang Duldsamkeit praktiziert hatte, wurde sie so flexibel, daß sie zum erstenmal

Vergnügen an den vielen Möglichkeiten des Einräumens einer Geschirrspülmaschine finden konnte.

Ein anderer Schüler hatte es mit einem lebenslangen Unvermögen zu tun, eine andere Meinung zu vertreten als die Personen, die er liebte. Als die Mutter seiner Frau nach einem Schlaganfall in die kleine Wohnung des Paars zog und ständig betreut werden mußte, litt er sehr unter diesem Mangel an Privatsphäre. Zunächst war er unfähig, mit seiner Frau über seine Gefühle zu sprechen. Allmählich wurde ihm klar, daß die Beziehung, an der ihm am meisten lag, zerbrechen würde, wenn er dieses starre Muster nicht veränderte. Es gelang ihm mit Hilfe eines stetigen Praktizierens der yogischen ethischen Prinzipien, selbstbewußt zu werden und sich von diesem lebenslangen Handicap zu befreien.

Beide Beispiele demonstrieren die heroischen Fähigkeiten jener, die erkennen, daß eine Veränderung notwendig ist, und die tapfer genug sind, auch den Versuch dazu zu unternehmen. Duldsamkeit hilft ihnen, Veränderungen zu begrüßen und gutzuheißen.

Die meisten Menschen fürchten sich vor Veränderungen, weil sie Angst haben, dadurch irgend etwas zu verlieren oder Schmerz zu erleiden. Der physische Körper hat eine ganz natürliche Furcht vor Veränderungen. Wenn Sie zum Beispiel aufgefordert werden, aufgrund eines Arbeitsplatzwechsels in eine andere Stadt umzuziehen, haben Sie vielleicht Angst, Ihre Freunde oder enge familiäre Verbindungen zu verlieren. Die meisten Ängste gründen sich auf nicht stichhaltige Phantasievorstellungen von der Zukunft oder der Vergangenheit. Die Praxis der Duldsamkeit hilft Ihnen, jeden Ort harmonisch und attraktiv zu gestalten, weil Sie die Stärke und Standhaftigkeit kennen, die Ihnen Ihr spiritueller Körper zukommen läßt. Und sie werden Ihnen helfen, mit jeder Veränderung zurechtzukommen.

An früherer Stelle habe ich darauf hingewiesen, daß *tapas* oft fälschlicherweise mit harter und schmerzhafter Askese assoziiert wird. Menschen, die um ihrer selbst willen eine solche

Eine Geschichte über Duldsamkeit

In dem Epos *Mahabharata,* in dem auch die achtzehn Kapitel der *Bhagavadgita* enthalten sind, findet sich eine Geschichte über einen großen Krieger namens Bhishma, die ein Licht auf die Duldsamkeit im heroischen Sinn wirft.

Nach der in der *Bhagavadgita* geschilderten großen Schlacht liegt Bhishma, von Pfeilen durchbohrt, tödlich verwundet da. Doch er will so lange nicht sterben, bis sich die Sonne in der korrekten Position befindet. In der *Bhagavadgita* ist von zwei Pfaden der Sonne die Rede, und es heißt, daß die Seele, wenn man stirbt, während sich die Sonne auf ihrem nordwärts gerichteten Pfad (nach der Frühjahrs-Tagundnachtgleiche) befindet, die Chance hat, aus dem Zyklus von Geburt und Tod entlassen zu werden. Stirbt man, während sich die Sonne auf dem südwärts gerichteten Pfad befindet (nach der Herbst-Tagundnachtgleiche), wird die Seele in die Welt wiedergeboren.

Bhishma weiß, daß er die Chance zur Befreiung aus der physischen Welt hat, wenn er wartet, bis sich die Sonne nordwärts wendet. Er beschließt, drei Monate auf dem Schlachtfeld liegenzubleiben, verweigert jegliche Versorgung seiner Wunden, und gibt dann seinen Körper auf.

Askese praktizieren, gleiten häufig in einen von Selbstquälerei geprägten Lebensstil ab. Sie fangen an, sich unter Ausschluß irgendwelcher anderer Erfahrungen auf das Leiden zu konzentrieren. Manche Leute genießen das Leiden. Vielleicht bietet ihnen der Schmerz die einzige Möglichkeit, ihre Gefühle wahrzunehmen. Das befriedigt sie irgendwie. Eine solche Haltung erlaubt jedoch nicht, daß durch Duldsamkeit ein Wandel bewirkt wird.

**Seien Sie Ihr eigener bester Freund /
Ihre eigene beste Freundin**

In der *Bhagavadgita* ist zu lesen, daß wir selbst unser bester Freund und unser schlimmster Feind sind. Wenn ich unterrichte, ermuntere ich die Menschen dazu, sich selbst dabei zu helfen, daß sie wachsen und sich in jeder ihnen möglichen Weise verändern. Die Erkenntnis, daß es viele Wege gibt, um Probleme zu lösen, gehört zum Heldentum, weil Sie lernen, sich nicht in die begrenzte Sichtweise Ihres physischen Körpers einzusperren; vielmehr genießen Sie die durch die Teilhabe Ihres spirituellen Körpers bewirkte Flexibilität.

Schülerinnen und Schüler sehen sich oft mit einer tiefen Wunde aus ihrer Vergangenheit konfrontiert und von daher nicht imstande, glücklich mit ihrer Yoga-Praxis fortzufahren, weil alle ihre Gedanken auf die Erinnerung an den Schmerz und das Leid gerichtet sind. Produktive und kreative Gedanken werden blockiert, und es ist ihnen nicht möglich, ein positives Selbstbild aufrechtzuerhalten. Ich habe diesen Schülerinnen und Schülern oft geraten, professionellen therapeutischen Rat einzuholen, weil die Therapie den Menschen eine Möglichkeit bietet, das Vertrauen in ihre Fähigkeiten zurückzugewinnen. Ist diese Hürde überwunden, wird die Praxis der Duldsamkeit sehr viel leichter. Wenn Sie alle Ihnen zur Verfügung stehenden Mittel nutzen, um sich selbst zu helfen, werden Sie Ihr eigener bester Freund / Ihre eigene beste Freundin.

Das gewohnheitsmäßige Leiden verhindert die Veränderung, weil die Leute in diesem Muster erstarren und nicht erkennen, daß ihnen ihr spiritueller Körper eine Vielzahl von zusätzlichen Optionen anzubieten hat. Duldsamkeit zeigt Ihnen, daß

Sie auf mannigfaltige Weise an schwierige Aufgaben herangehen können, und verleiht Ihnen die Flexibilität, eine Wahl
zu treffen. Statt aus Angst vor einer Entscheidung davonzu-
rennen, können Sie die Ärmel hochkrempeln und «losmar-
schieren».

Die Praxis der Duldsamkeit hilft Ihnen, selbstzerstörerische
Leidensmuster ausfindig zu machen und sich für eine Veränderung zu entscheiden. Das eröffnet Ihnen einen neuen Weg
zu emotionaler Freiheit, denn wenn Sie sich frei fühlen, sich zu
ändern, weiterzuentwickeln und zu wachsen, werden Ihre
Emotionen (die Bestandteil Ihres spirituellen Körpers sind)
nicht erstickt. Duldsamkeit zeigt Ihnen, daß Sie sehr viel mehr
aushalten können, als Sie gedacht haben, intensive Gefühle
eingeschlossen. Und so werden Sie sich nicht länger vor Emotionen fürchten.

Wie Sie sich in Veränderung üben

Wenn Sie sich vor Veränderungen fürchten, dann versuchen
Sie, sie in ganz kleinen Schritten und an Dingen zu üben, die
nicht beängstigend sind. Wenn Sie zum Beispiel nur Pastell-
farben tragen, dann probieren Sie es eine Weile mit leuch-
tenden Farben. Wenn Sie Schokoladeneiscreme bevorzugen,
essen Sie manchmal Vanilleis. Nehmen Sie ab und zu eine
andere Route zur Arbeit. Belassen Sie es bei kleinen Veränderungen, damit diese sich stets mit angenehmen Erfahrungen
verbinden.

Ständig im kleinen praktizierte Veränderungen erleichtern
größere Veränderungen. Wenn Sie sich zum Beispiel kondi-
tioniert haben, schmerzlos Ihre täglichen Angewohnheiten zu
ändern, können Sie eine größere Umgestaltung wie etwa eine
Scheidung, einen Arbeitsplatzwechsel oder ein neues Zuhause
besser handhaben und sich dabei überaus wohl fühlen.

Nach einiger Zeit wird Ihr physischer Körper flexibel werden und freudig auf die Freiheit der Erweiterung hinarbeiten.

Das nichtverbrennende Feuer

Feuer ist in der Mythologie ein weitverbreitetes Bild für Reinigung und Läuterung. Ebenso wird diese Metapher im Gespräch über die Meditation verwendet. Wenn es «Brennstoff» in Form von Gedanken gibt, brennt das Feuer des Geistes weiter. Wenn es uns gelingt, nichts zu denken – und sei es auch nur für ein paar Sekunden –, erlischt das Feuer, weil ihm die Nahrung entzogen wird.

In den ersten Jahren meiner Yoga-Praxis, als mein erster Yoga-Lehrer Sivananda noch am Leben war, hatte ich einen sich immer wiederholenden Traum. Ich kroch im Holzgebälk des Dachgeschosses eines sehr großen, leeren Hauses herum. Das Haus stand in Flammen, und ich versuchte, einen Weg hinaus zu finden. Ich sah die Flammen an meinen Füßen und Beinen lecken und merkte, daß ich keinen Schmerz fühlte. Als ich Sivananda zu dieser Erfahrung befragte, erwiderte er, es sei da kein Schmerz gewesen, weil kein Widerstand dagewesen sei.

Wenn Sie in dem Wissen gefestigt sind, daß Sie über die Macht und Kraft zur Veränderung verfügen, können Sie allmählich die Vorzüge der in der Duldsamkeit liegenden Kräfte genießen.

Die Befreiung aus dem Gefängnis der Angst vor Veränderungen tut sich als eine Woge der Zuversicht kund, aus der mit der Zeit ein stabiles Gefühl wird. Diese Zuversicht entspringt spontan Ihrem spirituellen Körper. Sie taucht vor allem dann auf, wenn Sie frei sind zu spielen, wenn Sie Ihre Schutzmechanismen haben fallenlassen. Manche Leute können nicht spielen, weil man in einem Spiel nie weiß, was als nächstes passiert. Duldsamkeit räumt mit der Angst vor dieser Art von Ungewißheit auf. Die neugewonnene Flexibilität läßt Sie auch in unerwarteten Situationen glücklich sein.

Die Macht der Duldsamkeit

Die Ergebnisse der Praxis der Duldsamkeit wurden mir von Lakshmanjoo beschrieben: «Durch das Praktizieren von Selbstdisziplin und Duldsamkeit verschwindet alle Unreinheit aus deinem Körper und deinen Organen, und Kraft strömt in dich ein und erfüllt dich.»

Diese Kraft bedeutet Stabilität, denn Sie wissen, daß Sie nichts erschüttern kann. Sie sind sich sicher im Wissen, wer Sie sind und was Sie tun wollen. Es beginnt mit einer ekstatischen Erfahrung des Einsseins, wenn sich der physische und der spirituelle Körper vereinen. Manchmal geschieht das in einem meditativen Zustand. Ich erlebte das zum erstenmal in einem Traum als einen Zustand der ungeheuren Erweiterung. Es ist mir nicht möglich, diese Traumerfahrung zur Gänze zu beschreiben, aber ich muß sagen, daß sie sich sehr stark auf mein spirituelles Wachstum auswirkte. Sie schenkte mir eine neue Freude an der Praxis der Duldsamkeit, und ich beobachtete an mir eine Zuversicht, die es mir erlaubte, mich mühelos und ohne Angst in jedwelche Richtung zu bewegen.

12

Ethisches Prinzip Nr. 9
Studium

Nähren Sie
Ihren spirituellen Körper

Das Studium (in Sanskrit *svadhyaya*) wird selten als Bestandteil der ethischen Praxis angesehen, kann aber für den spirituellen Körper eine wichtige Nahrungsquelle sein. Wenn mich Schüler fragen, welche heiligen Schriften für das Studium geeignet seien, dann muß ich sagen, daß für jemanden wie mich alle Schriften heilig sind. Die Yoga-Praxis ist keine Religion, und meiner Meinung nach kann alles, was Sie lesen, in nützliche Nahrung für das Wachstum Ihres spirituellen Körpers umgewandelt werden.

Manche Nahrung ist gehaltvoller als andere. Ich habe einen Freund, der sich einen Vorrat an Schrottromanen, wie er sie nennt, angelegt hat für Zeiten, in denen er sich krank oder irgendwie daneben fühlt oder auf Reisen ist. Sie haben ihren Sinn, weil sie ein ganz bestimmtes Bedürfnis erfüllen. Alle Formen des Studiums können Ihnen in irgendeiner Art von Nutzen sein.

Wie Sie mit der Praxis des Studiums
beginnen können

Lesen Sie jeden Tag etwas. Wählen Sie etwas als Lektüre aus, das sowohl Ihrem physischen als auch Ihrem spirituellen Körper Freude macht. Stellen Sie sich vor, Sie erwarten einen sehr wichtigen Besucher. Natürlich wollen Sie für ihn das Allerbeste bereithalten, Dinge, die ihm Genuß und Vergnügen bereiten. Versuchen Sie, bei der Auswahl Ihrer Studienmaterialien diese Einstellung beizubehalten. Sie müssen nicht ganze Wälzer lesen; jeden Tag ein bißchen, auch wenn es nur zehn bis zwanzig Minuten sind, das reicht.

Nehmen Sie sich nach der Lektüre einen Augenblick Zeit, um das Gelesene Ihrem spirituellen Körper zu präsentieren. Sie beginnen damit, daß Sie innerlich still werden, und stellen sich dann vor, daß Sie ihm eine Opfergabe des Studiums darbringen. Fragen Sie ihn, ob ihm das, was Sie ihm anbieten, Freude macht. Wenn Sie in dieser Weise eine bewußte Verbindung zwischen dem physischen und dem spirituellen Körper herstellen, wird das Ihre Stimme der Intuition zum Sprechen ermuntern.

Einer Person, die ohnehin jeden Tag hart und lange arbeitet, mag das wie eine zusätzliche Bürde vorkommen, aber probieren Sie es doch mal eine Woche lang aus. Gestalten Sie Ihre Studienzeiten kurz und angenehm. Sagen Sie sich: «Das ist Nahrung, die meiner inneren Natur wohl tut. Sie befriedigt meinen spirituellen Körper und ermuntert ihn dazu, sich zu zeigen.» Spielen Sie ein Spiel mit sich selbst. Wenn Ihnen zehn Minuten zu lang erscheinen, dann geben Sie sich das Versprechen, jeden Tag nur einen Absatz zu lesen. Diese Praxis wird sich rasch und machtvoll auswirken, vor allem, wenn Sie Ihr Studium kurz vor dem Einschlafen betreiben.

Ich habe gelernt, mein Studium als Bestandteil meines Arbeitstages zu betrachten. Als Arbeit, die ich für mich tue – für mein eines wie für mein anderes Selbst. Mein physischer und mein spiritueller Körper brauchen Nahrung und Aufmerksamkeit, und das Studium gibt ihnen diese Dinge.

Machen Sie sich das ethische Prinzip des Gedenkens zunutze. Zwischen Studium und Gedenken (siehe Kapitel 13) besteht eine besondere Beziehung. Wenn Sie studieren, dann fragen Sie sich: «Welchen Bezug hat das zu mir? Was empfinde ich dabei?» Ihr physischer Körper wird Ihnen eine Antwort darauf geben. Richten Sie nun an Ihren spirituellen Körper dieselbe Frage. Das wird Ihnen helfen, einen Gewahrseinskanal offenzuhalten, den Sie brauchen, um die intuitive Stimme Ihres spirituellen Körpers vernehmen zu können.

Geben Sie Ihrem spirituellen Körper Nahrung, an der er Gefallen findet. Ich habe oftmals Eltern ihren Kindern wundervolles, teures Essen vorsetzen sehen, das diese dann nicht anrühren mochten. Und ich habe auch Eltern beobachtet, die ihr Kind in den Arm nehmen und ihm gut zureden, etwas ganz Einfaches zu essen, das es dann mit großem Vergnügen verspeist. Die Liebe und Aufmerksamkeit der Eltern machen den Unterschied aus. Die Liebe, Aufmerksamkeit und Zuwendung, die Sie Ihrem spirituellen Körper zukommen lassen, verwandeln das, was Sie studieren, in überaus verlockende Nahrung. Und Sie schenken ihm Aufmerksamkeit, indem Sie seine Existenz und Stärke dankbar anerkennen. Wenn Sie diese Haltung stetig entwickeln, wird ihm alles, was Sie ihm bewußt anbieten, zur genußreichen Nahrung.

Der spirituelle Körper hat Ihr ganzes Leben aus einer unsichtbaren Position heraus dirigiert und wird nun dazu eingeladen, aus der Dunkelheit herauszutreten und sich in den Bühnenmittelpunkt zu begeben. Durch die Tatsache, daß Sie sich Ihrer Verbundenheit mit ihm erinnern, spricht alles, was Sie studieren, seine Natur an. Es besteht keine Notwendigkeit, irgendeine Art von Literatur, Musik oder andere Ausdrucksformen der Zensur zu unterwerfen. Jeglicher Ausdruck gilt als göttlich, wenn er auf die richtige Weise angeboten wird.

Ich habe oft Menschen erlebt, die auf eine überaus kritische Weise zu studieren meinen, weil sie glauben, sie müßten über das Gelesene ein Urteil abgeben und es entweder akzeptieren oder ablehnen. In diesem Fall versucht der physische Körper, ganz allein zu agieren. Wenn das Studium Bestandteil Ihrer ethischen Praxis sein soll, dann lesen Sie ganz einfach das Material, fällen Sie kein Urteil darüber, und bieten Sie es auf die bestmögliche und präziseste Weise dem spirituellen Körper an. Er weist eine mit liebevoller Zuwendung angebotene Nahrung nie zurück.

Wie ich früher schon einmal erwähnte, gab mir Rama, als wir im Dschungel lebten und ich die Disziplin des Schweigens übte, in Sanskrit und anderen Sprachen verfaßte Bücher über den klassischen Yoga zu lesen mit der Bemerkung: «Du mußt sie dir nur ansehen, und wenn du das in diesen Büchern enthaltene Wissen brauchst, wird es dir zur Verfügung stehen.» Das hat sich im Verlauf meiner Karriere bewahrheitet. Offensichtlich ist der spirituelle Körper ein Lagerhaus für alle Informationen.

Machen Sie sich klar, daß visionäre Erfahrungen das Studium nicht ersetzen. Manchmal begegne ich Menschen, die wunderbare visionäre Erfahrungen hatten und daraus den Schluß zogen, daß sie nun nicht länger zu studieren brauchten. Lakshmanjoo setzte sich mit dieser Anschauung auseinander.

ALICE: Manche Menschen haben eine Vision von etwas und glauben deshalb, daß sie nicht mehr studieren oder lesen müssen.

LAKSHMANJOO: Das ist ein Irrtum. Nichts hat ein Ende. Das ist so…, wie wenn ein blinder Mann den Körper eines Elefanten abtastet. Wenn er sein Bein berührt, sagt er, das ist nur ein Baumstamm. Er hat keinen Begriff vom ganzen Elefanten. Er kann nicht wirklich verstehen, was ein Elefant ist.

ALICE: Weil er nur einen kleinen Ausschnitt kennt.

LAKSHMANJOO: Ja. Das ist es. Beschränkte Sicht. Und solange die beschränkte Sicht existiert, ist sie nutzlos. Sie ist nicht richtig. Also muß man studieren.

Die Ergebnisse der Praxis des Studiums

Eine der wichtigsten Funktionen des Studiums ist die, daß es Ihnen bei der Enthüllung Ihres spirituellen Körpers hilft und damit auch ermöglicht, sich selbst besser kennenzulernen. Das Studium erweitert Ihren gedanklichen Horizont und schärft Ihr Gewahrseinsvermögen. Die Anwendung yogischer Techniken, insbesondere der Übungen, der Atmung und der Meditation, steigern Ihre Fähigkeit, Ihr Studium in eine persönliche Erfahrung umzuwandeln, da dies Ihre Wachsamkeit und Ihre Sensibilität erhöht und Ihnen den Mut gibt, neue Dinge auszuprobieren.

Für den spirituellen Körper hat alles Bedeutung, was Sie lesen. Und wenn Sie ihm alles anbieten, öffnen Sie sich für eine Ausdehnung Ihrer Erfahrungsbereiche. Ich koche zum Beispiel liebend gerne und lese deshalb oft Kochbücher und sehe mir Kochsendungen im Fernsehen an. Wenn ich mir etwa die Sendung von Julia Child anschaue und zusehe, wie sie die Kerzen auf ihrer Geburtstagstorte mit einem Lötkolben anzündet, und ich dann das, was ich sehe, meinem spirituellen Körper anbiete, teile ich Julias Entzücken über ihr Erlebnis und denke vielleicht daran, etwas Ähnliches zu unternehmen. Wenn ich nur mit meinem physischen Körper zuschauen würde, fände ich wahrscheinlich die ganze Episode lächerlich und auch gefährlich und würde mir die Freude an einer neuen und ungewöhnlichen Erfahrung versagen.

Die Fähigkeit, das Studierte in etwas zu verwandeln, das beiden Körpern dienlich ist, stellt einen Schritt dar, auf den man im Erziehungswesen hofft, der uns aber selten vermittelt wird. Die meisten von uns lesen und studieren das, was andere Leute geschrieben haben, und nutzen es für die Verbesserung der Perspektive des physischen Körpers, statt die Sicht des spirituellen Körpers möglichst miteinzubeziehen. Wenn die Verbindung zwischen beiden Körpern fest begründet ist, verleiht Ihnen das die Kraft, dem Leben auf der Grundlage solider und persönlicher Standpunkte gegenüberzutreten.

Der Wert der Selbst-Erkenntnis

Die Sprache bildet ein Sprungbrett für die persönliche Erfahrung, wenn sie beiden Körpern angeboten wird. Im besten Fall fördert unser Erziehungswesen diesen Gedanken, indem es die Schüler zum selbständigen Denken anregt. Doch allzuoft wird in den Schulen, vor allem in den Grundschulen, der Versuch gemacht, den Schülern vorzuschreiben, was sie aus ihren Studien lernen sollen. Und die Schüler erschöpfen sich häufig in dem Bemühen, sich zahllose Meinungen einzuverleiben, die gar nicht die ihren sind, so, als seien sie nichts weiter als komplexe Erinnerungsspeicher.

Wenn zwischen Studium und persönlicher Erfahrung keine Beziehung hergestellt wird, entsteht ein Gefühl von Abspaltung und Isoliertheit, das die Weiterentwicklung der Schüler sabotiert, weil die Teilnahme des spirituellen Körpers verweigert wird. Das Studium hilft beiden Körpern beim Wachstum und läßt Sie entdecken, wie beide fühlen. Das bloße Zitieren dessen, was ein anderer schon gesagt hat, ist eine Funktion des physischen Körpers, wenig hilfreich und, offen gesagt, anödend.

Sie machen also den besten Gebrauch von Ihrem Studium, wenn Sie mit seiner Hilfe und dadurch, daß Sie sich für die Erfahrungen beider Körper öffnen, zu sich selbst finden und den Sinn Ihres Lebens entdecken. Lakshmanjoo hat das Sanskrit-Wort für Studium folgendermaßen erläutert:

LAKSHMANJOO: *Adhyaya* bedeutet Verstehen, *sva* ist das Selbst. *Svadhyaya* ist also das Verstehen des Selbst. Das Verstehen des Selbst-Bewußtseins mit Hilfe von Büchern.
ALICE: Ist das von dir beschriebene Selbst-Bewußtsein dasselbe wie der Seinszustand, über den wir gesprochen haben, und den man Shiva (kosmischen Körper) nennt?
LAKSHMANJOO: Seinszustand, ja.

Beachten Sie den Hinweis Lakshmanjoos darauf, daß das Studium direkt mit dem spirituellen und nicht mit dem physischen Körper verbunden ist. Es wird als Nahrungsquelle für den spirituellen Körper betrachtet.

In der Literatur wird durchgängig das Problem der Selbstfindung angesprochen. Beim Lesen können Sie sich über die Identifikation mit den Hauptpersonen quasi selbst genußvoll dabei zusehen, wie Sie darum kämpfen, dieses Ziel zu erreichen. In diesem Buch habe ich immer wieder auf die Bedeutung der Arbeit mit der Phantasie hingewiesen. Mit den dabei auftauchenden archetypischen Bildern und Gestalten können Sie sich durch das Studium zunehmend vertraut machen. Ich möchte Sie dazu ermuntern, das weite Feld der mit der Symbolik befaßten Literatur zu erforschen, zu der auch die Mythen, Legenden und Märchen gehören.

Jenseits der Bücher

Das geschriebene Wort gilt im Yoga als ein Symbol für die Mantra-Yoga genannte Praxis der ständigen Wiederholung einer (vom Lehrer dem Schüler übermittelten) Klangformel, die sich auf den Praktizierenden/die Praktizierende in bestimmter Weise auswirkt. Der Mantra-Yoga wird als eine Form des Studiums betrachtet. Nach der yogischen Kosmologie entfaltete sich das Universum aus dem Urklang «Om», der dann in die Form eines geschriebenen Wortes oder Ideogramms gebracht wurde. Dieser Gedanke findet sich auch in vielen anderen Schöpfungsgeschichten überall auf der Welt, so zum Beispiel in der Bibel, wo das «Wort» die erste Manifestation Gottes darstellt. Anders ausgedrückt, der Ton oder Klang nahm Gestalt an.

ALICE: In Mircea Eliades Buch *Yoga, Unsterblichkeit und Freiheit* steht, daß das Studium aus zwei Dingen besteht: dem Erwerben von Kenntnissen der Wissenschaften, die sich auf die Erlösung von allen weltlichen Bindungen, vom

Ein spezieller Aspekt des Studiums

Es gibt ein wunderbares Buch von Arthur Avalon mit dem Titel *Die Girlande der Buchstaben,* in dem er die yogische Philosophie der Klänge und Töne, der Schrift und der Sprache behandelt. Das Schreiben oder Zeichnen eines jeglichen Wortes wird als ein Yantra betrachtet, als ein einzigartiges Diagramm, das eine ganz spezifische Wirkung auf das Gehirn des Lesers ausübt. Diese spezielle Konzentrationstechnik wird auch als ein Aspekt des Studiums angesehen. Mit der richtigen Aufmerksamkeit verbunden gilt jede Form des Lesens oder Schreibens als Nahrung für den spirituellen Körper.

Karma und dem Kreislauf von Geburt und Tod (*moksha*) beziehen, und der Wiederholung der Silbe Om. Ist Studium die Wiederholung irgendeines oder jedes Mantras?

LAKSHMANJOO: Nur die der Ursilbe Om.

ALICE: Also können sich auch blinde Menschen, denen das Lesen von Texten nicht möglich ist, durch das Wiederholen von Om dem Studium widmen?

LAKSHMANJOO: Ja. Ich will dir eine Definition von Om geben. Om ist dieses Wesen, ist all die 36 Elemente, all die sechs *kalas* (Kräfte), sechs Zyklen, alle 118 Welten. Alle diese Elemente, alle diese Welten und alle diese Zyklen sind in dem Wesen Om enthalten. Und dieses Wesen ist nicht nur Klang. Der Klang ist ein Hinweis auf dieses Wesen. Dieses Wesen ist Seligkeit, *ananda*.

ALICE: Nimmt, wenn ich Om rezitiere, dieses Wesen schließlich Gestalt an?

LAKSHMANJOO: Es ersteht nach und nach in der Person, die es rezitiert. Sie muß dabei wissen und erfahren: «Ich rezitiere dieses Mantra Om.» Es ist nicht nur das Wort Om. Es ist ein Hinweis auf dieses Wesen.

ALICE: Was stellt diese Silbe im Sanskrit geschrieben dar? (Siehe oben.)

LAKSHMANJOO: Sie ist eine Darstellung deines Selbst. Ihre Verwirklichung ist nur dann möglich, wenn sie mit großem Gewahrsein und tiefer Hingabe rezitiert wird.

Das Studium führt Sie in die Stille

Das Studium stellt für uns gewöhnlich einen Weg dar, um etwas zu verstehen oder zu lernen – mit anderen Worten, um uns etwas anzueignen. Wenn wir «uns etwas aneignen», impliziert das immer, daß es zum Nutzen des physischen Körpers geschieht. Doch Sie werden entdecken, daß das Studium, wenn der physische und der spirituelle Körper zusammenarbeiten, Sie zu anderen Aktivitäten führt, darunter zu vielen, die Sie möglicherweise zuvor gar nicht in Erwägung gezogen haben, wie zum Beispiel die Stille. Viele Leute betrachten die Stille nicht als Aktivität, doch im Yoga wird sie als ein höchst energetischer Zustand verstanden.

Sie werden zuweilen feststellen, daß Sie von einer tiefen und tröstlichen Stille erfüllt sind, nachdem Sie Ihre Studierzeit dem spirituellen Körper dargeboten haben. Diese Stille macht den Weg für die intuitive Stimme frei. In ihr fällt alles Denken und Funktionieren von uns ab. Sie werden eines wunderbaren Gefühls von Ausdehnung und Erweiterung gewahrt. Es ähnelt dem Empfinden, das Sie in der Meditation erleben, nachdem es Ihnen schließlich gelungen ist, den inneren Dialog zum Schweigen zu bringen.

Wenn das eingetreten ist, wird Ihnen Ihr früheres Verhalten vielleicht kindisch vorkommen, weil Sie merken, daß Sie nur Ihren physischen Körper zum Einsatz gebracht haben. Die Muster des Wissenserwerbs verändern sich, und Ihr Geist kann sich grenzenlos ausdehnen, wenn Sie die intellektuellen, mechanischen Fähigkeiten des physischen Körpers mit dem emotionalen und intuitiven Qualitäten des spirituellen Körpers vereinen. Sie geraten in das rätselhafte, unbekannte Territorium Ihres intuitiven Wesens und fordern es auf, mit einem Wissen hervorzutreten, das Ihnen bislang nie zu Bewußtsein kam und das in der Philosophie des Shivaismus als «Wonne und ehrfürchtiges Staunen» bezeichnet wird.

Ihre Lektüre unter veränderter Perspektive

Wenn Sie an Ihr Studium mit der Idee, beide Körper daran zu beteiligen, herangehen, verändert das Ihre Wahrnehmungsweise. Bei einer meiner Unterhaltungen mit Lakshmanjoo sprach er über die shivaitische Art und Weise, einen klassischen Text, die *Bhagavadgita*, zu lesen.

LAKSHMANJOO: Abhinava Guptas Buch *Tantraloka* enthält einen Kommentar zur *Bhagavadgita*. Er (Krishna) sagt: «Arjuna, vertraue mir. Verehre mich mit deinem ganzen Wesen. Ich bin der Beschützer dieser ganzen Welt. Ich werde dich beschützen.»

ALICE: Er stellt den kosmischen Körper dar, nicht wahr? Jenen kosmischen Körper, der uns stützt.

LAKSHMANJOO: Ja. Im *Tantraloka* steht, daß man nicht glauben soll, daß Krishna, der Herr, seinen physischen Körper meint, wenn er in der *Bhagavadgita* das Wort «Ich» gebraucht. Es bezieht sich auf den universellen Gott – den kosmischen Körper. Es ist nicht eine Person.

Im religiösen Schrifttum bezieht sich das Wort «Ich» immer auf Gott, nicht auf eine physische Person. Das wahre Ich oder Selbst ist ein göttliches Wesen, der kosmische Körper: die Vereinigung des physischen mit dem spirituellen Körper. Wenn Jesus aussagt: «Ich bin der Weg, die Wahrheit und das Leben», so gibt er diesem Gedanken auf präzise Weise Ausdruck. Wortwörtlich verstanden heißt das, daß Jesus über sich selbst als menschliche Person spricht. Die aus dem spirituellen Körper hervorgehende Bedeutung besagt, daß dieses «Ich» sich auf ein Wesen weit jenseits der physischen Ebene bezieht, mit anderen Worten, auf den kosmischen Körper. Wenn Sie spirituelle Bücher unter diesem Aspekt lesen, wird Ihnen das völlig neue Erkenntnisse über ihren Bezug zu sich selbst vermitteln.

Intellektuelles Horten und Besitzergreifen

Das Studium hilft Ihnen, das unechte Ego des physischen Körpers zu umgehen und den Kanal zum spirituellen Körper zu öffnen, der nur darauf wartet, Ihnen dienen zu können. Das beseitigt gänzlich die dem physischen Körper entspringende Forderung nach Verstehen. Ein so geartetes Begreifen ist nicht notwendig, wenn man sich auf die Informationen des spirituellen Körpers verläßt. Tatsächlich könnte man die Forderung nach Verstehen als gewaltsamen Akt gegenüber dem physischen Körper ansehen, weil er sich angestrengt um eine Reaktion bemühen muß. Wenn Sie das Gefühl haben, sich abmühen zu müssen, um etwas zu verstehen, werden Sie am besten innerlich still und stellen sich den inneren Kanal zwischen den beiden Körpern vor. Das wird Ihrem physischen Körper sofort eine Ruhepause verschaffen.

Das ethische Prinzip des Nichtbesitzergreifens steht mit

diesem Gedanken in enger Beziehung. Studieren Sie, um sich das Gelernte «anzueignen» oder vielleicht die Anerkennung eines anderen zu erlangen? Das wäre als Besitzergreifen anzusehen. Wenn Sie mit Ihrem Studium dem spirituellen Körper Nahrung zukommen lassen möchten, wäre es unangemessen, ihm diktieren zu wollen, wie er diese Nahrung zu nutzen hat. Sie bieten sie ihm einfach an, damit er nach seiner Wahl Gebrauch davon machen kann.

Wenn Sie allmählich erkennen, daß die Forderung nach Verstehen ein intellektuelles Horten und Besitzergreifen von seiten des physischen Körpers darstellt, können Sie sofort eine Verbindung zwischen ihm und dem spirituellen Körper herstellen. Und dann werden Sie die intuitive Stimme Ihres spirituellen Körpers aus dem Innern sprechen hören. Im Yoga spannen wir das Studium nicht für das unechte Ego des physischen Körpers ein. Es wird als Macht verehrt und respektiert, als eine Kraft, die zur Freiheit führt, zu einer unerschöpflichen Quelle und zu einer Form, die den Kanal zwischen unseren beiden Körpern freimacht. Es muß ihm die Möglichkeit gegeben werden, sich nach Belieben zu bewegen und zu verändern.

Entfernung der Scheuklappen

Das Studium erweitert Ihre Erfahrungsmöglichkeiten und führt zu der Fähigkeit, mehr zu tun und zu sehen, so, als hätte man Scheuklappen von Ihren Augen genommen. Harte Arbeit und Studium, die sich nur auf den physischen Körper stützen, werden oft von Kopfschmerzen, Müdigkeit und Streß begleitet. Der spirituelle Körper kennt keine Grenzen und leidet nicht unter solchen Beschwerden. Er kann, ohne müde zu werden, Tage, Jahre, ja, ein ganzes Leben lang operieren. Das Studium verleiht Ihnen eine unbegrenzte Kapazität, ohne jegliche Anstrengung.

Es lehrt Sie auch, zum Beobachter Ihrer selbst zu werden.

Sie können dabei ein wenig Abstand halten von Ihrer Umwelt. Sie sind imstande nachzudenken, bevor Sie handeln, und die Dinge aus mehreren Blickwinkeln zu betrachten. Das verhindert die panischen Reaktionen, denen viele anheimfallen, wenn sie glauben, auf dem Holzweg zu sein oder in eine Sackgasse zu geraten.

Das Studium fördert die Intuition

Ihr Studium bereitet Ihnen einen Weg, der den vollen Ausdruck der intuitiven Stimme fördert. Der spirituelle Körper ist ein Lagerhaus für alles in dieser Welt, nicht nur für Ihre persönlichen Erfahrungen und Ansichten. Dieses Erinnerungsvermögen bestärkt das Wissen um die göttliche Identität in uns allen.

Ich finde es sehr interessant zu beobachten, wie mein spiritueller Körper mit einem Wissen antwortet, das ich zuvor nicht zu besitzen glaubte. Selbst ein nur geringes Maß an Training in dieser ethischen Praxis wird es Ihnen ermöglichen, Probleme leichter zu lösen. Wenn Sie sich mit einer Schwierigkeit konfrontiert sehen, treten Sie, statt zu meinen, sofort darauf reagieren und sie beheben zu müssen, einen Schritt zurück und warten darauf, daß Ihr spiritueller Körper in Aktion tritt. Er wird es tun, und zwar sehr effizient. Sie werden wirklich überrascht sein, weil seine Reaktion so anders ausfällt als alles, was Sie bislang erlebt haben.

Ich sagte bereits, daß die Intuition die Stimme des spirituellen Körpers ist; Sie können sie tatsächlich sprechen hören. Manche von Ihnen haben das wahrscheinlich schon spontan erlebt. Wenn Sie sich dem Studium mit dem Gedanken an diesen zusätzlichen mächtigen Rückhalt widmen, wird die Intuition zu einer verläßlichen und kraftvollen Stütze statt zu einem ätherischen unvertrauten Phänomen. Ich kann mich nicht daran erinnern, daß sich meine Intuition auch nur ein einziges Mal geirrt hätte. Es ist sehr tröstlich zu wissen, daß,

Auf den spirituellen Körper hören lernen

Eine Schülerin schrieb mir:

> Neulich kochte ich, während ich mit einer sehr komplexen Arbeit befaßt war, ein paar Eier und dachte noch, während ich sie aufsetzte: «Ich wette, ich vergesse, daß sie auf dem Herd sind, und sie werden viel zu lange kochen.» Natürlich kam es so; ich erinnerte mich erst nach dreißig Minuten an sie. Gibt es eine Möglichkeit, meine Intuition so zu stimulieren, daß sie mir hilft, auf effiziente Weise mehrere Aufgaben zugleich zu erledigen?

Ihre Intuition braucht nicht stimuliert zu werden. Sie ist immer bereit zu agieren, aber die meisten Menschen hören nicht, wenn sie spricht. Versuchen Sie sich daran zu erinnern, daß sie da ist, und bitten Sie Ihren spirituellen Körper um Hilfe. Er ist Ihr Partner, Ihre andere Hälfte. Wenn Sie zum Beispiel dabei sind, Eier zu kochen, dann sagen Sie: «Ich habe keine Zeit, immer auf die Uhr zu sehen. Sag mir bitte, wenn die Eier fertig sind.» Sie werden feststellen, daß Ihre intuitive Stimme – die Stimme Ihres spirituellen Körpers – Sie wissen läßt, wann Sie nach den Eiern sehen sollen.

Ich bediene mich dieser Technik auch bei vielen anderen Dingen. Zum Beispiel brauche ich schon seit Jahren keinen Wecker mehr. Ich bitte einfach, wenn ich ins Bett gehe, meinen spirituellen Körper, mich zu einer bestimmten Zeit zu wecken, und er hat mich noch nie im Stich gelassen. Die regelmäßige Praxis des Studiums hilft Ihnen bei der Entwicklung der Fähigkeit, auf den spirituellen Körper hören zu können. Probieren Sie es selbst, und freuen Sie sich an den wunderbaren Ergebnissen.

auch wenn ich nicht über alle Antworten verfüge, irgend etwas in mir es doch tut.

Als ich in Südindien Vorträge hielt, sah ich mich oft mit einer doppelten Dosis an Feindseligkeit konfrontiert; einmal, weil ich als Frau als unrein galt, zum anderen, weil es mir als Amerikanerin nicht anstand, Vorträge über Yoga zu halten. Die Leute im Publikum versuchten oft, mich aus dem Konzept zu bringen, indem sie sich bei ihren Fragen auf die klassischen Schriften Indiens bezogen. Doch obwohl ich in diesen Texten weniger bewandert war als sie, die die darin enthaltenen Lehren schon mit der Muttermilch eingesogen hatten, konnte ich doch kompetente Antworten geben, weil ich mich dabei auf meinen spirituellen Körper verließ. Ich wußte, daß die Erfahrungen meines physischen Körpers hier untauglich waren, aber ich konnte mein Training im Beiseitetreten nutzen und zusehen, wie mein spiritueller Körper agierte.

Die Erweiterung des Studiums

Wenn ich das Studium in seiner Erweiterung spüre, dann stelle ich es mir als meinen spirituellen Körper vor, der in voller Blüte steht, leuchtend vor Zufriedenheit; seine Gestalt weiß sich willkommen und dazu ermuntert, sich frei und glücklich zu entfalten. Sie werden merken, wie leicht sich alles bewerkstelligen läßt. Seine machtvolle Persönlichkeit ist in ihrem Tun keinen Grenzen unterworfen, wenn die Beziehung zwischen Ihnen und diesem Körper gefestigt und behaglich geworden ist.

Nun ist es für Sie an der Zeit, die Erfahrung ständiger Veränderung zu genießen. Das Leben ist nicht länger langweilig, sondern nimmt sich frisch und neu aus. Sie werden vom süßen Wind der Freiheit durchweht. Die ermüdende Alltagsexistenz wird von neuen Gelegenheiten und Möglichkeiten abgelöst. Die klassischen Schriften beschreiben das Ergebnis eines Festgegründetseins im Studium folgendermaßen:

«Die Frucht, die aus dem ständigen Streben nach Selbst-Erkenntnis erwächst..., besteht darin, daß der Herr, den du suchst, vor dir leuchtend in Erscheinung tritt.» Mit anderen Worten, der Seinszustand, welcher der spirituelle Körper ist, wird für Sie sichtbar Gestalt annehmen.

13

Ethisches Prinzip Nr. 10
Gedenken

Erkennen Sie die Unterstützung an, die Ihnen Ihr spiritueller Körper zukommen läßt

Ishvara pranidhana ist der Sanskrit-Begriff für Erinnerung oder Gedenken. *Ishvara* ist ein Name für Gott, der sich auch auf den spirituellen Körper bezieht und den Sie durch das Praktizieren der ethischen Prinzipien dazu einladen, Gestalt anzunehmen. *Ishvara pranidhana* bedeutet also, dieses Körpers eingedenk zu sein, seiner inne zu werden, verbunden mit dem Gedanken, daß Sie eines Tages seine Gestalt tatsächlich erblicken werden. In den klassischen Yoga-Schriften wird gesagt, das Ergebnis des Praktizierens von Gedenken sei *samadhi* – das rasche Erlangen der Vereinigung mit dem göttlichen Selbst oder von Gottesbewußtsein.

Gedenken meint hier ein bewußtes Gewahrsein, das den Praktizierenden/die Praktizierende auffordert, alle ethischen Prinzipien auf das Alltagsleben anzuwenden. Jede Handlung, jedes Wort, jeder Gedanke, jeder Wunsch und jede Beziehung müssen im hellen Licht dieser Ethik überprüft werden, und mit Hilfe der Praxis des Gedenkens können Sie sich vergegenwärtigen, daß Sie diese ungeheure Aufgabe nicht allein zu bewältigen brauchen. Sie eröffnet Ihnen einen leicht begehbaren Weg, Ihrem spirituellen Körper Aufmerksamkeit zukommen zu lassen, damit er Ihnen, wenn er Ihnen erscheint, bei allen Ihren Unternehmungen Beistand leisten kann.

Wie Sie mit dem Praktizieren von Gedenken beginnen können

Leben Sie im Augenblick. «Gedenken» ist nicht dasselbe wie Erinnern im herkömmlichen Sinn. Das Erinnerungsvermögen ist unser großer Lehrer beim Aufwachsen und während des Reifeprozesses. Wir erinnern uns daran, daß es weh tut, wenn wir die Hand ins Feuer halten, also versuchen wir, dies in Zukunft zu vermeiden. Ebenso gründen sich alle unsere gegenwärtigen Beziehungen auf die Erinnerung an das, was in der Vergangenheit bei unseren Interaktionen mit anderen Personen geschah. Vergangenheit und Zukunft basieren somit auf etwas, das wir *bereits kennen.* Dieser Prozeß wird vom physischen Körper kontrolliert. Und unsere Aktionen und Reaktionen bleiben immer die, die sie waren, weil sie uns vertraut sind.

Das ethische Prinzip des Gedenkens bedeutet jedoch etwas anderes als das Aufrufen von Erinnerungen aus der Vergangenheit, die uns dann als Richtschnur für unser gegenwärtiges Handeln dienen. Die meisten Menschen glauben, das Sicherinnern sei leicht, doch hier sind Sie aufgefordert, sich an etwas zu erinnern, das sich noch gar nicht ereignet hat. Mit anderen Worten, Gedenken bedeutet, daß Sie des Geschehens im gegenwärtigen Augenblick gewahr sind. Das bereitet die Bühne für neue und andere Erfahrungen vor, die von einem ethischen Verhalten geleitet und vom spirituellen Körper unterstützt werden.

Die Praxis des Gedenkens schenkt Ihnen eine wunderbare

Erfahrung von Freiheit, weil Sie nicht in von der Vergangenheit oder der Zukunft bestimmten Verhaltensweisen eingebunden sind. Wenn Sie den spirituellen Körper auffordern, Ihr Führer zu sein, wissen Sie im Grunde nie, was als nächstes passiert. Wenn Sie lernen, im Augenblick zu leben, setzt das einem sich ewig wiederholenden, auf den Erinnerungen des physischen Körpers an die Vergangenheit basierenden Verhaltensmuster ein Ende, das Sie ansonsten gefangenhält. Während Erinnern bedeutet, daß Sie sich etwas bereits Bekanntes ins Gedächtnis rufen, hilft Ihnen das Gedenken bei der Entwicklung der Fähigkeit, sich dem Unbekannten zu stellen.

Versuchen Sie, wenn Sie Gedenken praktizieren, Ihren Geist zentriert, also in der Mitte, zu halten. Lassen Sie keine rückwärts oder nach vorne gerichtete Bewegung zu, und beenden Sie die inneren Selbstgespräche. Dies ähnelt der Praxis der Zufriedenheit (siehe Kapitel 10). In dieser Stille können Sie vielleicht die intuitive Stimme des spirituellen Körpers vernehmen. Die Quäker haben eine ähnliche Praxis, Zentrieren genannt, bei der sie alle Aktionen des Körpers und des Geistes zur Ruhe bringen und darauf warten, in ihrem Innern die göttliche Stimme sprechen zu hören.

Fangen Sie an, den Panzer des unechten Ego aufzubrechen. Zu den Aufgaben des Gedenkens gehört es, daß Sie lernen, Ihren vom beschränkten, unechten Ego des physischen Körpers bestimmten Blickwinkel zu erweitern. Ein Schüler schrieb mir in einem Brief: «Was meine Praxis angeht, so sind die Dinge ein bißchen schal geworden.» Das ist ein weitverbreitetes Gefühl, das aufkommt, wenn die Leute allmählich merken, daß sie ihr ganzes Leben auf die begrenzten Schlußfolgerungen ihres unechten Ego abstellen. Sie sehen sich dann außerstande, sich aus ihrem persönlichen Gewahrseinskreis herauszubewegen, weil alles innerhalb dieses Kreises von ihnen erfunden wurde und ihr Eigentum ist. Sie werden es leid, sich selbst reden zu hören.

Das unechte Ego läßt keinem Raum für Veränderung. Das

gleicht der Tretmühle in einem Hamsterkäfig, immer in derselben Richtung, oder dem Krustentier, das sich mit einer so engen Schale umgeben hat, daß sie ihm zu einem langweiligen Gefängnis wird. Es schleppt dieses Gehäuse überall mit hin, das einzige Zuhause, das es kennt.

Bei den meisten von uns besteht der erste Schritt zum Knakken dieses Panzers darin, daß wir die Wiederholungsmuster in unserem Leben erkennen. Zu den gängigen Beispielen gehören das wiederholte Eingehen von Beziehungen zu Personen, die einen mißbrauchen oder mißhandeln, die Flucht in Alkohol, übermäßiges Essen in Krisensituationen und die Unterdrükkung von Gefühlen, statt ihnen Ausdruck zu geben. Nehmen Sie sich einen Augenblick Zeit, und denken Sie darüber nach, welche Muster sich in Ihrem Leben zeigen.

Wenn Sie sich dabei ertappen, daß Sie ein solches Muster wiederholen, sollten Sie sich als erstes fragen: «Will ich das wirklich?» Und: «Wer ist es, der dieses Muster wiederholt?» In dem Moment, in dem Sie sich diese Fragen stellen, haben Sie schon mit dem Aufbrechen Ihres Panzers begonnen, weil Sie von einer automatischen Reaktion in Ihrem physischen Körper (dem unechten Ego) zu der Beobachtung übergegan-

---

Ein Panzer des unechten Ego

Die Tragödie des Kindesmißbrauchs liefert ein Musterbeispiel für die beginnende Panzerbildung des unechten Ego. Kinder sind nicht imstande, der Person, die sie mißbraucht und die oft ein Familienmitglied ist, die Schuld zu geben, und geben sich daher selbst die Schuld. Das unechte Ego des Kindes legt sich einen Panzer zu, um mit der Verzweiflung und Verwirrung fertig werden zu können, und dieser Panzer wächst mit dem Kind. Das Kind wird zum Gefangenen dieser falschen egoistischen Einstellung, und die Selbstanklage setzt sich fort.

---

gen sind, daß eine aus Ihrem spirituellen Körper (dem echten Ego) hervorgehende unsichtbare Kraft wirksam ist.

Beim Praktizieren von Gedenken nehmen Sie ganz einfach diese Wiederholungsmuster zur Kenntnis, ohne sie als gut oder schlecht zu bewerten und ohne den sofortigen Drang zu verspüren, sie verändern zu wollen. Wenn Sie sich die Chance geben, das Geschehen im Licht der in diesem Buch beschriebenen ethischen Prinzipien zu überprüfen, können Sie feststellen, ob Ihre Muster destruktiv oder in irgendeiner Weise unethisch sind, und dann entscheiden, ob Sie sie verändern wollen oder nicht.

Die meisten Menschen fühlen sich sehr erleichtert, wenn sie merken, daß sie die Bürde nicht länger zu tragen brauchen, sofort alles in Ordnung bringen zu müssen, was bei ihnen und in der Welt nicht stimmt. Der spirituelle Körper erkennt die Tatsache an, daß alles in der Welt göttlich ist, nicht nur das, was sich angenehm oder gut anfühlt. Ein Gedanke, der im Gegensatz zu dem religiösen Fanatismus steht, mit dem manche Leute die Welt nach ihren persönlichen, egoistischen Vorstellungen umzumodeln trachten. Für sie ist nur das göttlich, was sie mögen und was ihnen gefällt. In der yogischen Ethik ist jede Suche nach Gott von Wert. Der Gedanke, daß die eine Suche besser ist als die andere, entstammt dem unechten Ego; es ist eine Denkweise, die zur Abspaltung von Ihrer Welt und der eigenen Person führt.

Heißen Sie das Unbekannte willkommen. Wir haben darüber gesprochen, daß das Gedenken eine Praxis der Ausrichtung auf den Gegenwartsmoment ist und Sie dazu anregt, aus dem beschränkten physischen Körperbewußtsein auszubrechen. Indem Sie sich bewußt auf Ihren spirituellen Körper besinnen, richten Sie Ihre Aufmerksamkeit oder Hingabe auf etwas, was Ihnen gegenwärtig unbekannt ist. Sie wissen noch nicht, was der spirituelle Körper ist, und bitten ihn, Gestalt anzunehmen, damit Sie ihn kennenlernen können.

Ähnliches geschieht im Sport, in der Musik oder im Tanz, wenn der oder die Ausübende in der Erfahrung des Einsseins

> Alle große Kunst ist das Werk des lebendigen Geschöpfs
> in seiner Gesamtheit, des Körpers und der Seele,
> doch hauptsächlich der Seele.
> *John Ruskin*

mit der Bewegung oder dem Klang aufgeht. In einem solchen Fall liegt die Art und Weise der Darbietung nicht länger in den Händen der betreffenden Person. Sie hat ihren physischen Körper geübt und vorbereitet, und weil sie imstande ist, sich selbst zu vergessen, nimmt sich nun der spirituelle Körper der Dinge an. Die Person verbleibt in der außergewöhnlichen Position der Mitte. Alle Künstler und auch die Athleten werden dazu angehalten, sich dieser Methode zu bedienen; in ihr findet sich das Geheimnis außergewöhnlicher Leistungen.

Stellen Sie sich vor, Sie sind eine Tänzerin oder ein Tänzer und bereiten sich auf einen enormen Sprung vor – den perfekten Sprung. Die Vorbereitung darauf wurde zu einem beständigen Verlangen. In der Phantasie können Sie das Gefühl der Schwerelosigkeit erleben und genießen. In der Imagination malen Sie sich den Sprung aus, und wenn diese Vorstellung dann an Macht und Kraft gewinnt und Form annimmt, können Sie den Sprung ausführen, weil Sie einen Kanal zu Ihrem spirituellen Körper geöffnet haben.

Während Sie an Ihrer Phantasievorstellung arbeiteten, waren Sie sich Ihrer Unzulänglichkeiten bewußt, doch der Erfolg stellt sich ein, wenn Sie diese hinter sich lassen und sich wie ein Stabhochspringer ins Unbekannte aufschwingen können. Sie wissen nicht, was dort sein wird. Sie wissen nicht, ob Sie es schaffen können. Ihre Phantasie erlaubt Ihnen, den Gedanken zu fassen: «Es gibt noch etwas anderes als das, was ich kenne. Ich kann mehr als das, was ich im Moment kann.»

Die Yoga-Lehre besagt, daß Ihre persönliche Macht und Kraft und Ihre Fähigkeiten bei weitem die Grenzen übersteigen, die Sie sich dadurch auferlegt haben, daß Sie sich

> Es gibt kein anderes Glück hier in dieser Welt
> als das, frei von dem Gedanken zu sein,
> daß ich anders bin als du.
> *Utpaladeva*

ausschließlich auf Ihren physischen Körper verlassen. Wenn Ihre Fähigkeiten und Kräfte Sie dazu anregen, im Unbekannten zu verweilen, wird das Gedenken eine Brücke zur Wahrheit schlagen, weil das Unbekannte das Zuhause Ihres spirituellen Körpers ist, der Sie in jeder Situation mit der Wahrheit versorgen kann.

Der spirituelle Körper kann weder verlorengehen noch versagen. Sollten Sie derartige Gefühle überkommen, können Sie das Gedenken einsetzen, um sich klarzumachen, daß diese Tendenzen nur Projektionen des unechten Ego des physischen Körpers sind, die eine Trennwand zwischen Ihnen und Ihrer Kraft aufbauen.

Die Sehnsucht nach dem Einssein mit dem spirituellen Körper

Die meisten Übersetzungen bringen *Ishvara pranidhana* mit Begriffen wie Anbetung, Verehrung oder Ritus in Zusammenhang. Dem liegt der Glaube zugrunde, daß das Ritual, ein Hauptbestandteil herkömmlicher Andacht und Anbetung, die einzige Form von Hingabe oder Hinwendung ist, derer es bedarf, um des spirituellen Körpers ansichtig zu werden und mit ihm zu interagieren. Diese Herangehensweise impliziert jedoch, daß der spirituelle Körper etwas anderes ist als Sie, und zementiert somit die Vorstellung, daß Sie und Ihr spiritueller Körper getrennt voneinander existieren. Wenn Sie an Ritualen und Andachten Gefallen finden, werden sie Ihnen eine größere Hilfe sein, wenn Sie sich immer daran erinnern, daß Sie

> Bewahr einen grünen Baum im Herzen,
> dann kommt vielleicht der singende Vogel zu dir.
> *Chinesisches Sprichwort*

und der Gegenstand Ihrer Verehrung in Wirklichkeit ein und dasselbe sind.

Wenn Sie mit Hilfe der Phantasie allmählich die Gegenwart des spirituellen Körpers spüren, werden Sie erkennen, daß er schon immer da war; Sie laden ihn nur einfach dadurch, daß Sie ihm Aufmerksamkeit schenken, ein, sich zu zeigen. Wenn Ihre Phantasievorstellung vom spirituellen Körper zunehmend realer wird, werden Sie in Gedanken Kommentare abgeben wie: «Wie schön du bist», «ich kann deine Anwesenheit fühlen» oder «wie wunderbar ist es, daß ich dich sehen kann».

Viele Schüler und Schülerinnen schreiben mir über ihre diesbezüglichen Phantasievorstellungen, wobei sie oft klagen: «Ich kann dieses Gefühl nicht in Worte fassen.» Dies sagt mir, daß sie danach verlangen, den Empfindungen ihres Herzens Ausdruck zu verleihen. Viele Menschen sind oft vom Gefühl einer unaussprechlichen Sehnsucht erfüllt, von einem Gefühl, daß irgend etwas nicht ganz befriedigt, nicht ganz vollständig ist.

Das ist ein ursprüngliches Gefühl der Sehnsucht nach dem spirituellen Körper. Wir wollen seiner gewahr sein, weil wir auf irgendeiner Ebene wissen, daß wir ein Teil von ihm und er ein Teil von uns ist. Dieses Gefühl läßt sich nur schwer artikulieren und auch kaum eindeutig identifizieren. Es ist zu subtil für Worte, doch etwas in unserem physischen Körper reagiert auf dieses Urgefühl. Die Praxis des Gedenkens hilft uns zu erkennen, daß diese Sehnsucht aus unserem Innern kommt und unserer spirituellen Natur entspringt.

Lakshmanjoo drückte dies folgendermaßen aus:

ALICE: Warum gilt *Ishvara pranidhana* als die höchste *niyama* (innere Disziplin)?

LAKSHMANJOO: Weil sie das allmähliche Ende des Weges ankündigt. Es gibt nur noch die Sehnsucht. Die Sehnsucht, zu umarmen...

ALICE: Den Schatz?

LAKSHMANJOO: Ja. Es gibt da einen Vers (*sloka*): «Wann wird der Tag kommen, o Herr, wann werde ich dich herbeirufen mit einem einzigen Schrei, und du erscheinst vor mir? Wie kann ich ihn ausstoßen, diesen Schrei? Ein einziger Ruf bringt dich in meine Arme.»

«Herr» bezieht sich auf den spirituellen Körper, die unsichtbare Hälfte in uns selbst.

Gib Gott an allem die Schuld

Die Sehnsucht nach Gott oder dem spirituellen Körper führt allmählich dazu, daß man ständig seiner Gegenwart gedenkt. Lakshmanjoo pflegte zu sagen: «Gib Gott an allem die Schuld.» Diese Einstellung, so erzählte er mir, sei ein Weg, um Gott stets im Bewußtsein zu behalten. Wenn ich Gott, oder meinem spirituellen Körper, an allem «die Schuld gebe», vergesse ich Gott nie, ich praktiziere ständiges Gedenken.

LAKSHMANJOO: Da war einmal ein Schüler, der Gott sehen wollte. Sein Meister sagte zu ihm: «Wenn Gott dir nicht erscheint, dann schlag ihn mit einem Stock.» Da gab es einen Shiva-Lingam (eine physische Darstellung der Macht des Shiva-Bewußtseins, gewöhnlich ein phallusförmiger Stein). Der Schüler ging regelmäßig hin und verprügelte den Lingam mit seinen Schuhen. Dann kam eine Flut, und der Lingam wurde von Wassermassen überdeckt. Der Schüler tauchte nach ihm mit seinen Schuhen.

ALICE: Um ihn weiter zu verprügeln?

223

LAKSHMANJOO: An diesem Tag erschien ihm Shiva, weil der Schüler nicht einen Tag ausgelassen hatte. Ihn zu schlagen bedeutet auch Hingabe. Hingabe ist nicht nur das Lobpreisen. Ihn zu schlagen ist auch Anbetung und Verehrung. Auf diese Weise ist Gott immer im Geist präsent.

In der Mythologie findet sich eine ähnliche Thematik, und zwar in den Geschichten, in denen ein Feind Gottes vor die Wahl gestellt wird, entweder in einer unerfreulichen Situation als Gegner Gottes zu agieren und über diese Oppositionshaltung schneller zu Gott zurückzukehren oder aber als gläubiger Anhänger zu handeln und für die Rückkehr in Gottes Gegenwart länger zu brauchen. Unfehlbar entscheidet er sich für die kürzere Zeit der Feindseligkeit, um so rasch wie möglich in den Zustand der Göttlichkeit heimkehren zu können.

Der Punkt ist, daß diese heftige Feindseligkeit eine Art von Gedenken ist, die eingesetzt werden kann, um zur höchsten Verwirklichung zu gelangen. Ob nun in völliger Übereinstimmung oder in völligem Widerspruch, der Aspirant ist ganz und gar auf das Gedenken Gottes konzentriert. Lakshmanjoo und ich sprachen einmal über eine dieser Geschichten. (In dem Epos *Ramayana* raubt der Dämon Ravana Ramas Frau Sita. Sie wird gerettet, und der Dämon wird von Rama sowie dessen Bruder Lakshmana und dem Affengott Hanuman getötet.)

ALICE: In der Mythologie gibt es die Geschichte, in der Ravana vor die Wahl gestellt wird, entweder nach vielen Leben der Hingabe oder aber nach nur drei Leben als Ramas schlimmster Feind die Vereinigung mit Rama (ein anderer Name für Gott) zu erlangen. Das ist es, was du meinst, oder? Ob man nun Gott schlägt oder liebt, es ist ein und dasselbe?

LAKSHMANJOO: Ja, es ist dasselbe wegen des Gedenkens.

ALICE: Also hat Ravana in Wirklichkeit Gott geliebt?

LAKSHMANJOO: Er hat Rama zutiefst verehrt. Er wollte durch Ramas Schwert seinen Tod in Empfang nehmen. Ansonsten hätte er sich nicht diesen Streich mit Sita erlaubt. Ohne ihn wäre er der Ehre verlustig gegangen, durch Ramas Hand zu sterben.

ALICE: Er wußte, daß Rama ihn töten würde?

LAKSHMANJOO: Ja.

In diesem populären indischen Epos wird Ravana als eine Figur dargestellt, die *Ishvara pranidhana* in ihrer höchsten Form praktiziert, weil seine unentwegte Feindseligkeit gegenüber Gott als eine Form der ständigen Hingabe angesehen wird.

Gott in allem und jedem sehen

Rajat Singh war einer der großen Könige Indiens. Er pflegte den Diamanten Kohinoor an seinem Arm zu tragen, und manchmal hängte er ihn auch nur so aus Spaß seinem Pferd um den Hals. Jeder Bettler, der an seinen Hof kam und erklärte, über ein wie auch immer geartetes philosophisches Verständnis zu verfügen, wurde mit goldenem Tafelgeschirr und Schmuck und allem möglichen Komfort willkommen geheißen, weil, östlicher Denkweise gemäß, jeder, der an unsere Tür kommt, als göttlich anzusehen ist, als eine Repräsentation Gottes, die wir nicht erkennen können, die aber jeder Lebensform innewohnt.

So war es also Sitte zu glauben, daß jeder Gast Gott sein konnte, der eine menschliche Gestalt angenommen hatte. Wir können nie wirklich wissen, wen wir da anblicken. Mag sein, daß wir Gott nicht erkennen, aber es hilft uns, das Göttliche in allen Dingen zu erkennen, wenn wir ständiges Gedenken üben und uns darauf besinnen, daß Gott immer da ist.

Abhängigkeit vom spirituellen Körper

Das Praktizieren von Gedenken verschafft Ihnen eine Unterstützung, auf die Sie sich immer verlassen können. Wenn ich mich darauf besinne, daß mein spiritueller Körper die ganze Verantwortung für mein Leben trägt, verspürt mein physischer Körper sofort große Erleichterung. Abhängigkeit macht die Leute glücklich, weil es sie davon befreit, Verantwortung zu tragen. Da aber unsere Kultur der Unabhängigkeit einen so großen Wert beimißt, erweckt sie in den Menschen oft Schuldgefühle.

Ich habe gelernt, daß man sich nicht unbedingt von Abhängigkeit befreien muß. Für sich genommen ist sie nichts Schädliches; an ihr ist nichts falsch, wenn sie Ihnen dient. Ich möchte aber von etwas abhängig sein, das Wirklichkeit besitzt und sich nicht verändert. Ich möchte etwas, das von Dauer ist. Aus diesem Grund habe ich gelernt, alle Abhängigkeit an den spirituellen Körper zu binden.

Das Abhängigkeitsgefühl, das ich anstrebe, ähnelt meiner Erfahrung mit dem Dahintreiben. Mein ganzes Leben lang verfügte ich über die Fähigkeit, mich in jeder Körperlage auf dem Wasser treiben lassen zu können: vertikal, horizontal, mit gekreuzten Beinen, einen Arm unter dem Kopf, ein Buch lesend. Ich gehe einfach nicht unter. Irgend etwas stützt und trägt mich. Als ich ein Kind war, pflegte mir meine Schwester Steine auf den Bauch zu legen, um zu sehen, wie viele notwendig waren, damit ich unterging. Ich kann mich erinnern, daß ich in Indien den Ganges stromabwärts trieb und Rama am Ufer entlanglief und mir zuschrie: «Komm raus! Komm raus! Die Schildkröten, die Schildkröten!» Ich wußte nicht, daß in diesem nördlichen Abschnitt des Ganges große Schildkröten leben, die sich von Leichen und unwissenden Schwimmern ernähren.

Es macht mir großen Spaß, ohne Boden unter den Füßen senkrecht im Wasser zu stehen. Ich habe keine Angst, zu versinken. Dies entspricht meinem Gefühl, total und problemlos von meinem spirituellen Körper unterstützt zu werden. Wenn Sie diesen Rückhalt spüren, haben Sie keine Angst mehr. Was hält mich an der Wasseroberfläche? Einfach der Glaube, daß ich nicht versinke. Wie kam ich zu diesem Glauben? Irgendwie lernte ich, daß ich mich auf eine unsichtbare unterstützende Kraft absolut verlassen kann. Jetzt weiß ich, daß sie in meinem spirituellen Körper begründet ist.

Gedenken Sie der Quelle der Emotion

Was läßt Sie sich verlieben? Wer empfindet Liebe? Die Liebe bringt Sie dazu, sich verliebt zu fühlen. Es ist nicht eine andere Person; es ist die in Ihrem Innern existierende, im spirituellen Körper personifizierte Liebe. Die Liebe lebt im spirituellen Körper. Die Liebe war schon lange da, bevor Sie geboren wurden, und wird noch lange da sein, nachdem Sie gegangen sind. Sie können die Liebe nie zu Ihrem Eigentum machen, Sie können sie nur erleben und erfahren. Wenn Sie es zulassen, bringt die Liebe sich selbst zum Ausdruck, und Sie haben nur die Verantwortung, sich daran zu erinnern.

Der Tatsache zu gedenken, daß die Quelle solcher Gefühle der spirituelle Körper ist, vertieft die Erfahrung, so, als bekämen Sie einen extra Klacks auf Ihre Eiskugel in der Waffel. Das ist mit Gnade gemeint: ein Geschenk, das nicht verlangt wurde. Die Praxis des Gedenkens bedeutet ein bewußtes Bemühen, sich selbst zu einem perfekten Instrument für alle Erfahrung zu machen. Die Abhängigkeit vom spirituellen Körper birgt in sich eine erstaunliche nichtintellektuelle, total intuitive Kraft, die Ihr innerstes Wesen in Besitz nimmt, wenn all Ihre Mauern des Widerstands durchlässig geworden sind.

ALICE: Ist die Hingabe an Gott ein emotionaler Zustand? Bedeutet sie einsgerichtete Konzentration auf die Liebe, auf dein Verlangen nach der Liebe zu Gott?
LAKSHMANJOO: Sie ist ein intensives Verlangen. Eine in-

tensive Sehnsucht, ihn zu sehen. Laß alles andere außer acht.

ALICE: Für jemanden, der danach strebt…, ist das das Wichtigste im Leben, oder?

LAKSHMANJOO: Ja. Das *einzig* Wichtige. Nicht das Wichtigste.

ALICE: Alles andere ist einfach darauf bezogen.

LAKSHMANJOO: Es ist nur Stroh.

ALICE: Als wir über *santosha* (Zufriedenheit) sprachen, hast du gesagt, daß man nicht den Wunsch nach Gottesbewußtsein haben soll. Wie kann man Hingabe praktizieren, ohne den Wunsch zu haben, Gott zu sehen?

LAKSHMANJOO: Es gibt den Drang, ihn zu sehen. Das ist nicht Wünschen. Der Drang, ihn zu sehen, liegt in der spirituellen Natur. Das Wünschen liegt in der physischen Natur. Beim Wünschen gibt es einen zweifachen Drang. Zwei Gestalten, die voneinander getrennt zu sein scheinen. Eine Trennung, die nicht existiert.

ALICE: Entspringt dieser Drang deinem Selbst?

LAKSHMANJOO: Nein, es findet eine Transformation statt. Dein Selbst wird in dir selbst transformiert.

ALICE: In den kosmischen Körper?

LAKSHMANJOO: Ja, weil alles, was im Universum existiert, in Wirklichkeit nicht vom Gottesbewußtsein entfernt ist. Aber wir verstehen das nicht. Wir haben diese Seite des Verstehens vernachlässigt. Daher glauben wir, daß wir vom Gottesbewußtsein ferngehalten werden. In Wirklichkeit werden wir nicht davon ferngehalten. Wir haben aus eigenem Willen das Gottesbewußtsein ignoriert.

Wenn Sie anfangen, die Disziplin des Gedenkens zu meistern, werden Sie das Gewahrsein Ihres spirituellen Körpers nie verlieren. Der Kanal zu Ihrem physischen Körper wird offen sein. Sie werden vom einem kindlichen Staunen erfüllt, wenn die Kraft des spirituellen Körpers in Sie einfließt. Diese Hilflosigkeit macht Ihnen keine Angst; Sie fühlen sich außerordentlich wohl und ganz und gar unterstützt, während diese Veränderung in Ihrer Natur stattfindet. Es tritt ein großer Friede ein, ganz ähnlich jener Erfahrung, die viele Menschen als eine Rückkehr in den Mutterleib beschrieben haben, wo wir ruhen und wo all unsere Bedürfnisse erfüllt werden, wo wir einfach nur wachsen und lernen, in totaler Abhängigkeit von der Quelle des Lebens. Wenn dieser Friede Sie berührt, können Sie ihn nie wieder vergessen.

14

Das leidenschaftliche Verlangen nach dem Einssein

Als Rama und ich einmal in seinem Garten in der Himalaya-region spazierengingen, deutete er auf eine Eidechse, die davonhuschte, als wir uns näherten. Er erzählte mir, diese spezielle Eidechsenart verfüge über ein so starkes Gift, daß ein einziger Tropfen genüge, um sieben Menschen zu töten. Und doch rannte sie ängstlich vor uns davon, ohne sich auf ihre Macht zu besinnen. «Du bist wie sie, Alice», sagte Rama lachend.

In gewisser Weise sind wir alle wie diese Eidechse. Weil wir unseren spirituellen Körper vergessen haben, erinnern wir uns nicht daran, wer wir eigentlich sind und was wir zu tun vermögen. Man muß schon ein besonderer Mensch sein, um nach der Antwort auf die Frage zu suchen: «Warum wurde ich geboren?» Dann entwickelt man eine überwältigende Leidenschaft, ein Verlangen, das alles andere im Leben verdrängt.

Als ich mit dem Yoga begann, lebte ich auf der Oberflächenebene meiner Persönlichkeit. Mein physisches Selbst, das ich für mein Gesamtwesen hielt, ermüdete leicht, war rasch gelangweilt und zerbrechlich. Es reichte mir nicht. Ich wollte mehr: mehr Leben, mehr Wissen, mehr Stärke, mehr alles. Mir wurde klar, daß ich das nicht allein schaffen konnte, und wandte mich an meinen spirituellen Körper, damit er

> Und wenn die Liebe spricht, macht die Stimme all der
> Götter den Himmel ganz schläfrig vor Harmonie.
> *Shakespeare,* Die beiden Veroneser

meine Welt erweiterte und erhellte. Das war eine wunderbare Entscheidung. Mein zerbrechliches physisches Wesen wandte sich nach innen und entdeckte dort die große Kraft meines spirituellen Körpers, der mit offenen Armen auf mich wartete. Immer wieder überrascht, erhielt ich tiefe und klare Eindrükke, die mir zeigten, daß ich ganz und gar nicht das war, was ich zu sein schien.

Wir wurden eins, und auf der Grundlage dieser Vereinigung entwickelte sich eine Leidenschaft für das Leben, die ständig und mühelos von der nie ermattenden, unsterblichen spirituellen Hälfte meiner Persönlichkeit gestärkt und genährt wird. Die leidenschaftliche Emotion trägt uns geradewegs und ohne irgendwelches Feilschen oder Verhandeln zum Herzen. Die Leidenschaft ist ein direkter Weg, der uns zu unserer persönlichen emotionalen Tiefe führt – sie wird nicht von einer anderen Person widergespiegelt, sondern ist ein leuchtender Spiegel unseres tiefsten Selbst.

Der physische Körper assoziiert Leidenschaft mit jugendlicher Sexualität, aber diese ist nur ein kleiner Bestandteil der Erfahrung von Leidenschaft. Ich kann sie am besten beschreiben, wenn ich sie – obwohl sie noch etwas viel Umfassenderes ist – mit dem Erlangen von Reinheit (siehe Kapitel 9) vergleiche: ein Einswerden mit sich selbst, den eigenen Zielen, dem eigenen Leben in einer Umarmung des physischen und spirituellen Körpers, die wahre Liebe bedeutet. Ein leidenschaftlicher Mensch ist in seiner Persönlichkeit nicht geschwächt oder verwässert. Die meisten Leute können Leidenschaft nur ein paar Augenblicke aushalten. Yogis sind ewig leidenschaftlich.

Mein ganzes Leben ist in leidenschaftliche Gefühle einge-

231

bettet. Alles ist für mich von Bedeutung, und weil die Last dieser Leidenschaft zu schwer ist, als daß mein physischer Körper sie (er)tragen könnte, muß ich um zusätzliche Unterstützung bitten. Und die bekomme ich von meinem spirituellen Körper.

Ihn immer mehr erkennend und anerkennend, begrüße ich dieses Gewahrsein, das mich aus dem Gewöhnlichen und Alltäglichen heraushebt und mich das Leben auf eine Weise wahrnehmen läßt, die glanzvoll und aufregend ist und mir einen endlosen Strom an Wissen und Erfahrungen zuträgt. Diese Erfahrung ist auch Ihnen zugänglich, wenn Sie die in diesem Buch vorgestellten ethischen Prinzipien praktizieren. Es ist der klassische und vielfach betretene Weg der Helden und Heldinnen: Menschen, die nach einem Sinn im Leben suchen. Wichtig ist die Erkenntnis, daß Sie, was immer Sie an ethischer Praxis üben, dies nur um Ihrer selbst willen tun.

Das Ergebnis dieser ethischen Praxis ist im klassischen Yoga als innere «Genügsamkeit» bekannt. Die meisten von uns verbinden mit diesem Begriff ein Handeln oder eine Disziplin im Außen, aber innere Genügsamkeit ist ein Seinszustand. Er zeichnet sich durch das Wissen aus, daß Sie sich so weit zurechtgestutzt haben, daß alles für Sie Bedeutung hat. Sie haben sich von allen unnützen, unerwünschten, destruktiven Dingen des Lebens befreit; es gibt nichts Sinnloses in Ihrem Dasein. Mit anderen Worten, Sie haben gefunden, was Sie wollten, und verweilen in diesem Zustand, erstrahlen in Einfachheit, Stärke und Reinheit. Sie haben sich selbst so gesehen, wie Sie wirklich sind, und lieben das, was Sie sehen. Der wunderschöne Zu-

> Gottesbewußtsein wird nicht mit Hilfe der Schriften erlangt, und auch nicht durch die Gnade deines Meisters. Gottesbewußtsein erlangst du nur durch dein eigenes subtiles Gewahrsein.
> *Vasishtha*

stand der inneren Genügsamkeit ist die Quelle der Leidenschaft, die aus der Vereinigung von physischem und spirituellem Körper erwächst.

Diese Ihnen innewohnende Leidenschaft ist bereits in sich vollständig. Ihre Kraft hängt nicht von irgend etwas außerhalb Ihrer selbst ab. Ihrem inneren göttlichen Selbst, Ihrem spirituellen Körper, entspringend, kann sie sich in Ihrem physischen Körper voll und ganz zum Ausdruck bringen.

Manche Menschen fürchten sich vor der Leidenschaft, weil sie manchmal gefährlich zu sein oder außer Kontrolle zu geraten scheint. Diese Angst ist unbegründet. Wenn die Leidenschaft durch die ethische Praxis sorgfältig angeleitet wird, wird sie nie zu einer zerstörerischen Kraft. Sie produziert die Schönheit und Tiefe, derer es bedarf, um das Leben lebenswert zu machen. Das leidenschaftliche Verlangen, den spirituellen Körper zu sehen und kennenzulernen, liefert die Antwort auf die Ursehnsucht nach Sinn und Bedeutung, und die Erfahrung wahrer Liebe blüht und gedeiht.

Jeder Mensch ist auf seine eigene Art leidenschaftlich. Der tiefe Wunsch nach Selbst-Erkenntnis, der Vorrang vor allem anderen hat, brachte mich zum Yoga. Das Herz weiß, was es will, und es ist an Ihnen, den Weg zur Erfüllung seines Wunsches freizumachen. Die yogischen ethischen Prinzipien ermöglichen es Ihnen, diesen Weg gefahrlos zu bereiten. Das ist nicht immer leicht, aber diejenigen, die von tiefer Leidenschaftlichkeit erfüllt sind, werden sich ohnehin daran machen, weil sie letztendlich feststellen, daß sie gar nicht anders können.

Die rosarote Brille

Kennen Sie die berühmte Geschichte von der rosaroten Brille? Ein Mann betritt einen alten, staubigen Antiquitätenladen und sieht eine rosarote Brille. Er setzt sie auf und merkt, daß er plötzlich weiß, was jedermann denkt.

Er kauft die Brille, zieht in die Welt hinaus und benutzt sie, um ungeheuer erfolgreich, reich und mächtig zu werden. Doch trotz allem wird er nicht glücklich. Das Leben ist zu einfach. Ihm entgeht das Vergnügen am Mißerfolg, am Gewinnen oder Verlieren. Er weiß, daß er nicht scheitern kann. Also legt er die Brille in die oberste Schublade seiner Kommode und denkt, er brauche sie nicht mehr, weil er alles hat, was die Welt ihm bieten kann.

Nach langer Zeit tritt jedoch eine Krise ein. Er merkt, daß er die Brille wieder braucht, eilt nach oben, durchwühlt die Schublade, findet die Brille und setzt sie hastig auf. Zufällig blickt er in den Spiegel und sieht darin sein Spiegelbild – er erleidet einen Schock, bricht zusammen und stirbt. Die Brille ließ ihn sich so sehen, wie er wirklich war, und das konnte er nicht ertragen.

Wenn wir mit uns selbst vertrauter werden, kann diese Erfahrung ebenso furchterregend wie faszinierend sein, weil wir es nicht gewohnt sind, unsere Kämpfe und Kräfte in einem so direkten Licht zu sehen. Wenn wir die ethischen Prinzipien praktizieren und des spirituellen Körpers eingedenk sind, federt das die Konfrontation mit den unbekannten Qualitäten und Eigenschaften ab, die sich uns allmählich enthüllen. Ein Schüler schrieb mir einen Brief über diese Erfahrung.

Kürzlich bemerkte ich einen wunderbaren Riß in meinem rigiden Denkmuster, das mich schon mein ganzes Leben lang begleitet hat. Wenn ich mit anderen Leuten zusammenarbeitete, war ich nicht imstande, irgendeine andere Option in Betracht zu ziehen als die, die mir die «logischste» zu sein schien. Die Leute waren oft sehr frustriert, weil ich ganz automatisch auf jeden Vorschlag, den sie mir unterbreiteten, mit «nein» antwortete.

Als mir aufgrund meiner Praxis der yogischen Ethik allmählich bewußt wurde, was ich da machte, wurde mir auch nach und nach klar, daß ich mit diesem rigiden Muster gegen alle möglichen ethischen Prinzipien verstieß: Nichtschädigen, Nichtbesitzergreifen und Zufriedenheit sind nur eini-

ge, die mir einfielen. Eine Zeitlang war ich sehr bekümmert
– fast deprimiert –, weil diese Rigidität derart tief in mir
eingewurzelt schien, daß ich nicht mehr glaubte, noch etwas
daran ändern zu können, obwohl ich mich so sehr um ein
ethisches Verhalten bemühte.

Eines Tages dachte ich über etwas nach, das Sie gesagt hat-
ten, und schließlich wurde mir klar, daß ich bei meinem
Versuch, die Verantwortung zu übernehmen und dieses Mu-
ster in mir zu verändern, nur meinen physischen Körper in
Anspruch nahm. Ich beschloß, es mit Ihrer Phantasie-
Übung zu probieren und meinen spirituellen Körper um
Hilfe bei diesem Problem zu bitten.

Als ich sie zum erstenmal machte, hatte ich gerade eine
Pressemitteilung geschrieben und ging sie mit meinem Chef
durch. Als dieser ein paar Änderungen vorschlug, merkte
ich, wie sich wieder meine altvertraute Starrsinnigkeit mel-
dete, aber ich entsann mich der Technik und bat meinen
spirituellen Körper um Hilfe. Und zum erstenmal erlebte
ich, daß ich wirklich zuhörte, statt sofort Einwände zu erhe-
ben. Und dann kam mir ein Gedanke – ich nehme an, es war
meine Intuition –, und ich sah eine Möglichkeit, den fragli-
chen Absatz so zu formulieren, daß unser beider Interessen
Rechnung getragen wurde. Mir war fast schwindlig vor
Glück. Ich hatte das Gefühl, eine Tür habe sich in mir
geöffnet, durch die ein helles Licht einfiel.

Aus diesem Grund ist die Praxis der ethischen Prinzipien so
wichtig: Sie stellt ein Schutzpolster und einen Leitfaden für die
Kraft der Veränderung bereit.

In der indischen Kunst finden sich viele Darstellungen von
Shiva, die, wie bereits erwähnt, der Ausdruck eines Bewußtseinszustands sind. Oft sieht man ihn als asketische Gestalt in
Meditation sitzen, während sich der Ganges auf sein Haupt
ergießt. Shiva leitet die Wassermassen durch sein langes, ver-
filztes, gelocktes Haar und verhindert so, daß die Erde durch
deren vehementen Aufprall beschädigt wird. In dieser Dar-

Wenn ein Guru erscheint

Leidenschaftliches Verlangen nach einem Sinn im Leben, das von einem sorgfältigen, beständigen Training des ethischen Verhaltens geleitet wird, bringt ein neues, wiedergeborenes Individuum hervor, einen Mystiker oder eine Mystikerin. Ich verwende diesen Begriff im traditionellen Sinn, das heißt, ich meine damit eine Person, die Kenntnis von der spirituellen Wahrheit hat und ein Gefühl des Einsseins mit dem Göttlichen. Diese ekstatische Existenz ist so kompliziert, daß sie sich unmöglich intellektuell verstehen läßt, aber sie kann erfahren werden.

Wenn eine Person leidenschaftlich nach der Erfahrung dieser Ekstase verlangt, taucht gewöhnlich ein Lehrer oder ein Guru in ihrem Leben auf. Gemeinsam bewegen sie sich auf dieses höchste Ziel der Vereinigung mit dem inneren göttlichen Selbst zu. «Wenn der Schüler bereit ist, tritt der Guru in Erscheinung», ist ein oft zitierter Spruch. Der sich anschließende Satz, zu dem man sich selten bekennt, lautet: «Man bekommt den Guru, den man verdient.»

Bis der Guru auftaucht, befolgen Sie am besten ganz einfach die in diesem Buch skizzierten ethischen Prinzipien. Dadurch gelingt es Ihnen eher, sich auf Ihre innere Kraft zu verlassen, und Sie können allmählich die Zuversicht und das Glück erleben, die aus dem Wissen erwachsen, daß Ihr Leben ganz und gar gestützt und getragen wird.

stellung steht der Fluß für die Kraft des unbekannten Selbst, die sich Bahn bricht, wenn sich der Kanal zwischen dem physischen und dem spirituellen Körper öffnet. Und Shivas Haupt repräsentiert den Schutz, den das Praktizieren der ethischen Prinzipien bietet.

Erregende Ungewißheit

Wenn Sie erst einmal erkannt haben, daß noch eine andere Lebensquelle in Ihnen existiert, wird das freudige Beobachten, wie die Gestalt Ihres spirituellen Körpers allmählich in Erscheinung tritt, zur ständigen Beschäftigung. Ich habe versucht, diese andere Hälfte meiner selbst intensivst kennenzulernen. Sie kannte mich immer; sie war stets ein Teil von mir, aber ich habe sie nicht erkannt. Nun stelle ich fest, daß ich selten gelangweilt bin und über eine größere Stärke verfüge, weil ich nicht länger nur «halb da» bin. Die Frustration darüber, mich ständig durch das, was ich weiß, eingeschränkt und begrenzt zu fühlen, hat sich verflüchtigt, da ich gelernt habe, mich mehr und mehr auf das zu verlassen, was ich nicht weiß. Mein Unbewußtes ist in Erscheinung getreten und hat mir seine ungeheure Kapazität und sein Leistungsvermögen gezeigt, und ich integriere seine Fähigkeiten in mein Alltagsleben.

Mir ist klar, daß mein spiritueller Körper das Herz all meiner Emotionen und die unverfälschte Stimme meiner Intuition ist. Bevor ich mit dem Yoga anfing, ignorierte ich meine Intuition viele Male, hörte sie zwar sprechen, versuchte aber, ihr nicht allzuviel Aufmerksamkeit zu schenken. Nun weiß ich, daß ich mich ganz und gar auf sie verlassen kann, und ich warte auf ihre Stimme, bevor ich irgendwelche Entscheidungen treffe. Es macht Spaß, mit all den Möglichkeiten zu spielen und sie mir in der Phantasie auszumalen. Wenn irgendeine Entscheidung ansteht, und mag sie noch so unbedeutend sein, weiß ich sehr schnell, was «ich» tun möchte, aber ich warte auf das, was «er» – mein spiritueller Körper – tun will.

Das hat anfänglich mein Tempo ein bißchen verlangsamt, doch ich habe festgestellt, daß mir diese Einstellung insofern einen großen Schutz bietet, als ich gelernt habe, nur noch sehr wenige impulsive Entscheidungen zu treffen. Es macht mich nicht ungeduldig, auf die notwendigen Antworten von seiten beider Körper zu warten. Tatsache ist, daß ich mich sehr viel sicherer und zuversichtlicher fühle, wenn mein ganzes Wesen an Handlungen beteiligt ist, die von Toleranz, Zurückhaltung und den zusätzlichen Input an Information begleitet werden, die mir durch eine voll funktionierende Intuition und ethisches Verhalten zufließen.

Ich habe keine Angst vor der Begegnung mit dem Unbekannten. Ich fürchte weder Verlust noch die Demütigung durch einen Mißerfolg. Das Leben ist immer interessanter, wenn wir nicht wissen, was als nächstes passiert. Rama war so. Er saß mit seinen Schülern beisammen und sagte: «Fragt mich etwas! Fragt mich etwas!» Ihm war überhaupt nicht bange, daß er eine falsche Antwort geben könnte. Er wußte, daß das, was er sagen würde, ihn selbst überraschen würde, weil seine Worte der intuitiven Stimme des spirituellen Körpers, der Quelle des Unbekannten, entspringen würden. Er war bereit für alles, was sie ihm sagen konnte, weil er den Weg bereitet hatte, einen starken und behüteten Weg, der ihn vor allem Schaden bewahrte.

Lakshmanjoo sagte einmal: «Wenn du erst einmal auf dem Weg bist, kannst du nicht mehr davon runter. Er wird zu einer Klette unter deinem Sattel.» Ich kann nicht sagen, ob Sie diese Klette mögen oder hassen, sich an ihr freuen oder sie lieben werden; sie existiert einfach. Doch ich kann Ihnen sagen, daß sie mein ganzes Leben lang der Grund für meine Existenz war. Jeden Tag erlebe ich, daß ich meinen spirituellen Körper respektvoll darum bitte, sich in all seiner Macht und Kraft zu zeigen, und höre mich sagen: «Ich muß wissen! Ich muß dich sehen!» Und nie habe ich es auch nur einen Augenblick lang bereut.

Dank

Ich möchte der Belegschaft der American Yoga Association für ihre Unterstützung und Hilfe bei der Vorbereitung dieses Buches meinen Dank aussprechen, insbesondere Pattie Cerar, Linda Gajevski, Stephen R. Grant, Cynthia Ingalls, Nancy Leland und Patricia Rockwood.